고학년을 위한

교육연극 수업이야기

고학년을 위한
교육연극 수업이야기

1쇄 발행 2020년 2월 28일

지 은 이 이주진
펴 낸 이 정봉선
기획실장 심재진
책임편집 유동근

펴 낸 곳 정인출판사
주 소 서울시 동대문구 천호대로 16가길 4
전 화 (02)922-1192~3
팩 스 (02)928-4683
홈페이지 www.pjbook.com
이 메 일 junginbook@naver.com
등 록 1999년 11월 20일 제303-1999-000058호

I S B N 979-11-88239-19-1 93370

* 책값은 뒤표지에 있습니다.

"교육연극, 마음을 움직이다"

"연극 만날 준비하기"

play-acting

고학년을 위한 교육연극 수업이야기

이주진 지음

Theatre

"연극단원 프로그램"

"극본으로 낭독공연하기"

정인

차례

2부 연극단원 수업을 위한 교육연극 프로그램

3부 수업 중 별별 이야기, 별별 아이들

맺음말

머리말

언제였을까?

교육연극 우리교육 연수, 2002년 가을

교육연극 교사모임 소꿉놀이 첫 참석, 2004년 가을

지금 나는 아직도 교육연극을 하고 있다.

3월 첫 날 만난 아이들은 그 전 학년의 수업방식이나 학급분위기에 갇혀 있는 경우가 많다. 그래서 학기 초 연극놀이로 마음을 열고, 그해 만나게 될 교육연극 기법을 조금씩 설명해준다. 혼자가 아닌 여럿이 함께 해야 하는 교육연극 덕분에 아이들은 서로 관찰하고, 의견을 주고받고, 적절히 타협하고 배려한다. 그렇게 쭉 1년을 지나다보면 그들의 몸짓과 그 속에 담긴 내용이 정돈되고 구체적이며 세련되어진다. 그리고 함께 한 1년 동안의 수업시간을 기억한다. 무기력한 아이들의 수업참여를 위해 시작했던 교육연극이었다. 그런데 지금은 온전히, 그냥 좋아서 한다. 그래서 아직도 교육연극을 하고 있다.

이 책은?

책은 이런 저런 생각과 고민에서 출발했다. 교육연극이나 연극과 거리가 있다고 생각하는 선생님들, 마음은 있지만 망설이는 선생님을 염두했다.

총 3부로 나눠있다. 1부는 실제 현장에서 진행하고 관찰한 5,6학년 교실의 교육연극, 낭독공연, 연극 만들기 수업이야기다. 2부는 1부의 바탕이 된 연극단원 프로그램이, 3부는 교육연극 수업을 하면서 만났거나 만날 수 있는 사건, 감정, 사람들의 이야기가 나온다. 주로 고학년 아이들과 함께 한 시간들이다. 순서대로 읽을 필요는 없다. 국어시간 연극단원 프로그램이 궁금하면 바로 2부를 읽고 수업을 진행하면 된다. 반면 1부를 읽고 2부를 보면 수업이 눈에 그려진다.

이건 관찰 이야기이고, 현장 이야기며, 사람 이야기다.

그래서 이 책은 교육연극 수업을 하면서 만난 많은 아이의 시간, 말과 몸짓으로 채워진다. 1부에서부터 3부까지 만날 수 있는 수업들, 사람들, 시간들을 비슷하게 겪은 분들도 있을 것이다. 아니, 나보다 훨씬 더 많은 고민과 즐거움으로 극복하고 완성시킨 선생님들도 있을 것이다. 그러나 수업이란 건 결국, 사람이 만나서 풀어가는 이야기이기 때문에 같은 수업을 할 수도 없고 과정이 같아도 같은 수업일 수도 없다.

그리고 그 과정들을 포기하지 않게 온전히 겪게 해준 따뜻한 소꿉놀이, 세종교육연극 빈의자 선생님들, 책을 쓰도록 용기와 자극을 주신 최은희 연구사님께 고맙다. 특히 연극단원 프로그램 실행과 완성을 위해 도와준 박창록, 유다희 선생님은 나에게 행운이었으며 정말 고마운 동료였다. 고맙고, 또 고맙다.

1부

아이들과 함께 만든 연극이야기

1. 5학년 처음 만난 교육연극
2. 6학년 6월에 만난 낭독공연
3. 6학년 가을에 만난 연극, 백설공주를 위하여

연극수업 어떻게 하고 계시나요?

프로그램을 만들기 전에 몇 선생님들에게 질문을 했다.

"혹시 국어 책에 나온 연극단원 보셨어요? 어때요?"

"기대되나요? 아니면 부담되나요?"

"교육연극 수업 해보신 적 있나요?"

어떤 대답이 나왔을까? 생각보다 기대도 부담도 없다는 분이 많으셨다. 대부분 선생님은 아이들이 좋아하는 연극이어서 딱히 걱정되지도 않고, 단원을 재구성하거나 진행 방법에 대해서 고민해 본적이 없다고 했다. 아이들에게 교과서를 주고, 알아서 하도록 하는 분도 있었다. 반면, 책의 갈래를 바꿔 극본으로 만들어보는 분, 학예회 공연을 위해 무대 중심으로 연극을 준비하는 분도 있다.

가끔 학교 연극수업은 '○○연극제', '○○예술제'같은 이름으로 프로젝트 학습으로 진행되기도 한다. 이렇게 프로젝트로 진행되는 연극은 많은 이점이 있다. 하나의 작품을 무대 위에 올리면서 함께 연극적 체험과 성취감을 얻을 수 있고, 덩달아 다양한 교과목의 성취기준도 동시에 달성할 수 있다.

같이 만들어가는 연극단원 수업

오랜 교육연극 경험과 연구를 바탕으로 연극단원 프로그램을 만들었다. 연극단원 성취기준 중심으로 3학기 프로그램을 준비했었지만 실행을 통한 수정보완작업이 이루어지지 않았기에, 함께 완성시킬 동료가 필요했다. 그리고 찾았다. 교육연극 수업은 전무한 선생님. 고학년이 처음인 교직경력 3년 차 선생님 두 명을 찾았다. 그들과 나의 공통점은 딱 하나! 나도 3년 차에 처음 교육연극을 만났다.

'5/21 부강초 출장' 다이어리에 표시된 일정. 연극단원 수업을 위한 협의회를 하러 갔다. 원래 계획은 내가 두 선생님의 학급을 빌려서 직접 수업을 하는 것이었다. 그러나 수업을 누가 하는 게 프로그램 완성도에 효과적일지, 수업을 받는 아이들에게 더 나을지 고민이 되었다.

> 계획을 바꿨다.
>
> "직접 해보실래요? 이 재미있는 걸 담임이 하면 더 좋죠."
>
> 그리고 답을 들었다.
>
> "그럴까요?"

이렇게 두 선생님은 프로그램을 받았다. 그리고 수업을 실행했다. 내 동료는 프로그램을 그냥 그대로 쓰지 않았다. 연극놀이를 선택하거나 활동 진행 및 시간 배분에 있어 변형이 있었다. 나는 10차시씩 3개의 수업을 참관했다. 우리 셋은 교실, 서로 다른 위치에서 아이들을 볼 수 있었다.

5학년, 6학년 교실로 가기 전에

교실로 가기 전, 주로 만나는 활동이 무엇인지 살펴보자. 교육과정 순서로 첫 수업이지만 시기적으로 2학기에 만날 5학년은 즉흥표현에 초점을 두고 있고 공연을 목표로 하지 않는다. 6학년 1학기에는 극본쓰기에 초점을 두고 극본을 낭독한다. 6학년 2학기는 연극 만들기를 중심으로 무대공연경험을 하도록 한다.

이 흐름은 [연극놀이→즉흥표현→극본쓰기→낭독공연 및 무대공연]으로 진행된다. 즉, 5학년의 교육연극수업을 바탕으로 6학년의 연극 만들기가 이루어진다고 볼 수 있다.

1부에서는 교육연극을 전혀 겪지 못한 5,6학년 아이들과 교육연극 첫발을 디딘 담임 선생님의 수업이야기다. 수업, 사건들, 아쉬움, 감동들은 나의 관찰로 기록된다.

1. 5학년 처음 만난 교육연극

연극 만날 준비하기

첫째 날

주변에서 예술을 찾고 연극을 만날 준비를 할 수 있다.

처음 만난 아이들, 아침 시간부터 그들을 관찰했다. 1~2교시 수업이 시작된다. 20명의 아이들이 4명씩 5모둠으로 앉아있다. 칠판에는 [연극과 ㅇ ㅅ 관계를 알 수 있다.]가 적혀 있다.

아이들은 초성에 인생? 일상? 을 넣어본다. 예술은 아직 나오지 않는다. 아이들에게 예술은 인생과 일상보다 멀리 있나보다.

담임이 연극단원 프로그램 시작을 알린다.

"얘들아! 우리 이제 교과서 없이 수업 할 거야."

아이들의 뜻밖이라는 반응, 그리고

"교과서에 연극이 있어요?"

"교과서 없이, 선생님이 연극단원 수업을 다섯 번 할 건데, 여러분은 평소에 하던 대로 배우면 된답니다."

그리고 연극놀이를 시작한다.

<사진 찍고, 보물 찾고>

"왜, 놀이가 들어가요?"

아이들은 수업시간에 왜 놀이가 들어 가냐고 묻는다. 놀이와 수업이 분리되었던 아이들. 이전에 그들이 경험했던 수업을 추측할 수 있었다. '놀이는

수업이 아니다……'

사진 찍기 놀이

담임은 연극놀이 방법을 단계별로 안내하고, 시범을 보여준다.

「두 사람이 가위 바위 보를 한다. 진 사람이 먼저 사진사가 되고 이긴 사람이 카메라가 된다. 사진사가 카메라를 이리저리 데리고 간다. 사진사가 '하나 둘 셋'을 외치면 카메라는 감고 있던 눈을 뜬다. 그리고 다시 눈을 감고, 사진사를 따라 돌아다닌다.」

"어렵지 않죠? 재미있겠죠?"

모둠에서 둘씩 짝을 정한다.

"넌 비싸지 않은 것 같아."

사진사가 카메라가 된 친구에게 가격을 매긴다.

아이들이 움직인다. 사진사가 카메라를 못 믿는지 책으로 눈을 가린다. 어떤 카메라(아이)는 눈에 포스트잇을 붙인다. 역할을 바꿔서 한 번 더 하니까 좀 진지해진다. 앞으로 나가지 못하고 더듬거리는 카메라도 있다. 서로 엉키기도 한다. 벽에 붙은 거울 앞에서 찰칵! 우유 통 앞에서 찰칵! 쓰레기통 앞에서 찰칵!

"재밌다!"

아이들이 하는 말. 항상 들어도 기분 좋은 말.

"어떤 장면을 찍었니?"

선생님의 웃는 표정, 창밖 풍경, 거울 속의 나, ○○이의 얼굴 등

교실에서 보물찾기

"두 번째 놀이를 할 거예요."

"오예~."

담임이 안내한다.

"보물을 미리 숨겨놨을까요? 아니에요. 여기 있는 모든 것이 보물이야. ○○의 머리카락, 먼지, 필통처럼 눈에 보이든 보이지 않던 내가 생각하기에 보물이라고 생각하는 것 3가지를 찾아보세요."

째깍째깍

5분 타이머가 작동된다. 포스트잇에 찾은 보물을 적게 한다. 주변을 둘러보기 시작한다. 사진 찍기 놀이와 달리 조용하다.

"찾아 온 보물이 뭐니?"

[공기, 세균, 햇빛, 나 자신, 공책, 다이어리, 5-2반 추억과 사진, 친구, 선생님, 핸드폰, 돈, 거울, 책상 등]

찾은 보물과 그 이유를 모둠끼리 나누는 시간을 갖는다. 그 동안 담임은 다음 활동에 쓸 예술가의 말들을 교실 곳곳에 붙인다.

<예술로의 초대>

예술가의 거리로 이동

"집중하세요. 교실에 예술과 관련된 글들을 붙여놨어요. 유명한 예술가들이 했던 말들이에요. 교실을 돌아다니면서 하나하나 읽어보고 마음에 든 곳에 서보세요."

혼자 서 있으려는 아이도 있고, 방황하는 아이도 있다.

놀이에서 명언으로 넘어갔다. 갑자기 진지한 활동으로 전개되어서인지 어색해한다. 활동에 집중하지 못하고 장난스럽기까지 한다. 그래도 삼삼오오 모여서 글 앞에 서있다. 그 문구가 왜 마음에 드는지 이야기를 나누도록 했다. 몇 아이의 생각들이다.

가장 능력 있는 뮤즈는 우리 내면의 어린아이이다.(스티븐 나흐마노비치)
- 이 글 앞에서 혼자 서있던 아이는 말을 못하고, 다른 곳으로 옮겨 버렸다.

그림을 그리는 것은 일기를 쓰는 또 다른 방식이다. (파블로 피카소)
- 일기는 글로 쓰는데, 피카소는 그림으로 쓴다고 했다.

너의 역사가 아니라 너의 상상력으로 나가 살아라. (스티븐 코비)
- 나는 상상력이 부족하다. 그러나 예술인들은 상상력이 중요하다고 한다.

관객은 무대 위의 살아있는 배우를 보길 원한다.(찰리채플린)
- 사람들이 실제로 느껴보고 싶다는 같다. 영화 속 배우에게 집중하라는 것 같다.

<예술은 무엇인가?>

“우리 생활에도 예술이 있을까요?”
“네!”
“주변에 어떤 것들이 예술에 해당하는지 찾아보세요.”
그림, 건축, 패션, 사람들의 어떠한 행위, 리듬체조, 음악, 옷, 컵 무늬, 방탄소년단 등을 찾았다.

"우리도 예술이 무엇인지 한 문장으로도 적어볼까요."

갑자기 조용해진다. 활동이 어려운가 보다. 그래도 열심히 쓴다.

예술이란 자신의 생각을 표현할 수 있는 방법이다.	예술은 아름다운 것이다.	예술은 나의 취미다.
예술은 그냥 보는 게 아니라 보면서 느끼는 것이다.	예술은 자신의 생각이다.	학교가 예술이다.
예술은 자신의 마음이나 생각을 표현한 것이다.	예술은 아직 다 이해하지 못한 것이다.	예술은 0점이다.
예술이란, 아름답고 특별한 것이다.	예술은 인간이 할 수 있는 것이다.	예술은 물이다.
자기가 그림을 그려서 볼 때 만족스러운 것이 예술이다.	모두 사람들이 사는 것과 관련 있기 때문에 인생이다.	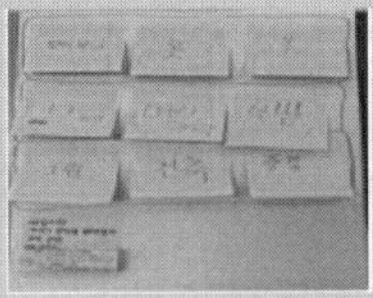

아이들은 이미 예술이라는 단어를 자기 시각으로 정의를 내린다. 표현하는 행위이며, 아름다운 것이 예술이라고 이야기 한다. 아이들은 예술의 기능과 효과를 알고 있다.

<우리가 알고 있는 예술이 사라진다면?>

"음식이 사라진다면 우리는 어떨까요?"

- 계속 배고파요, 죽는 사람들이 많이 생긴다.

- 어떤 생명체도 남지 않는다. 살 수 없어요.

"질문을 바꿀게요. 음악이 사라진다면?"

- 가수가 사라진다. 드라마가 재미없어진다. 방탄소년단이 사라진다. 게임 효과음이 사라져 긴장이 없어진다.

"학교나 집에 음악이 없으면?"

- 종소리가 안 나와요. 종소리가 없으면 수업시간, 쉬는 시간 구분이 사라져요. 이동하는 동안 음악을 못 들어서 지루하다.

"이제 마지막 질문을 할게요. 모든 예술이 사라지면?"

- 심심해요.

<예술과 연극>

연극을 배우기 전에 연극의 상위 개념인 예술을 살펴봤다. 이제 연극단원 수업을 위한 본 활동이 시작된다.

"연극을 본적 있나요? 연극도 예술 중 하나랍니다. 여러분이 말한 것처럼 즐거움도 주고, 감동도 준답니다. 국어시간에 우리도 연극을 할 거예요. 누구에게 보여주거나, 강당에 올라가지 않아요. 우리가 서로 관객이 되고, 교실이 무대가 될 거랍니다. 놀이처럼 즐겁게 우리의 생각과 이야기를 몸짓으로 표현해 봐요."

"이제 시작할까요? 우리는 모두 배우가 될 수도 있어요."

"와!"

아이들이 박수를 친다.

"앞에서 말한 그림, 음악, 컵과 같은 물건, 시 같은 예술작품들을 우리가 몸으로 표현해볼게요. 여기 배우수첩도 줄 겁니다. 메모도 하고 일기처럼 생각과 느낌도 쓸 거예요(수행평가지라는 이름대신 배우수첩을 썼다)."

"그런데 배우수첩은 그냥 주지는 않을 거야. 시험을 볼 거야?"

"윽!"

비명과 한탄이 나온다.

필기시험과 실기시험 2종류다.

먼저 필기시험은 2인 1조. 협력 시험이다.

연극을 이뤄지는 장소, 최근에 본 예술 작품, 관람 시 지켜야할 예절을 써 보도록 했다. 아이들은 항상 진지하다.

그 다음 실기시험, 선택형이다.

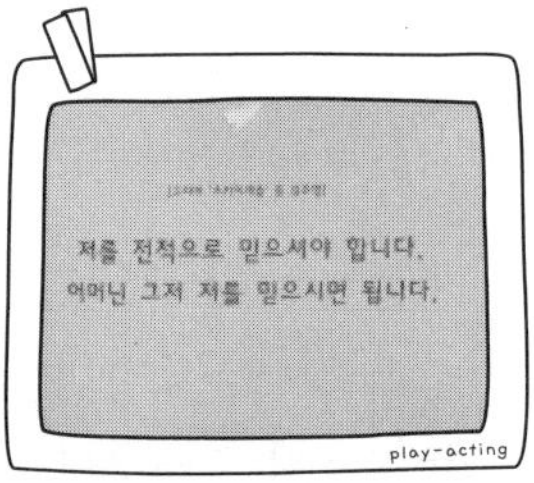

실감나게 대사 읽기(대사는 태조 왕건의 궁예와 스카이 캐슬)와 실감나게 상황표현하기(상황은 수박 먹는 아이, 아이스크림을 떨어뜨린 아이)4개다. 4개 중 자신 있는 곳에 선다. 신중하게 고른다. 모인 아이들끼리 연습도 하고, 상대역이 되어 맞춰주기도 한다.

"이제 시험을 시작하겠습니다."

아이스크림 먹고 떨어뜨리는 연기를 하는 아이들은 감정이 잘 실린다. 떨어진 아이스크림을 보고 머리를 쥐어짠다. 또 다른 아이는 길을 걷다가 친구와 부딪쳐서 아이스크림을 떨어뜨리는 장면을 표현한다. 두 명이 함께 연기를 하니 사건과 갈등이 표현된다.

수박 먹는 아이들은 여학생이 대부분이다. 한 명이 표현하기를 꺼려하자 다른 아이가 모두 함께 수박 먹는 시합하는 걸로 하자고 제안한다. 각자 다른 속도와 방법으로 수박 먹는 모습을 보여준다.

태조 왕건의 궁예와 스카이 캐슬의 김주영 선생님의 극중 대사 말하기는 대사뿐만 아니라 동작까지 함께 한다. 대사하는 궁예의 눈을 뒤에서 대기하는 다른 아이가 한 손으로 가려준다. 손이 궁예의 황금 안대가 된다. 어떤 아이는 궁예의 상대 배우가 되어 리액션을 해준다. 모든 게 의논 없이, 그 상황에 집중한 아이들의 자연스러운 끼어듦이었고 재미있는 즉흥 표현이었다.

"한 번 더 하고 싶다."
누구지? 누구니?
선생님에게 힘을 주는 말을 한 사람이?

<모두 합격입니다>

"모든 시험을 마쳤습니다. 모두 합격입니다."

약속대로 배우수첩을 나눠준다. 수첩을 펼쳐 보이며 5회기 동안 해야 할 것들을 보여준다. 한 아이가 페이지를 쭉 넘겨보더니 안 받고 탈퇴하고 싶다고 한다.

배우수첩 앞에 자기 이름을 적게 했다.

"가명으로 써도 됩니까?" - 그럼~

"극단 이름을 바꿔도 됩니까?" - 그럼~

인생극단, 부강극단, 얼쑤 극단, 화이팅 극단, 그냥극단, 극단적인 극단, 똥똥극단, 그물극단, 공주극단, 아이돌 극단, 초딩극단, 일반극단. 학교이름이 들어간 부강극단과 인생극단이 가장 많았다.

느낌 나누기

배우들이 참 열심히 연습했겠구나. 많이 노력했을 것 같다.

배우는 어려운 일이다. 감정 넣는 게 어려웠다,

우리 반에도 예술적인 부분이 있었다. 연기가 참 쉽다.

친구들이 연기한 것을 봤는데, 연기를 잘하는 것 같다.

배우는 자신감도 있고, 감정도 잘 잡아야 하는 것 같다.

친구들과 평소와 다르게 교실을 둘러보며 노는 것이 즐거웠다.

성대모사를 했을 때 아이들이 어떤 재능이 있는지 알 것 같았다.

우리 반을 돌아다니며 예술이 곁에 있다는 것을 안 것 같다.

연기하는 것은 조금 많이 부끄러웠지만 오늘은 정말 재미있었다.

대사를 실감나게 말해서 더 재미있다.

그런데, 왜 쉬는 시간은 안 합니까!

여전히 40분 단위수업시간에 익숙한 아이들.

예술에서 시작하여 연극으로 들어가려고 했다. 아이들에게 연극단원 프로그램에 대한 기대가 생겼을까? 궁금하다. 활동들 하나하나는 진행하기에 어렵지 않았을 것 같다. 대신 연극놀이, 예술가의 명언, 배우수첩, 연극시험 등 활동들이 분절되는 느낌이 있다. 이것을 [연극과 예술]로 꿰어 진행하려면 교사의 집중력이 많이 요구되었다.

5회기의 수행평가 자료이자 수업 워크북으로 사용되는 [배우수첩] 그 명칭이 억지스럽지 않느냐는 물음에 담임은 '학습지, 배움일지, 소감문'보다 '배우수첩' 이름이 나쁘지 않다고 한다. 배우수첩은 그냥, 그렇게 사용하기로 했다.

연극놀이로 만나는 수업이야기

둘째 날
오브제를 이용하여 마음이나 생각을 표현할 수 있다.

앞에서 했던 수업을 다시 떠올려본다.
명언, 배우 되는 거, 필기랑 실기시험, 예술을 언급한다.

<몸으로 사물 표현하기>

담임이 쪽지를 만들었고, 각 모둠의 이끔이가 쪽지 한 장을 가지고 간다. 쪽지에는 물건 이름이 적혀있다. 모둠원에게 보여주기 전에 몰래 보는 이끔이도 있다. 왜 혼자 보냐고 항의하는 아이가 있다. 회의를 하는 모둠, 바로 몸으로 연습하는 모둠. 급식 후 5교시임에도 아이들은 깨어있다.

발표 순서를 정하고 한 모둠씩 나와서 몸짓을 보여준다. 정답이 나와서 발표 모둠이 동작을 멈출 때 까지 그냥 보이는 걸 이야기 하면 된다.

[1모둠 : 4명이 의자를 2열로 놓고 각각 앉는다. 그리고 한 사람은 운전을 한다. "자동차!" 전원정답이다. 이렇게 눈에 바로 보이는 상황은 굳이 이유를 물을 필요는 없다.

2모둠 : 3명이 의자를 옆으로 붙여놓고 앉는다. 한 사람은 서서 핸드폰을 한다. "지하철!" 땡!]

"지금 보여주는 장면에 소리를 입혀보렴."

2모둠 장면은 분명 지하철 같은데, 아니라고 하니까 담임이 소리를 제안한다. "핸드폰?" 아이가 조심스럽게 말한다. 정답이다. 지하철이라는 공간을 이용해서 핸드폰을 사용하는 사람들을 모아놓은 것이다.

[3모둠 : 여기도 의자를 활용한다. 의자가 필수요소가 아닌데도 계속 등장한다. 이번에는 앉는 용도가 아니다. 의자 두 개를 엎어서 포개어 놓는다. 한 아이가 먼저 나와 점퍼를 말아 그 사이에 집어넣는다. 무언가 그 속에 털어 넣는다. "세탁기!" 정답이다.

4모둠 : 또 의자다. 이번에는 하나만 사용한다. 아이가 의자를 질질 끌고 다닌다. 아이들이 먼저 소리를 들려달라고 요구한다.

"윙~윙~윙~"

"청소기?" 딩동댕~

5모둠 : 드디어 의자가 등장하지 않는다. 두 명이 마주보고 어깨를 잡는다. 한 명이 앞으로 팔 하나를 길게 뻗는다. 다른 아이가 무언가 넣는 시늉을 하면서 그 손을 잡고 돌린다. 계속 반복한다.

"연필깎이!" 전원 정답!]

<변형물건 맞히기>

책상 위에 놓인 모자, 깔때기, 물통, 빗자루, 종이가방.

모둠 수에 맞게 물건도 차례차례 올려놓는다. 담임이 모자로 예시를 보여준다.

"이제 이건 모자가 아니야."

모자를 들고 마시는 흉내를 낸다.

"유리컵!" 정답이다.

용도가 다른 물건으로 변형시켜 표현하면 다른 모둠이 그게 무엇인지 알아맞히면 된다.

아이들이 와서 물건을 선택한다. 가져간 물건에 따라 모둠별 반응이 다르다. 빗자루를 가진 팀은 뭔가 떠오르는 아이디어가 있는지 재빨리 청소함에서 빗자루를 몇 개 더 꺼낸다. 물통과 모자를 가져간 모둠은 조용하다. 어떤 모습을 보여야 하는지 고민 중인가?

모자는 플라잉디스크

모자를 플라잉디스크로 변형하여 가지고 노는 상황을 보여주었다. 한 모둠에 있는 4명이 각 각 4가지의 변형된 걸(예, 화분, 접시, 요강, 세수 대야 등) 보여주는 놀이였는데, 아이들은 변형된 상황을 함께 만들었다.

깔때기는 생일 고깔모자

한 명이 깔때기를 머리에 쓴다. 나머지 아이들이 생일 축하 노래를 불러준다.

물통은 마트료시카

모둠에 준 물통은 하나이다. 그 사이에 여러 크기의 통을 준비해서 통 속에 또 통을 넣었다. 마트료시카! 러시아 인형을 만들었다. 물체의 특성을 잘 살린 변형이다.

종이가방은 쇼핑백?

변형이 없다. 대신 물건을 담는 쇼핑백으로 구체적인 용도를 보여준다. 놀이 초점을 이해하지 못해 나타난 현상이다.

빗자루는 콘서트

4명이 각자 빗자루를 들고 흔든다. 빗자루 두 개를 잡고 두드린다. "악기!"

라고 외쳤으나 정답이 아니란다. 또 소리를 들려달라고 한다. 아이들은 소리가 추가되면 상황이 잘 보인다는 걸 안다. “기타! 마이크! 드럼!” 알고 있는 악기는 다 외쳤지만 정답이 없다.

“콘서트?” 정답이다.

빗자루는 분명 악기였는데, 이 모둠은 악기가 어우러진 콘서트가 확실한 정답이라고 판단했던 것 같다. 용도가 아니고, 장소로 이해했다. 놀이가 정확히 안내되지 않은 걸까? 아이들의 이해가 달랐던 것일까?

연극놀이를 할 때 마다 이처럼 비슷한 상황은 흔하다. 그냥 아이들이 이해한 대로 둘 것인지 중간에라도 정정을 해서 수업 의도대로 끌고 갈 것인지, 그 때마다 고민된다. 열심히 하는데 초점에서 살짝 어긋나버릴 땐 그냥 두자. 다음 활동에 영향을 미치는 활동이 아니라면 그냥 넘어가도 된다.

<종이로 ‘나’ 표현하기>

담임이 색종이 한 장을 꺼내든다. 공통 오브제를 준다.

“얘들아, 종이를 이용해서 ‘나’를 표현해보자.”

“두 장 써도 돼요?” - 어떻게 해도 상관없다.

“이유까지 말해요?” - 응.

“잘라도 되나요?” - 응? 응.

“종이를 가지고 마음대로 ‘너’를 표현해봐.”

도구를 사용하니, 만드는데 집중해버린다. 무늬를 꾸미고 오려서 붙인다. 담임은 종이로 표현하기의 활동 목적은 알지만, 자기반 아이들이 가장 좋아하는 만들기라 시간을 더 주고 싶고, 더 자유롭게 만들게 하고 싶었다고 했다. 그래서 10분 정도 계획했던 활동이 30분을 넘겨버렸다.

즉각적인 나, 그게 지금 현재 ‘나’에 대한 자신의 반응이다. 지금 만드는 종이가 자기 자신이라고 생각하니 더 괜찮게 만들고 싶은 것 같다. 만든 게 무엇인지, 왜 그렇게 생각했는지 일단 발표를 시작하면 다른 아이들도 작업을 서서히 정리한다.

이 활동은 순간적이고 즉흥적이어야 했다. 그건 시간제한을 의미한다. 만드는 게 중요하지 않고, 그 만든 것에 의지해서 풀어내는 말이 중요하다. 종이에 자신의 시선을 포함해 다른 아이들의 시선을 옮겨서 부담 없이 편하게 말 할 수 있다. 그냥 단순한 활동이었고 짧게 끝내야하는 놀이가 커져버렸다. 아이들 특성을 반영한 담임의 의도도 이해한다. 또 내가 관찰한 학급 상태로는 지금 이 시간이 필요했다. 계속 들떠있고 시끌시끌한 아이들이 자기들이 가장 좋아하는 만들기 활동으로 잠시나마 조용히 앉아 혼자 하는 이 시간. 교사나 학생 둘 다 숨을 돌릴 수 있는 수업 중 쉬는 시간이다. 전체 수업흐름과 성취기준 도달도 중요하지만 억지로 끌고 가서 앉혀놓는 것보다 조금 느리지만 쉬었다 가는 것도 좋다.

모양, 형태보다 이유가 더 중요하다.

많은 시간이 높은 수준의 내용을 꼭! 보장하지 않는다.

만든 이미지로 모둠 안에서 이야기를 나눈다. 그 다음 전체 발표를 한다.

나는 탱크다. 다른 사람에게 단호하게 말하는 힘을 기르고 싶다. 중학생 되면 무서운 형들이 많다는데, 형들을 이기고 싶다.

나는 다이아몬드이다. 나는 별보다 소중한 다이아몬드다.

나는 아주 얇은 색종이 조각이에요. 훨훨 날아가고 싶어요.

나는 a.r.m.y(아미)다. 방탄소년단을 좋아하는 팬이다.

나는 무덤이에요. 죽어서 무덤에 가는 나를 생각해봤어요.

나는 "와우(색종이로 와우 두 글자를 만듦)"이다. 기분이 "와우!"이다.

나는 없어요. 나에 대해 떠오르는 게 없어요. 색종이를 그대로 들고 나온

아이. 30분이나 지났는데 구김하나 없다. 맨 종이 그대로 든 아이는 멋쩍어 했다. 당황스러워했다.

"친구들 발표를 들어보니 어땠나요?"

"다 달라요. 개성 있어요."

이제 책상을 다 미루고 바닥에 모둠끼리 앉는다.

<신문지 막대 변형놀이>

지금부터 사용되는 오브제도 종이다. 앞에서 사용한 색종이보다 더 크고 넓은 신문지다. 담임이 아이들을 교실 바닥에 앉힌다. 바닥에 앉으면서 분위기가 환기되었다. 1인당 신문지 한 장씩 나눠준다. 어떻게 만들어도 상관없지만, 끝을 뾰족하게는 만들지 못하게 했다. 다 만든 신문지 막대를 들고 전체 큰 원으로 만들어 다시 자리에 앉혔다.

"이제 이것은 신문지 막대가 아니에요."

담임이 골프채로 변형하여 스윙하는 시범을 보인다.

"여러분도 할 겁니다. 마음속에 한 가지씩 생각해 두세요."

담임의 오른쪽 방향으로 한 명씩 일어서서 보여준다. 발표하는 동작이 확실히 보이니 집중이 잘 된다.

[칼, 검, 집게, 매, 우산, 삽, 효자손, 마사지 봉, 쌍절곤, 스나이퍼의 총, 미사일, 몽둥이, 깔때기, 배드민턴 라켓, 매채(채찍), 또 매채, 그리고 또 매채]

남자 아이들은 교실을 무기창고로 만들려나보다. 처음 나온 쌍절곤이 반응이 좋았다. 실제로 교실에서는 앞 사람을 따라하는 경우가 많다. 특히 그 사람이 발표한 것이 반응이 좋으면 더 한다. 똑같다고 비난을 받아도, 재미없다는 시시한 반응보다 낫다고 생각한다. 이걸 방지하려면,

"한 가지씩 생각하세요.", "생각한 것을 발표하세요."라고 말하는 대신 "두세 개를 생각해두세요.", "앞 사람이 발표한 것을 또 하면 안 됩니다. 새로운 걸 보여주세요."로 지시어를 수정하면 낫다. 적어도 교실이 무기창고로 변하는 걸 막는다. 어쩜 무기 종류가 많이 나오는 건 막대가 지닌 모양 때문인 듯하다.

<신문지 막대 즉흥연극>

발표한 내용도 참고하고 또는 새로 변형될 수 있는 물건을 더 추가하여 모둠별로 10가지 정도 종이에 적어보게 했다. 아이들이 줄여달라고 한다. 7개로 줄여주자 다시 또 줄여달라고 한다. 담임은 망설이다가 5개로 줄여주

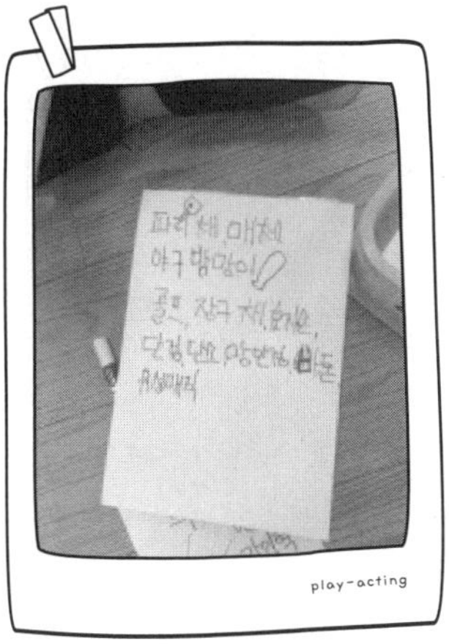

자, 반대로 더 쓰고 싶다는 아이들이 나온다.

"결정! 최소 5개 이상 적도록!"

모둠별로 찾아놓은 5개를 발표한다.

"찾은 것 중 3가지를 뽑아라. 3가지가 모두 들어가게 이야기를 만들어 즉흥장면으로 표현해보자. 또 모두 역할 1개씩 맡아야 한다."

어떤 3가지로 어떤 내용을 보여줄지 소개하고 발표를 시작했다. 빨리 진행된 만큼 즉흥극 내용도 짧았다.

막대, 검, 바턴 : 육상대회(바턴) 중 사람이 막대를 들고 방해를 하자, 경찰이 검을 들고 제압한다.

배드민턴채, 바턴, 아이스크림 : 체육대회에서 배드민턴이랑 육상대회에서 이겨서 아이스크림을 먹고 축하한다.

피리, 매, 망원경 : 한 밤 중에 누가 피리를 불며 돌아다니자, 사람이 망원경으로 피리 부는 사람을 발견하고 잡아와서 때린다.

리코더, 야구 방망이, 매 : 누나는 집에서 리코더 연습을 하고 동생은 야구 연습을 하고 있다가 우연히 누나 성적표를 발견해서 엄마에게 이른다. 그리고 누나는 엄마에게 손바닥을 맞는다.

수업 종료시간을 알리는 종이 울린다. 다음 수업시간에서 5분을 빼달라고 한다. 쉬는 시간을 더 달라고 한다.

느낌 나누기

신문은 아침 6시에 집에 오는 건데, 오늘 신문지로 많은 걸 했다.

한 가지 물건으로 여러 가지를 표현해서 재밌었다.

나를 표현할게 이렇게 없구나.(빈 색종이를 든 아이다.)

신문지가 최상의 포식자이다. 모든 걸 만들어 낼 수 있다.

신문을 안 보는데, 놀이로 표현해서 재미있었어요.

신문지로 연극도 할 수 있다는 걸 처음 알았다.

선생님, 질문 있습니다!

질문 : 신문지 막대로 즉흥극을 만들 때 어땠나요?

답 : 소란스러워요.

그러나 소란스러운 게 조용한 것 보다 나아요. 연극수업 할 때 특별히 목소리가 더 높아지는 것 같아요. 장난치는 줄 알고 근처에 가서 들여다보면 관련 이야기를 하고 있어요. 종이 표현에서 시간이 너무 많이 흘러서 본 활동인 신문지는 어쩔 수 없이 시간을 과감히 줄였어요. 그래도 짧은 시간 동안 신문이라는 대상에 대한 관심이 일어날 수 있었고, 생각이 그대로 장면으로 발표되는 과정을 보는 건 처음이었어요.

셋째 날
사진과 그림책을 즉흥극으로 표현할 수 있다.

"선생님! 연극, 총 몇 번해요?" 아이들이 물어본다.

"5번이요. 오늘 수업 마치면 2번 남아요."

오늘도 연극수업 전 연극놀이 시작을 말한다.

"한 친구를 선택할거예요."라는 말에 "저요?"하는 아이가 있다. 담임은 계속 놀이를 이어간다.

<보티첼리 게임하기(이미지로 추측하기)>

「다섯 고개처럼 할 거랍니다. 선생님에게 이미지로 질문하는 겁니다. 예를 들어 "그 사람을 생각하면 어떤 색이 생각나요?", "그 사람을 생각하면 어떤 신발이 생각나요?" 이렇게 이미지로 물어봐야 합니다. 예 또는 아니오로 대답하지 않아요.」

담임이 한 친구를 머리에 담아둔다고 하니 다시 또 "저인가요?", "남자일 거야. 표정이 그래." 하는 아이들이 있다.

"자, 머리에 담았어요. 질문해보세요"

그 친구는 착하나요? - 질문 오류다. 이미지가 아니다.

그 친구를 보면 어떤 자동차가 떠오르나요? - 아이들은 자기들이 먼저 차 이름을 댄다. '소나타, 포르테, 모닝?' 핑크색 작은 차라고 담임이 말하자, 아이들은 여자일거라고 단정한다.

어떤 옷이 떠오르나요? - 트레이닝 복이나 운동복

어떤 동물이 떠오르나요? - 고양이

어떤 만화캐릭터가 떠오르나요? - 포켓몬이라고 했다. 아이들은 포켓몬의 특정 캐릭터를 요구한다. 담임이 이름을 잘 모르니 아이들이 알려준다.

어떤 과일이 떠오르나요? - 자두라고 말하자 키가 작은 아이일 거란다.

어떤 색깔이 떠오르나요? - 짓궂은 애가 똥색이라 한다. 담임은 하늘색이라고 한다.

"자, 누구인지 떠오르나요?"

아이들은 누구인지 알 것 같단다. 하나! 둘! 셋! 에 맞춰 손가락으로 가리킨다. 그 손끝을 따라 가 누구인지 확인한다.

"여기에 정답이 있어요. 정답은 ○○이."

맞은 아이들은 박수를 친다. 추측한대로 여학생이 맞았다. 아이들에게도 한 번 해보라 하자 10명 넘는 아이들이 지원했고, 한 명이 게임을 새로 시작한다.

무슨 색? - 두 가지 색을 이야기 한다.

자동차는? - 픽업트럭

과일은? - 두리안이라고 하자 누가 냄새가 지독하다고 거든다.

동물은? - 캥거루

교과서는? - 수학

만화 속 어떤 캐릭터가 떠올라? - 짱아

어떤 물건? - 핸드폰

어떤 옷? - 까만색 운동복 바지

질문은 대부분 비슷하다. 거기서 거기다. 그래도 아이들은 별로 신경 쓰지 않는다. 누구인지 맞히는 데 집중한다. 어수선하지만 집중한다. 이 놀이 핵심은 정답이 나온 뒤 질문 받은 사람과 미릿속에 담은 사람 둘이 서로 왜 자기가 캥거루인지, 왜 핸드폰인지 궁금했던 점을 물어보고 이유를 알려주는 과정이다. 나누는 이야기 속에서 서로의 관심과 호감이 생기기도 한다. 시간상 정답만 확인하고 다음 활동으로 넘어갔다.

그만 한다고 하니, "아아~~" 아쉬워한다.

<사진을 활용한 조각상 만들기>

칠판 화면으로 사진을 보여준다.

"여기는 어디일 까요?"

"버스. 300번이다. 430번 안에는 저런 거 없어." 이 동네를 지나는 버스는 다 나온다.

"버스 안에서 여러 사람들을 볼 수가 있어요. 우리가 한 명 한 명 등장해서 버스 안에 있는 '누군가'가 되어 볼 거야. 한 명씩 탑승해볼까요?"

버스 안에서 졸고 있고, 서 있고, 음악 듣는 사람들.

아이들은 한 사람씩 나와서 버스 안에서 볼 수 있는 사람을 표현하고 멈춘다. 또 다른 사람이 나와서 그 근처에서 동작을 취하고 멈춘다. 장면을 쌓는다. 그렇게 쌓인 장면은 텅 빈 버스 사진에서 사람들이 탄 출퇴근 버스가 되어 있다. 입체 사진이 된다.

2번째, 운동장 사진이다.

같은 방법으로 한 명씩 장면을 쌓는다. 버스 공간이 조용했다면 운동장은 나오는 순간부터 소란스럽다. 공간의 특성이 분위기를 특정 짓는다. 그네 타는 아이, 철봉에 매달린 아이, 함께 달리기 하는 아이, 넘어지는 아이가 있다.

3번째, 복도 사진이다.

양치질하는 아이, 뛰는 아이, 신발장에 신발 넣는 아이, 부딪혀서 넘어지는 아이, 벌 받는 아이가 있다. 장면 속에서도 뛰어다니다가 벌 받는 장면을 연결하여 반복적으로 보여주는 아이들이 있다.

<해리스 버딕의 미스터리 그림책 만나기>

해리스 버딕의 미스터리(문학과 지성사, 2009)그림책의 그림을 칠판에 한 장씩 붙였다.

"뭐야? 저게? 거인의 집이야? 애들이 뭐하는 거야? 죽었어? 엉망이 된 침대야? 아이들이 벌써? 제 2의 놀이터? 구멍이 지켜보고 있다? 글씨는 없어요? 인생사진관?"

그림을 보고 많은 말들이 툭툭 쏟아진다.

14장의 그림이 다 공개되었다. 그림에 집중한다. 담임이 해리스 버딕과 관련된 이야기를 들려준다.

[30년 전에 해리스 버딕이라는 사람이 출판사에 찾아왔어. 여기 14장의 그림을 보여주며 이것도 책으로 만들 수 있는지 물어봤어. 출판사에서 그렇게 하자고 했어. 그런데 다시 찾아오겠다던 해리스 버딕은 나타나지 않았어. 아직도 나타나지 않았어. 이렇게 이야기는 없고, 그림만 남겨뒀어.]

"출판사가 죽인 거 아니에요?"

금세 탐정이 된다. 그러나 오늘은 작가가 될 것이다.

"이제 14장의 그림에 어울리는 이야기를 여러분이 쓸 거예요."

한 아이는 그림 14장을 전부 사용하는 줄 알고, 그림을 순서 바꿔도 되냐고 묻는다. 모둠별로 5장 그림을 주고 하나를 고르도록 했다. 처음부터 한 장을 선택하는 게 아니다. 고민할 시간을 주고, 이야기로 만들고 싶은 그림

하나를 고르게 한다. 나머지는 다시 걷는다. 방해요소는 없는 게 좋다. 같은 그림을 고른 모둠도 있다.

그림을 보고 생각나는 단어, 느낌을 포스트잇에 적어서 붙이게 했더니 어떤 그림 앞에는 [호러, 산속, 숲, 돌덩이, 마법, 사랑, 꿈, 책속, 죽음 등]이 붙어 있었다.

"그림 뒤를 살펴보세요. 이야기의 단서가 될 문장이 있어요."

그림 뒤에는 실제 그림책 옆에 나온 문장이 붙어 있었다. 그 문장으로 아이들은 바빠졌다. 이야기가 마구 튀어나온다.

"어떤 그림이고, 어떤 상황이며 어떤 인물이 나오는지 모둠별로 이야기해보세요."

3등분해 놓은 A4종이를 나눠준다. 우선 가운데 칸에 그림에서 나올 수 있는 대사를 적어보게 한다. 그림에 인물들이 있으면 대사가 나오기 쉽다.

그러나 빈 종이는 쉽게 채워지지 않았다. 한 줄도 적지 못한 모둠도 있다. 그림에 대한 해석이 달라 모둠 안에서 티격태격하기도 한다. 어떤 모둠은 한 명씩 돌려가면서 한 줄 쓰기로 이야기를 완성한다. 서로 미루기도 한다.

아이들이 쓴 이야기가 즉흥극으로 잘 연결될까? 불필요하게 너무 긴 이야기를 적는다. 어떻게 안내해야지 활동 의도대로 간단하게 써내려 갈 수 있을까? 시간과 분량을 제한시켜야 할 것 같다. 가운데는 갖고 있는 그림 속 장면, 왼쪽에는 해당 그림 앞에서 볼 수 있는 장면, 오른 쪽에는 뒷이야기(사건)를 적어본다.

분량을 제한한다고 해서 그들의 상상력을 제한하는 게 아니다. 한 두 문장으로 쓰게 하면 글 쓰는 것보다 그림에 더 집중 하게 할 수 있다. 상상하고, 생각한다. 그리고 무엇을 쓸지 의논하고 선택하면 된다. 그러나 지금은 칸 채우기에 열중한다.

"하기 싫다."

드디어 나왔다. 연극은 0점이라고 했던 그 아이. 하기 싫단다.

<살아있는 그림책 만들기>

만든 이야기를 즉흥극으로 보여주자고 하니 조용해진다. 시간을 더 달라고 한다. 그 전과 달리 담임은 시간을 더 주지 않았다.

"더 이상 시간은 안 돼요. 준비 한 것까지만 발표하세요."

발표한다. 어떤 모둠은 한 명이 이야기를 읽어 내려가고 나머지 아이들이 그 내용에 맞게 움직인다. 해설팬터마임이다. 우연찮게 대부분 모둠이 그 방법을 택했다. 미리 알려준 기법이 아닌데, 알아서 발견한다.

이야기 따로 장면 따로. 그걸 보는 담임 표정이 굳는다. 이야기를 쓰는 데 집중하느라 그 속에 나온 인물이나 사건에 대한 공유가 없었던 것 같다. 각자 역할 이해도 없다. 그저 긴 이야기만 완성된 상태이다. 누군가 관객에게 이야기를 전달해야 했고, 다른 아이들은 몇 가지 동작으로 이야기를 따라가기만 했다. 얼떨결에 해설팬터마임이 나오게 된 것이다.

여하튼 재미와 완성도를 떠나 발표하는 사람이 행위에 대해 진지함이 없으면 교실 안 관객은 집중하지 않는다. 보고 있지만 몰입은 없다. 아주 짧은 즉흥극이어도 지켜야할 매너가 있다. 교실 앞이어도 무대 매너, 관객에 대한 배우로서 매너를 지켜야 한다. 그건 태도의 문제다.

느낌 나누기

"그림으로 이야기를 만드는데, 작가가 된 것 같이 재미있어요."

가짜 반응이다. 가짜 반응?

난 이 아이를 쭉 관찰 했었다. 참관하는 내 자리랑 가깝기도 했고 말도 많고 질문도 많다. 아이는 이번 활동에 비협조적이었고 모둠 여학생과 마찰도 있었다. 그래서 가짜 반응이라 판단했다.

그런데 왜 재미있다고 했지? 이유는 뭘까?

추측1. 습관이다. 그냥 선생님이 기분 좋을 말을 한다.

추측2. 마무리를 빨리해야 쉬는 시간이 시작된다.

이 정도로 추측했다. 그냥 별 뜻 없이 발표한 듯하다.

"또 다른 느낌 없나요?" 담임이 또 묻는다.

그 아이가 짝에게 "재밌었다."라고 말하라고 시킨다.

추측 1,2 둘 다 맞는 것 같다. 씁쓸하다.

그럼 다른 아이들의 느낌은?

같은 그림이었는데 여러 이야기가 있어서 재밌다.

이야기가 앞뒤가 안 맞아 이해가 안 되고, 어이가 없다.

친구랑 역할로 싸워서 기분이 안 좋았다. 그런데, 다시 풀렸다.

재밌게 할 수 있었는데, 발표를 잘 못 한 것 같아 아쉽다.

쓰면서 느낀 건, 이렇게 힘들 일이 또 있을까 싶었다.

그림을 가지고 대사를 직접 짜보니까 어려웠다.

오늘 수업은 모두 참 힘들었을 것 같다.

수업 초점은 연극놀이로 사진과 그림을 읽기였다. 사진은 잘 읽었지만 그림책과 관련된 활동은 글쓰기 수업이 되었다. 메인 활동에 연극체험이 사라져버렸다. 이유는 간단하다. 처음 제공한 사진은 아이들의 일상(우리 동네)인데, 그림책의 그림은 시대적, 공간적으로 너무 낯설었다. 미스터리함이 강점인 이 14장의 그림으로 더 과감한 상상력과 이야기가 나올 줄 알았다. 그런데 아니었다.

Tip

그림책은 교육연극과 친하다. 그림책으로 연극 만들기, 그림책으로 토론하기, 그림책으로 대본 만들기 등. 그림책은 좋은 수업소재이자 자료이다.

대안은 없을까?

아이들 일상(학교, 친구, 가족 등)이 표현된 새로운 그림책으로 사용하는 게 어떨까? 같은 방법으로 책 속의 그림을 모둠별로 나눠 갖는다. 서로가 서로의 앞 뒤 이야기가 되기도 하지만, 또 서로의 이야기를 비틀어 놓기도 할 것이다. 그래서 더 재미있을 듯하다. 어느 지점이 우리랑 다른지. 어느 지점이 우리랑 연결되는지. 누가 나랑 같은 역할을 하는지.

선생님, 질문 있습니다!

질문 : 오늘 고생하셨어요. 힘들어 보이던데 어땠나요?

답 : 이번 수업을 하면서, 저에 대해, 교사 역할에 대한 고민이 많아졌어요.

그 고민이 어떤 것인지, 수업의 어떤 지점에서 나온 건지 물어보기가 어려웠다. 수업을 기꺼이 해준 것도 고맙고도 미안한데, 질문으로 곤란하게 하고 싶지 않았다. 또 이 말도 해주고 싶었다.

"나도 여전히 고민 중입니다."

넷째 날
연극놀이로 시를 감상할 수 있다.

어제 했던 수업이야기를 간단히 나눈다. 연극놀이로 수업을 시작을 한다고 했더니, 어제 했던 [보티첼리 게임]을 또 하자고 한다.

아니! 오늘은 다른 놀이를 할 거란다.

<색을 찾아라!>

「선생님이 특정 색을 외치면 그 색을 찾아 손으로 대거나 짚는다. 그리고 멈춘다. 다른 사람한테 있는 색을 만질 때는 양해를 구한다.」

자리에서 일어서라는 말을 하지 않았다. 그러나 "검은색!"하고 외치자, 아이들은 자리에서 바로 일어나 검은 색을 찾아다닌다.

"내 주변이나 교실 어디든 상관없어요. 색깔을 손으로 짚고, 얼음처럼 멈추면 됩니다."

"파란색!" - 우유팩의 파란색, 파란 색종이

"초록색!" - 창밖 산을 가리킨다. 아이는 산이 아니라 우주 어딘가에 있는 초록별이란다.

"분홍색!" - 여학생에게 많이 집중되어 있다. 아이들이 계속 떠드니까, '집중!'이라고 외치고 자리에 앉혔다.

"선생님! 오늘은 너무 짧아요."

놀이를 짧게 끝내자, 아이들이 짧다고 구시렁댄다.

<시집으로 놀기>

1인 1권 씩. 서로 다른 시집들이다. 수업 전에 가장 마음에 드는 시를 미리 골라 놓도록 했다.

"지금부터 선생님이 말한 내용을 듣고 어울리는 구절을 시집에서 찾아서 발표해보세요. 시간은 아주 짧게 줄 거예요. 그 시간 동안 본 내용 중에 어울리는 걸 발표하면 됩니다."

"내 짝꿍과 가장 어울리는 구절을 찾아보세요."

시간제한을 강조하니 손과 눈이 빨라진다. 발표를 잘 안하는 아이들도 손을 든다.

[똥개가 보이지 않는다.] 왜냐면, 친구가 나를 때려서 나도 때리려고 찾으면 시 내용처럼 사라져있다.

[우리는 동갑내기] 왜냐면, 우리는 같은 나이, 같은 해에 태어나서.

[어른들에게 야단맞는 좁은 길] 왜냐면, 야단을 맞아도 장난을 멈추지 않는 짝꿍이랑 닮았다.

"우리 모둠과 잘 어울리는 시 구절을 찾아보세요."

많아도 딱 한 가지만 고르도록 했다. 먼저 찾은 아이들부터 발표를 시킨다. 아이들은 들으면서 찾는다. 속도가 빠르다. 손에 시집이 쥐어져있고, 그 속에서 답을 찾아야 하니까 차분하다.

[교실을 대걸레로 닦아 준다.] 왜냐면, 친구들이 청소를 도와준다.

[잘 가라 잘 가라] 왜냐면, 우리 모둠과 빨리 헤어지고 싶다.

[내 뒤에 귀신이 따라온다.] 왜냐면, 모둠에 귀신같은 친구들이 있다.

[꿈이 오는 소리] 왜냐면, 우리 모두 각자 꿈이 있다.

"우리 가족과 어울리는 구절을 찾아보세요."

자기 시집에 어울리는 구절이 무지 많다고 좋단다.

[우리 동네는 하루라도 재미있을 날이 없다.] 왜냐면, 우리 집은 하루도 조용할 날이 없다.

[딱 하루만 아프고 싶다.] 왜냐면, 부모님이 내가 아플 때 옆에서 간호를 해준다.

[휘두르고 뭉치고 괴성을 지르고] 왜냐면, 나랑 동생이랑 싸우는 모습이 떠오른다.

[엄마하고 부르면 다 풀린다.] 왜냐면, 나도 엄마를 부르면 기분이 풀

린다.

[까치는 까치끼리, 참새는 참새끼리] 왜냐면, 언니랑 나는 말이 통하는데, 엄마 아빠랑은 안 통한다. 우리끼리 쓰는 언어를 따로 만들어 사용한다.

<모둠에서 공동 시 뽑기>

먼저 배우 수첩에 자기가 뽑은 한 편의 시를 적는다.

"윽, 조금 짧은 걸 뽑을 걸"

긴 시를 뽑았나보다. 그러나 대부분 말없이 자기 시를 적는다. 다 적은 뒤 친구들에게 시를 읽어준다. 그리고 모둠 공동의 시를 한 편 뽑는다.

<해설팬터마임으로 시 보여주기>

한 사람은 시를 낭독하고, 나머지는 시를 몸으로 표현한다. 시를 귀로 듣고 눈으로 움직임을 보게 되니 시가 더 선명해진다.

<시를 즉흥극으로 표현하기>

"방금 보여준 시를 즉흥극으로 다시 보여주세요. 말도 하고 구체적인 상황을 만들어도 됩니다."

10분 동안 '공동 시'에 인물과 사건을 추가하여 이야기를 만들게 한다. 어제 그림책으로 이야기를 힘들게 만든 경험 덕인지 오늘은 실수도 덜하고 아이디어를 빨리 모은다.

닭이 나와서 모이를 먹는다고 다투는 내용의 시를 '급식 시간'으로 바꿔서 보여준다. 100만원이 있다면 내용의 시는 뒷이야기를 추가하여 돈을 펑펑 쓰는 이야기를 만들고, 그 모든 것은 꿈이라고 마무리 한다. 한 모둠은 시도 짧고 인물도 드러나지 않아 다른 시로 변경하여 표현한다. 보는 아이들이 쉽게 알 수 있게 포스트잇에 역할을 적어서 이마에 붙이고 발표했다.

느낌 나누기

이야기 만드는 게 재미있다.

많은 시를 볼 수 있어서 좋았다.

친구랑 연극을 만들어서 좋았다.(아이들은 즉흥극도 연극으로 받아들인다.)

남자아이들이 이상한 이야기를 할 때 힘들었다.

모둠친구들이 적극적이지 않아서 힘들었다.

아이들이 만든 이야기가 참 재미있다.

시로 이야기 만들기! 100배 재미있다.

시로 이야기도 하고 연극을 하니 재밌다.

시로 즉흥극 만들 때 힘든 부분이 없어서 즐거웠다.

선생님, 질문 있습니다!

질문 : 지난 번 보다 오늘은 선생님의 피드백이 많았어요. 의도적이었나요?

답 : 오늘은 무슨 말이든 해주고 싶었어요. 장면발표에 대해 한 마디라도 해주려고 노력했어요. 그랬더니, 자리로 들어가는 아이들도 '어?'하는 표정으로 반응을 보이더라고요.

질문 : 오늘 교육연극 수업형태는 어땠나요?

답 : 우리 반에게 가장 적합한 것 같았어요. 같은 교육연극 수업이어도 소재랑 기법에 따라 반응과 호응이 다르다는 걸 봤습니다.

질문 : 시간제한을 아이들에게 강조하던데요?

답 : 시간을 많이 준다고 해서 꼭 좋은 내용이 나오질 않는다고 판단했어요. 오늘도 훨씬 속도감, 리듬감 있게 진행된 듯합니다.

'교육과정에 연극단원이 나오지 않았다면?'

연극단원이 교과서에 나오지 않았다면 연극수업을 시도할 선생님이 얼마나 있을까? 어느 정도일까? 4회기 수업을 보는 동안 교육연극은 누구나 쉽게 적용할 수 있는 방법이 아닐 수도 있다는 생각이 들었다.

나중에 5학년 담임 선생님께 다시 묻고 싶다. 수업이 끝나고 교육연극 수업을 계속 적용할 건지, 이 수업이 아이들에게 어떤 의미가 있긴 있었는지.

한 달 뒤, 물어봤다.

그리고 답장을 받았다. 답장은 5학년 수업이야기 마지막에 살짝 올려놨다.

세 의자, 그리고 즉흥극 만들기

다섯째 날
나의 꿈을 즉흥극으로 만들 수 있다.

마지막 수업이다. 선생님 표정이 밝다.

마지막이라는 것을 알려주고 연극놀이를 시작한다.

<나를 찾아라!>

"1부터 5까지 마음에 드는 숫자, 하나만 고르세요. 절대 중간에 바꾸면 안 됩니다. 움직이다가 같은 숫자가 나오면 손을 잡으세요." 숫자가 같으면 남학생 하고도 손을 잡아야 하냐는 질문에 그렇게 해야 한다니까 여학생의 탄식이 들린다.

1부터 5까지 숫자를 정하고 음악에 맞춰 움직인다. 걷다가 마주친 사람에게 몇 번인지 물어보고 같은 숫자이면 손을 잡고 움직인다. 처음에 남자, 여자를 가리더니 금방 섞인다. 남녀가 섞인 아이들은 손대신 어깨동무를 하면서 다닌다. 어떤 팀은 하나! 둘! 하나! 둘! 외치며 같은 숫자를 찾아다닌다. 팀별로 인원이 적든 많든 5팀이 생겼다. 다행히 같은 수를 못 찾은 친구는 없다. 왜 그 숫자를 선택했는지 이유를 물어봤다.

숫자 4가 7명이다. 4를 선택한 이유는 출석번호가 4번이어서 다른 사람이 고르지 않을 것 같아서 죽을 死자여서 골랐단다. 숫자 1은 좋은 숫자인 것 같아서 첫 번째로 나오는 숫자여서 골랐단다. 숫자 2는 3명이다. 손을 계속 놓고 있다. "결속력을 보여줘."라고 요구하니까 놓고 있던 손을 잡는다.

그리고 이유로는 항상 2반만 되어서 2번을 골랐다고 한다. 숫자 3은 5명이다. 집이 3층이라서 3을 골랐다. 단순히 3이 좋아서라는 이유가 많다. 숫자 5는 생일이 5월이어서, 5학년이어서 골랐단다.

프로그램 진행 내내 쉬는 시간 타령을 했던 아이가 한 번 더 하자고 한다. 마지막 수업이라서 앞에서 했던 활동들을 정리한다.

"그 동안 여러 가지 물건, 그림책, 시, 사진 등으로 수업을 했어요. 오늘은 내 이야기, 우리 이야기로 도전할거랍니다. 자기 이야기를 말 할 때 장난처럼 하면 안 됩니다. 진지하게 들려주세요."

그리고 1모둠에게 의자 3개를 꺼내 달라고 부탁했다. 의자 셋을 교실 앞에 둔다. 의자를 바라본다. 왼쪽에서부터 오른쪽으로 과거, 현재, 미래의 자리라고 안내한다. 과거가 3년, 5년 전일 수 있고, 현재는 지금, 미래는 10년 후나 더 오랜 시간 뒤가 될 수 있다.

"미래의 직업 같은 것도 생각해도 되나요?"

"응, 그래도 된단다."

아이 말대로 직업을 생각하면 더 구체적인 모습이 나온다. 생각할 시간을 충분히 준다. 시간 순서대로 앉을 자기의 모습을 고민한다.

<의자로 만나는 나의 이야기>

"누가 나와서 이야기를 들려줄래요?"

또 침묵.

드디어 한 명이 나왔다.

노는 나 - 아무것도 안 하는 나 - 죽은 나

우는 나 - 공부하는 나 - 컴퓨터 치는 공무원

노는 나 - 공부를 포기한 나 - 아무것도 안 하는 백수

노는 나 - 운동하는 나 - 선수가 된 나

자기 꿈과 연결되는 아이도 있다. 어떤 아이는 연필, 컴퓨터 등 도구로 시간의 변화를 보여준다. 아쉬운 것은 처음 발표한 아이가, 말없이 동작 하나로 시작해서 총 3개 동작으로 보여줬더니 그 뒤 모두 똑같이 따라 했다. 이 활동은 의자에서 그 때 그 시간 속의 '나'가 되어 이야기를 조곤조곤 들려주는 것이었는데, 다른 아이들도 의자 하나에 동작 하나로 끝낸다. 한 사람의 구체적인 이야기는 실종되었다. 안타깝게 의자의 첫 번째 시작이 모범답안이 되어 버렸다. 그래도 담임은 아이들을 그냥 들여보내지 않고, 몇 가지 질문으로 구체적인 이야기를 꺼내어 놓게 노력한다.

남자 아이들은 현재에서 미래로 가는 지점에서 "군대 안 가?", "꿈은 현실로 되지 않아."같은 말을 건넨다. "우리 반에도 연예인이 되는 아이들이 있을까?" 하는 뜬금없는 질문도 나온다. [공부하는 나]에서 [백수인 나]가 되었다고 하자, "왜? 공부했는데 백수가 되었어?"하고 되묻기도 한다. [백수인 나]가 한 번 등장하니 그 뒤 아이 대부분은 미래의 백수로 커갔다. 담임이 정리한다.

"우리 반에 이렇게 백수인 친구가 많네요. 조금 더 진지해야지 나의 꿈이 나오지 않을까요?"

<의자 위 인물 고르기>

모둠끼리 앞 활동에서 보여준 인물을 한 명 선택한다. 인물 실루엣을 그린다. 실루엣 안은 인물의 내면, 밖은 인물의 외면과 관련된 내용을 적어서 실루엣을 완성시킨다. 이름도 만들어 본다.

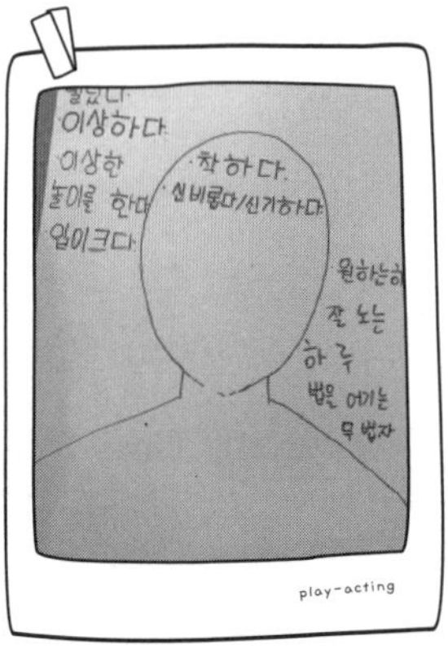

의자에서 발표한 개인 이야기를 바탕으로 공동의 인물을 만든다.

"인물 실루엣이 뭐예요?"

"사람의 형태를 간단히 그리는 거예요."

두개 모둠 정도는 활동을 이해하여 인물 테두리를 얼른 그려놓고 채울 내용을 생각하는 반면, 다른 모둠은 그림을 어떻게 잘 그릴지 고민한다. 도화지만 이리저리 돌려본다. 활동이 처음인 반이라면 실루엣이 그려진 도화지를 줘도 될 것 같다. 계속 고민 중인 모둠은 옆 모둠에게 도움을 구한다. 성에 차지 않은 듯 담임도 부른다. 5분이 지났는데, 아직도 텅 비었다. 실루엣도 내용도 없다.

"코를 왜 그려! 옆모습으로 그려! 내 그림에 손대지 마!"

"내용을 채우세요."

담임이 그림에 열중하지 말라고 해도, 머리카락까지 그려놓고 색칠도 한다. 시간이 답이라고 실루엣은 어느 덧 완성되었다. 더디긴 해도 성격이 어떤지, 어떤 운동을 좋아하는지 하나, 둘 이야기들이 나온다. 그 와중에 '예쁘다'가 내면이냐, 외면이냐고 옥신각신하는 모둠이 있다.

인물 실루엣 내용은 모둠별로 차이가 크다. 오늘은 5회기 동안 처음으로 쉬는 시간을 준다. 정작 쉬라니까 쉬지도 않고 인물 실루엣을 손 보고 있다. 차이가 났던 실루엣은 비슷해졌다.

<인물의 특별한 하루, 세 장면 만들기>

"주인공이 어떤 특별한 하루를 보낼지 이야기를 만들어보세요."

모둠별로 이야기를 만들기 시작했고, 세 장면으로 나눠 발표한다.

1모둠 - 쇼핑 하는 하루(실루엣 내용과 일치)

2모둠 - 베개 싸움하는 하루(실루엣 내용과 불일치)

3모둠 - 쇼핑하는 모습(리듬체조로 힘들어서 스트레스를 풀기 위해 쇼핑하는 모습, 실루엣 내용과 일치)

4모둠 - 예순이(처음으로 주인공 이름이 나왔다.)의 생일 파티하는 장면(실루엣 내용과 일치)

5모둠 - 무법자가 사람들에게 총을 쏜다.(실루엣 내용과 불일치)

무법자! 이건 우리 이야기가 아니다. 아무리 개인의 상상과 창의적 표현을 보장하는 게 연극 장르의 특징이라고 하지만 뭘 해도 폭력적인 내용을 만들어내는 아이를 어떻게 제어할지 고민이다. 안타깝게 발표하기 전까지는 모른다. '아차'싶을 땐 이미 발표는 끝났고, 우리는 봐버렸다.

<인물의 특별한 하루, 즉흥극 만들기>

사진처럼 보여준 장면에 대사를 덧붙여 즉흥극을 만들도록 했다. 아이들에게는 사진처럼 보여준 장면을 동영상처럼 보여주면 된다고 하면 된다.

또 소란하다. 그래도 지금 이 소란은 생산적이다. 즉흥극의 제목도 정하도록 했다.

1모둠 – 쇼핑 잼(여학생에게 특별한 하루는 쇼핑!)

2모둠 - 피 튀기는 베개 싸움(점퍼를 말아서 4명 다 베개를 만든다. 그리고 처음부터 끝까지 때린다.

3모둠 - 여기서부터 여기까지 주세요.(앞서 보여준 장면과 달리 주인공이 교체되었다. 의자 위에 여러 가지 물건들을 두고 다 구입하는 모습이다.)

4모둠 - 시끌벅적 생일파티(2모둠이 했던 베개싸움을 추가했다. 훈훈했던 생일파티 장면이 어수선한 즉흥극으로 변했다.)

5모둠 - 티라노 네모세모(해설과 마임으로 또 여러 가지 무기로 사람을 헤치는 모습을 보여준다. 경찰에게 제압당한다.)

즉흥극 초점이 사라진 모둠들. 거기에 아이들 미래의 보통 인물이 있기는 할까? 실루엣 내용을 바탕으로 세 장면이 만들어져야 했다. 아쉽게 아이들은 실루엣과 별개로 또 다른 인물을 만들어냈다. 활동 의도대로라면 [의자에서 고른 이야기- 그 이야기를 바탕으로 인물 실루엣 구체화하기-실루엣의 인물이 살아가는 특별한 하루 만들기]로 진행되어야 한다. 그러나 계속 새로운 인물들이 나와서 다음 활동에 전혀 도움이 되지 않는다. 마지막 즉흥극의 내용에 아쉬움이 많다.

<너의 내일을 응원 해>

마지막 활동이다.

"이제 친구에게 선물을 줄 거랍니다. 모든 친구에게 줄 순 없고, 모둠에서 자기 오른쪽에 앉은 친구에게 줄 거예요."

나눠준 카드에 주고 싶은 선물을 쓰거나 그리면 된다. 아이들에게 준 종이는 빈 종이가 아니라, 줄이 그어져 있는 예쁜 카드다. 줄은 그림보다 글로 써야 한다는 부담을 준다. 글쓰기, 이 아이들이 가장 힘들어하는 글쓰기. 시간이 또 많이 걸린다.

앞 활동에서 일관성 있는 고민을 했다면 이 선물에 의미가 생긴다. 하지만 앞에서 보여준 인물은 백수, 테러범, 쇼핑을 즐기는 캐릭터다. 그 인물이 자기의 미래라고 하는 친구들에게 어떤 선물을 할까? 앞 활동이 초점을 잃어버린 채 진행이 되어 선물 활동이 맥락에서 벗어나버렸다. 어색한 활동이 되어버렸다.

"네 꿈이 뭐야?"

갑자기 옆 친구들에게 꿈을 물어본다. 의자 3개에 앉아 발표했던 '백수', '죽은 나'는 친구의 진짜 미래가 아니라 판단한 것일까? 그리고 세 의자에 앉지 않은 친구에 대한 정보도 없었다.

실제 친구들이 무엇이 되고 싶었는지 알아야 선물을 줄 수 있다. 마음을 담아야 하니까. 조용해진다. 모두 다 열심이다. 빼곡히 적는다. 몇 몇 아이에게 선물 내용을 읽어보게 했다. 역시 물건보다 응원의 말이 많다.

#잠깐! 2014년 7월, 같은 활동

예전에 비슷한 수업을 했었다. 운이 좋았을까? 나와 그 때 그 아이들은 재미있고 따뜻한 수업으로 기억하고 있다. 그 때의 수업일지를 잠깐 살펴보자.

친구에게 줄 선물을 생각해본다. 음악을 틀어줬더니 아이들은 훨씬 진지해졌다. 다 쓴 걸 옆 사람에게 주고 서로 열어보았을 때 한 아이는 울컥했다고 했다. 뛰어논 것도 아닌데 오늘 교육연극 수업은 너무 재밌었다고 했다.

그 중 한 아이의 소감이다.

[오늘 정말 엄청나게 많은 종류의 교육연극을 했다. 마지막으로 둥글게 앉아서 내 오른쪽에 있는 친구에게 필요할 것 같은 것을 그림이나 글로 선물해줬다. 오늘은 뭔가 가슴이 찡했을 정도로 감동적이었던 것 같다. 참 재미있기도 했고 힘들기도 한 하루였지만 모두 수고했기 때문에 좋았다.]

또 다른 아이의 말이다.

[나는 내 오른쪽 친구에게 꼭 필요한 것을 종이에 그려 주었다. 나는 ○○에게 행복을 주었다. 지금은 내가 준 선물이 비록 종이지만 나중에는 진짜 행복이 될 거라고 생각했다. 그리고 다른 친구에게 행운의 네잎 클로버를 받아서 좋았다.]

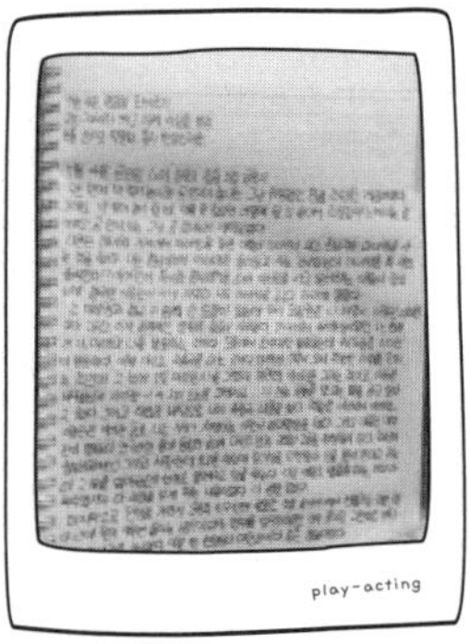

여기까지다. 앞 활동의 진지함이 고스란히 반영되는 순간이다.

느낌 나누기

미래를 하니까 5학년 2반의 미래가 궁금하다.

1~5까지 4라는 숫자에 내가 있었는데, 우리 반은 4를 많이 선택했다. 미래, 현재, 과거 중 나의 미래가 너무나도 떨린다. 꼭 꿈을 이루고 싶다.

가상의 인물들을 만들어내는 게 신기하고 재미있었다. 우리들의 생각대로 표현해서 흥미로웠다.

같은 숫자 찾기랑 의자로 연기할 때 동생이랑 같이 하고 싶다.

우리가 만든 사람으로 즉흥공연을 하는 게 좋았다.

친구 미래를 위해 편지를 쓸 때 신중했다.

"다섯 번 동안 했던 연극단원을 마무리하겠습니다. 눈을 감고 힘든 것, 재미있었던 것들을 떠올려 보세요."

"좋았던 점이 있었나요?"

[1학년부터 4학년까지 이런 수업을 안 했는데, 5학년 때 이런 수업을 해서 신기하고 재밌었다. 시의 장면을 이어서 표현하는 게 재밌었는데, 시를 이렇게 재밌게 공부할 수 있었나 싶어서 좋았다. 불편한 점이 있었지만 연극수업은 재미있다. 오늘이 마지막 연극수업이란 것이 슬프다.]

"질문을 바꿀게요. 가장 기억에 남는 수업은?"

[그림책 그림으로 장면 만들기, 아무것도 모른 상태에서 이야기를 만드는 게 신기함. 첫 번째 수업 때 성대모사랑 실기시험 봤던 거. 시로 연기로 하는 것이 즐거웠다.]

"힘든 점도 있었나요?"

"쉬는 시간을 안 준 거, 쉬는 시간 왜 안 주셨어요?"

아이들의 5회기 프로그램 소감에서 우리 둘은 적잖이 놀랐다. 내가 관찰한 아이들이라면 "재밌어요, 힘들어요, 좋았어요." 이렇게 짧게 말하고 정리할 줄 알았다. 그런데, 아이들은 구체적으로 수업 장면을 이야기한다. 새로운 경험에 대해 이야기했다.

선생님, 질문 있습니다!

질문 : 아이들, 평상시 수업 태도는 어때요?

답 : 아이들은 말하고, 함께 하는 걸 어려워한다. 그래서 국어시간이 가장 안 된다. 5년 동안 2개 학급을 오가며 서로에 대한 관계가 편견으로 굳어졌다.

질문 : 왜 계속 미래의 모습에 백수가 나올까요?

답 : '꿈을 이뤘을 때, 직업을 가진다면' 식의 특정 시간을 제시하지 않고 미래라고 두리뭉실하게 제안했더니 진로, 꿈, 바람이 반영되지 않았다. 그냥 자기들이 생각한 재미있는 걸로 만든 것 같다.

질문 : 특별히 눈에 띄는 학생이 있었나요?

답 : ○○이는 수업시간에 정말 잘 반응하지 않는데, 이렇게 열심히 수업하는 모습을 처음 봤다. 또 아이들이 칭찬에 목말라있는 걸 느꼈고, 5회기 동안 많이 성장한 것 같다.

배우수첩을 건넜다.

[모둠친구가 잘 참여하지 않았다. 그러나 연극을 이렇게 할 수 있다니 신

기했다. 모둠친구들이 소극적으로 참여해서 속상했지만 재미있었다. 친구들이 모둠활동 할 때 협조를 해주지 않았다. 그래도 연극 수업은 재미있다. 남자아이들이 장난만 치고 제대로 참여하지 않아서 아쉬웠다. 다음에도 하고 싶고, 친구들이랑 함께 해서 재밌다. 다른 모둠 아이들이랑 같이 해보고 싶다. 마피아 같은 연기할 수 있는 게임을 할 수 있었으면 좋겠다. 벌써 끝이 나서 아쉽지만 열심히 참여해서 즐거웠다. 의견도 많이 내고 웃기도 많이 웃었다. 마지막 연극단원이어서 아쉬웠다. 친구들이 의견을 내기 않아 힘들었고 쉬는 시간이 없었다. UCC동영상을 만들면 좋겠다. 연극을 막장으로 만들고 싶었지만 못했다.]

이 외에 인상적인 소감 하나가 더 있다.

[나는 모둠에 적극적으로 참여하였다. 5학년에는 정말 많은 체험을 하였다. 하지만 5번만 한 것이 아쉽다. 내년에도 또 연극수업이 여러 번 생기면 좋겠다.]

정성스럽게 쓴 소감, 한 단어로 끝내버린 소감도 있었다. 비슷한 점도 많았다. 오브제 하나가 다양한 형태로 변하는 것, 시와 그림이 새로운 이야기와 즉흥극으로 만들어지는 것에 재미를 느꼈다. 많이 언급된 '모둠'이야기. 특히 모둠의 협조를 아쉬워했다.

이 반 특성상 여학생들은 적극적이고 남학생들은 소극적이다. 여학생은 강하게 끌고 가려고 했고, 남학생은 더 귀찮아했다. 그게 마찰을 일으키고, 협조를 끌어내지 못했다. 그들은 연극적 체험 뿐 아니라, 다양한 갈등 경험도 했을 것 같다. 담임 선생님 말대로, 연극이라는 매개로 관계를 배운 듯하다. 즉, 연극놀이, 연극 수업은 모둠의 협조가 없으면, 서로가 성실하지 않으면 이루어지지 않는다.

비록 5회기의 수업동안 아이들은 모둠 때문에 힘들기도 했지만, 함께 해서 성취감도 느꼈다고 했다. 이 느낌을 이유로 학급에서 연극놀이, 교육연극 수업을 꾸준히 적용한다면, 관계의 기술이 늘지 않을까?

아이들은 연극놀이 프로그램을 통해 함께하는 재미와 기회를 얻었다. 5학년 2반 아이들에게 좋은 경험, 좋은 기억으로 남았으면 한다.

그 교사의 교육연극 수업 이야기 유다희 선생님

첫 번째. 예술과 연극, 그리고 우리

연극 첫 시작으로써 아이들이 가장 즐거워했고, 재미있게 참여했던 활동이었다. 사진 찍기 놀이, 세 가지 보물찾기 놀이를 통해 수업 전 그냥 교실이었던 공간에 관심을 갖길 바랐다. 예상치 못한 것들을 발견하길 바랐지만 주변 인물에 초점을 두거나 공기, 산소 등 전혀 의외인 무형의 무언가에 초점을 두었다.

연극놀이 이후 고조된 분위기에서 진지한 분위기로 넘어가는 것이 어려웠다. ○○이는 연극놀이에서는 재미있게 참여하다가 이론 중심의 모둠활동으로 넘어가자 하기 싫다는 무기력한 모습을 보였다. 장소 이동이나 소품 변화 없이 교사의 말로만 공간의 성격을 변화시킨다는 것이 그들에겐 어색했던 것 같다. 아이들은 확실히 직접 하는 것을 좋아했다. 연기 시험을 보면서 배우 역할 입는 것에 가장 많은 적극성을 보였던 것 같다. 마무리에서 연극놀이에 대한 느낀 점을 질문 했으나 아이들은 대부분 극단 실기시험에 대한 것이었다.

연극단원의 첫 수업이라 아이들보다 교사가 힘을 많이 줬다는 생각이 들었었다. 처음으로 연극단원을 접하는 시간이기 때문에 너무 많은 개념, 약속을 다루는 것은 아이들에게 더 혼란을 주는 것 같다.

내가 어떤 역할을 입어야 하는지, 지금 이 공간이 무엇으로 규정되어 있는지 파악하지 못하는 아이들. 표현하기 쑥스러워 하는 아이들을 앞으로 연극수업에 어떻게 적극적으로 참여시킬지 고민이다. 각 활동이 진행되고 넘어갈 때 아이들의 몰입을 어떻게 환기시킬지 고민이다.

두 번째. 오브제를 활용한 연극놀이

혼돈 그 자체, 연극놀이에 힘을 더 빼고 활동에 집중 해야겠다. 사물 이름 맞히기는 호응이 더 좋았고, 변형된 사물 알아맞히기는 수업의 목표를 위한 워밍업으로 더 유기성이 있었던 것 같다. 연극놀이에 30분 이상 사용되었다. 우리가 연극수업에 더 익숙해진다면 시간이 더 단축되지 않을까 하는 생각이 들었다.

원래 의도는 종이로 마음을 표현하기와 신문지로 표현하기 사이에 쉬는 시간을 두고 진행하려고 했으나 연극놀이와 만들기에 시간이 많이 걸리는 바람에 연속 진행하였다. 아이들이 색종이로 즉각적으로 만들 수 있을 거라고 생각했지만, 만들기를 잘 하려고 하는 우리 반 아이들의 특성을 간과했던 것 같다. 색종이가 아닌 이면지를 나눠줬거나 도구 사용에 제한을 두었다면 시간 내 활동이 마무리 되었을 것 같다. 색종이로 '나'를 표현하라는 발문이 너무 열려있었던 것 같다. 나의 현재 마음상태처럼 구체적인 발문을 했다면 빠른 시간 내 즉각적인 반응이 가능했을 것 같다. 신문지로 표현하기는 정리가 잘 안 된 채 소란스러운 분위기로 진행됐다. 신문지를 말아 모양을 만드니 매채, 빠따와 같은 폭력적인 소재가 많이 등장했다. 폭력적인 소재에 제한을 두어야 하는지 고민이 들었다. 막대 형태가 아닌 자유롭게 형태를 만들었다면 변형 소재가 다양했을까 하는 의문도 들었다.

1~2차시보다 직접 만드는 활동이 많았기에 더 적극적으로 참여했다. 하지만 물체를 변형해서 표현하는 것보다 만들기와 재미에 치중이 되었던 것 같다.

세 번째. 연극놀이로 사진과 그림 읽기

아이들은 웃긴 걸 좋아하고, 다른 친구들을 웃기고 싶어 한다.

이야기 맥락에서 자연스러운 웃음이 유발되어야 하는데 아이들은 본인이 웃긴 것을 뜬금없게 하니 교사도 공감하기 어렵고 보는 아이들도 어리둥절하다.

보티첼리 연극놀이는 예상외의 핫한 반응이었다. 조용한 분위기에 집중하는 놀이라 흥미가 금방 떨어질 줄 알았는데 한 번 더 하자는 아이들의 반응이 놀라웠다.

사진을 활용한 조각상 만들기가 시간이 많이 소요되고 처음 해보는 기법이라 어려울 것 같아 사진을 배경으로 장면(인물) 쌓기를 했다. 익숙한 공간에서의 표현이 쉬울 것 같아 버스, 학교 운동장 등의 사진을 선택했다. 효과적이었다.

미스터리 그림책이 나에게도 어렵게 느껴져 아이들이 잘 할 수 있을지 걱정이 됐다. 처음에 그림을 받았을 때 역시나 칼과 같은 특이한 물건, 인물의 표정 등에 집중되어 장난스럽고 맥락 없는 이야기들이 오고 갔다.

그림 앞 사건과 뒤 사건을 이어서 쓸 때에는 "이 그림 이 전에는 어떤 일이 있었을지 이야기로 써봐라."라고 이야기를 했고, 이때부터 이야기를 쓰는 데 시간을 많이 사용했다. 이야기가 아니라 사건에 대해 간단히 한, 두 문장으로 쓰라고 할 걸 그랬다.

이야기를 쓰는 것이 거의 대본처럼 길어지자 모둠에서 주도적인 아이들 몇몇만 글을 쓰고(대부분 여자 아이들) 소통의 과정에서 좌절된 남자 아이들은 관심이 없이 놀기만 했다. 글을 쓰는 아이들은 다른 아이들이 협조를 하지 않으니 혼자 하느라 속도가 더뎌지고, 참여하지 않는 아이들은 의견이 반영되지 않으니 관심도 없어 즉흥극에서 봤듯이 결과물은 나오지 않았다. 창작의 시간보다 혼자 하는 시간이 더 많았던 활동이었다.

네 번째. 몸으로 만나는 시

아이들이 시집을 읽고 제대로 된 시를 선정할 수 있을까하는 고민이 들었다. 수업 시작 전 1시간 동안 시집을 충분히 읽고 자신이 좋아하는 시 한 편을 뽑게 하였다. 예상 외로 아이들은 원하는 시를 잘 선택하였다. 아이들이 선택한 시는 자신의 경험과 관련이 있거나 단순하여 재미있는 시를 주로 선택하였다.

마음에 드는 시를 미리 선택해놓으니 본 활동에서 시를 고르는 데 시간을 단축할 수 있었다. 시집을 보며 시 구절 찾기는 호흡을 짧게 가야겠다고 생각했다. 시간이 길어지면 더 많은 시를 보게 될 거고, 더 많은 선택지는 결정 장애를 줄 것이라고 생각했다. 짧은 호흡에 시 구절 찾기를 하니 아이들도 즉각적으로 반응했다. 속도가 느린 아이들은 다른 아이가 발표할 때 찾을 수 있었다.

아이들이 고른 시로 이야기를 쓰니 지난 차시와 비교해 비교적 모둠활동이 잘 이루어졌다. 아이들로부터 동떨어진 이야기나 그림보다는 그들과 가까운 쉽고 재미있는 소재들이 창작을 하는데 더 효과적이라는 생각이 들었다. 시로 하는 활동이 재미있다는 아이들이 많았다. 개인 활동을 충분히 하니 모둠 활동에 비협조적인 아이들도 잘 참여했던 것 같고, 쉬는 시간이 있으니 교사도 아이들도 쉴 틈이 있었다. 아이들에게도 교사에게도 가장 부담이 없었던 수업이었다. 시의 상황, 감정, 인물이 있으니 지난 차시 그림보다는 다른 방향으로 엉뚱하게 나가지 않았던 것 같다.

다섯 번째. 의자로 들려주는 나의 꿈

우리 반 특성 상 본 활동이 진지하게 이루어지기 위해서는 차분한 연극놀이로 시작해야할 것 같아 비교적 정적인 '나를 찾아서'를 선택했다. 같은 숫자임에도 다른 성별의 친구들끼리 손을 잡지 않으려고 했다.

[심심한 나의 미래]

진지한 분위기로 활동이 진행되어야 한다고 생각했다. 진지한 분위기로 하자고 당부했다. 표현을 가장 잘 하는 ○○이를 시범으로 보였는데, ○○이가 미래에 '심심하다'라고 표현하니 그 뒤에 아이들도 '백수, 심심하다'의 맥락에서 미래가 표현됐다.

[인물 실루엣이 어려워요.]

인물 실루엣은 선으로 간단하게 그리고 내면과 외면에 다양한 특징들을 많이 적기를 바랐지만 예쁘게 그리는 것에 너무 몰두하였다. 앞 활동에서 미래의 직업이 구체적으로 나왔다면 다양한 쓸 거리가 나오지 않을까 싶었다. 인물 실루엣이 시간 내에 나오지 않으니 이름 만드는 활동을 제대로 하지 못했다. 가상의 인물이 구체적이지 않으니 인물의 특별한 하루를 만들 때 자기들이 바라는 특별한 일상의 하루처럼 표현이 되었다.

[선물주기]

의외로 마지막 카드 쓰기에서 다시 수업의 방향으로 돌아왔다. 짝꿍에게 다시 너의 꿈이 뭐야 라고 묻는 모습을 볼 수 있었다. 처음 활동에서 미래가 아닌 과거, 현재, 너희의 꿈이라고 구체적으로 설명했다면 활동이 다르게 전개될 수도 있었을 것이라고 생각이 들었다.

5학년이 되어 이런 수업을 처음 해봐서 좋았다는 느낀 점은 의외의 답변이었다. 연극수업을 5번 정도 하니 교사도 아이들도 연극수업에 익숙해져 나름 순탄하게 진행되었다.

4회기 때 묻고 싶었던 말. 그리고 들려준 대답

5회기 프로그램이 끝나길 기다렸다. 중간에 물어보고 싶었던 걸 참았다. 또 끝나자마자 물어보고 싶었지만 너무 서두르는 것 같아서 여유를 두었다. 그리고 한 달 뒤.

[깨톡! 선생님!]

질문 연극단원 수업이 끝났잖아요. 앞으로도 교육연극 방법을 적용해서 수업할 생각이 있어요?

답 본격적으로 프로그램을 시작하기 전까지, 가끔 수업시간에 빈 의자나 정지장면을 해 본 적이 있었어요. 잠깐씩 할 때는 '그거 어려운데', '귀찮은데'하는 반응이 많았고, 호응이 그다지 좋지 않았어요. 그동안 교과서 곳곳에 교육연극 기법이 들어가 있어 아주 조금 경험은 해보았지만 분절적인 활동에 그쳐 아이들에게도 의미 있게 다가오지는 않았던 것 같습니다. 하지만 연극단원 전체를 재구성된 프로그램으로 운영하니 아이들이 훨씬 더 재미있어하고 흥미를 가졌던 것 같습니다. 학급의 특성에 따라 다르긴 하겠지만 타 교과와 연계한 교육연극 프로그램을 재구성하여 진행한다면(예: 역사, 도덕) 아이들과 재미있게 수업을 할 수 있을 것이라는 생각이 들었습니다.

또 질문 교육연극이 선생님 반 아이들에게 효과적이었나요? 도움이 되었나요?

답 연극수업을 진행할 때에는 과연 아이들에게 효과적인가 하는 의문이

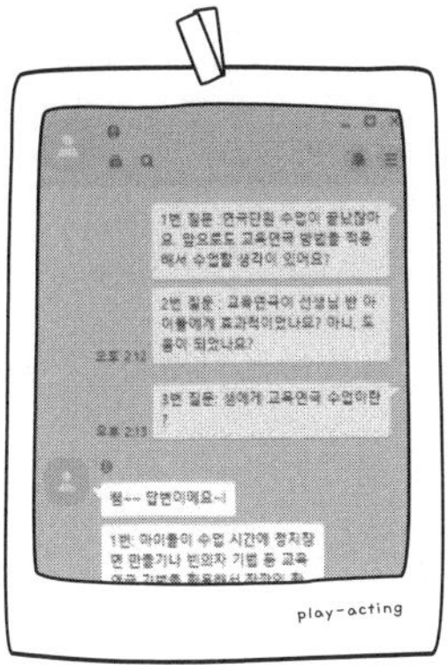

계속해서 들었습니다. 하지만 연극수업을 마치고 한 달 가량이 지난 지금까지도 가장 기억에 남는 수업을 연극수업이라 대답할 만큼 아이들에게는 강렬한 기억으로 남아있는 것 같습니다. ○○이 같은 경우에는 지금도 다른 교과시간에는 멍을 때리며 앉아있는 시간이 많습니다. ○○이의 밝은 표정과 적극적인 참여는 연극수업에서 가장 두드러졌던 것 같습니다. 또한 저희 반 아이들은 자신의 생각과 느낌을 발표하는 것을 굉장히 꺼려합니다. 지금껏 자기 생각이 선생님과 다르면 '안 된다.' 라는 것을 경험해왔기 때문입니다. 하지만 연극수업을 통해서 자신들의 생각을 확장해나가고 표현하는 것에 두려워하지는 않았던 것 같아요. 적어도 자신의 생각을 표현하는 내용(그게 대사든, 즉흥극이든)이 맞고 틀림으로 평가 받지 않았다고 생각한 것 같습니다. 10차시 동안에 아이들의 모습이 획기적으로 변화했다고는 말할 수 없습니다. 그래도 순간순간 나타났던 아이들의 모습 변화는 지속적으로 연극수업이 진행된다면 모둠활동 태도, 토의 태도, 경청 태도 등 변화가 있을 것이라는 생각이 들었습니다.

또 또 질문 선생님에게 교육연극 수업이란?

답 교육연극 수업은 나에게 '그럼에도'이다! 연극수업을 마친 지금 "교육연극 수업 어때?"라고 누가 질문한다면, 한껏 찡그린 표정으로 "그거 되게 힘들어."라고 대답할 것 같습니다. 하지만 교육연극을 떠올리면 '그럼에도'라는 단어가 맴돕니다. 교육연극 수업은 수업 전 · 중 · 후 모두 교사에게 많은 준비를 필요로 해서 쉽거나 가벼운 느낌의 수업은 아닙니다. 아이들의 시끄러운 소리와 협동이 전혀 되지 않는 모습, 교사의 생각과 다른 수업 방향성 등 곳곳에 교사를 좌절시키거나 실망시키는 것들이 많았습니다.

여전히 지금도(오히려 한 번의 경험을 거쳐서 그런지) 교육연극 수업에 대한 두려움은 남아있습니다. 하지만 교육연극 수업을 단 한 번이라도 해 본 것과 해보지 않은 것에 대한 교사의 마음가짐에는 큰 차이가 있는 것 같습니다.

무기력한 아이들이 교육연극으로 적극적으로 참여하고, 새로운 인식을 갖게 된 모습을 보면서 '힘들긴 하지만 또 한 번 해볼까?', '이번에는 아이들이 어떤 느낌을 갖게 될까?'하는 기대와 함께 교육연극의 매력을 점차 느껴가는 것 같습니다.

그래서 [그럼에도!] 교육연극 수업은 충분히 시도할만한 가치가 있다는 것이 제 생각입니다.

2. 6학년 6월에 만난 낭독공연

극본과 연극 만날 준비하기

6학년 창록 선생님은 1,2학기 연극단원을 다 한다. 앞서 나온 5학년 다희 선생님처럼 고학년도, 연극단원도 처음이다. 그 처음을 지금 시작한다.

첫째 날
연극과 극본의 관계를 살펴볼 수 있다.

첫 날이다.
프로그램을 만들었고 연극단원 수업하는 동안 함께 할 선생님으로 나를 소개해줬다. 이미 아이들은 연극단원 시작 전에 그들의 수업과정, 학습결과물, 사진 및 동영상을 찍어도 된다는 개인정보활용 및 수집 동의서로 '연극단원 프로그램'을 만났다.

<나, 너, 우리> 연극놀이로 마음 열기

모두 일어나서 편하게 걷는다. 담임이 '나'라고 외치면 혼자 서서 멈춘다. 신호를 주면 다시 걷다가 '너'라고 외치면 둘이 만나서 멈춘다. '우리'라고 외치면 세 사람 또는 그 이상이 만나서 멈춘다. 그리고 자리에 앉아 공통점 세 가지를 찾아 다른 팀에게 이야기 한다. 계속 '나, 너, 우리'를 반복한다.

가벼운 음악이 흐른다. 움직인다. 음악에 맞춰 리듬을 타는 아이, 손을 잡고 걷는 아이, 산책이나 온 마냥 이야기를 하면서 걷는 아이들도 있다.
"너!"

'너'로 시작했다. 둘씩 만난다. 1명이 남는다. 이 반은 홀수다. 불안하다. 그 한 명, 담임이 봤을까? 나라도 들어가서 짝이 되어줘야 하나? 그 한 명은 혼자로 있다가, 다시 움직일 때는 다른 아이 옷자락을 잡고 따라간다. 옷자락 주인도 뿌리치지 않는다. 다행이다.

"우리!"

여럿이 모여 앉아서 공통점을 찾는다. 지체 없이 하나씩 짚어낸다.

[우리 안경 썼네! 우리 머리 묶었잖아! 우리 하얀 실내화야, 우리 잘생겼어.]

다음에 '우리'로 만날 때는 그 전에 찾은 공통점은 제외시켰다. 발표도 자연스럽다. 횟수가 반복되면서 남녀가 섞인다.

[우리 머리가 까맣잖아! 얼굴에 점이 많아. 여기, 여기, 여기!]

웃는다. 책상을 옆으로 다 밀어놓아서 발에 걸릴 장애물도 없으니 걸음도 편하고 다양하다. 어떤 '우리'들은 흩어지지 않고 다음 지시가 있을 때까지 기차를 만들어 돌아다닌다. 칙칙폭폭

"너!"

'너'라고 외친 담임이 얼른 무리 속으로 들어간다. 알고 있었다. 한 명이 남을 거라는 걸. 재빨리 근처 아이 손을 잡는다. 혼자 남은 아이는 없다.

<세 가지 보물찾기>

"나, 보물찾기 좋아하는데."

5학년처럼 6학년도 교실 안에서 보물을 찾도록 했다. 어떤 아이는 물건을 들고 온다. (이 놀이는 나중에 프로그램 수정하면서 다른 활동으로 교체되었다.) 이 반은 앞에서 만난 5학년과 달리 모둠활동이 아주 잘 이루어진다. 찾은 보물로 모둠별 이야기를 나누고, 그 다음 전체 대상으로 발표한다.

[가방(학교 갈 준비를 해주고), 공기(숨 쉬게 해주고), 의자(편하게 앉을 수 있고), 휴대폰(가족, 친구의 연락처가 있고), 필통(내가 좋아하는 그림을 그릴 수 있고), 공책(작가가 되기 위해 글을 써야 하는데 도움을 주고), 친구, 필통, 물, 펜, 시계, 땅바닥(걸을 수 있고), 데톨(땀 냄새를 없애주고) 등] 생존과 관련된 보물, 자기 꿈과 관련된 보물, 사람들이랑 관계맺음과 관련된 보물들을 이야기하기도 한다.

<나는 누구일까요?>

이면지 한 장씩 나눠줬다. 자기를 나타낼 수 있는 7가지를 적는다. 보통 10가지를 쓰게 하지만 7~10사이가 적당하다. 개수가 적으면 자신을 드러낼 정보가 부족해진다. 7가지를 빨리 쓴다. 눈에 보이지 않은 마음이나 보이는 외형을 쓸 수 있다.

"어려워요."- 생각나는 대로 적으면 됩니다.
"너무 평범해서 걱정이야."- 남의 것을 볼 필요는 없습니다.

다 작성한 종이는 걷어둔다. 누구 것인지 이름은 적지 않았다. 다시 다른 사람이 쓴 종이를 한 장씩 받는다. 혹시, 자기 것을 받게 되면 자기 것이란 티를 내지 않는다. 독백처럼 읽는다. 마치 자기소개를 하는 것처럼. 잘 듣고 누구인지 맞혀본다.

"누구일까요?"

사이다를 좋아한다.
키가 크다.
고기를 좋아한다.
학원을 다닌다.
꿈이 선생님이다.
공기놀이를 좋아한다.
연두색을 좋아한다.

핑크색을 좋아한다.
친구와 잘 어울린다.
강아지를 좋아한다.
피구를 좋아한다.
염색을 했다.
전화를 많이 한다.
눈치가 빠르다.

색깔 있는 양말을 좋아한다.
만들기를 좋아한다.
강아지를 키운다.
먹는 것을 좋아한다.
웃음을 주려고 노력한다.
노란색을 좋아한다.

화를 잘 참는다.
강아지를 키운다.
발음연습을 하고 있다.
게으르다.
집에 있는 걸 좋아한다.
꿈은 애견미용사다.

예쁘다.
키가 크다.
만들기를 좋아 한다.
직업이 선생님이다.
모험을 좋아한다.
책을 좋아한다.
공부를 잘한다.

야구를 좋아한다.
6-2반이다.
꿈이 교대 교수다.
핸드폰이 있다.
하늘색을 좋아한다.
남자아이다.
안경을 쓰지 않았다.

운동을 좋아한다.	잘 생겼다.
강아지를 키운다.	공부를 못하지는 않는다.
노래듣기를 좋아한다.	안경을 썼다.
무릎에 흉터가 있다.	작다.
머리카락이 짧다.	운동을 못한다.
머리색이 갈색이다.	애완동물을 키운다.
그림 그리기를 좋아한다.	초록색이 싫다.(피망 때문에)

누구인지 잘 찾는다. 장래 희망이 나오면 바로 맞힌다. 친구의 취향과 가족구성원도 잘 안다. 한 학년 2개 반으로 6년 동안 지내다보니 모를 수 없는 상황이다. 대부분 아이들은 꿈과 외형으로 자기를 알렸다. 선생님이 꿈이거나 집에 강아지를 키우는 아이들도 많다. 학급 아이들 모두 발표했지만 전혀 지루하지 않았다.

<연극을 본 경험 나누기>

가장 신경 쓰인다. 어떻게 우리 삶과 연극을 연결할 수 있을까? 아래 담임교사의 말에 연극단원 프로그램의 목적이 담겨있다.

"우리는 연극놀이를 통해 잠깐이지만 교실 공간을 걷고, 주변을 탐색하고, 친구들도 만났습니다. 또 다른 친구의 정보를 마치 '나'인 것처럼 이야기도 했어요. 이런 경험들을 포함하여 몸짓, 대사, 움직임들이 포함된 예술형식을 무엇이라고 하는가?"

"연극이요!"

"연극을 봤거나 참여한 경험을 모둠별로 나눠봅시다."

"할머니가 죽으면 제 마음도 울리고 할머니 마음도 울려요."

전학 오기 전에 요양원 봉사하러 갔다가 본 공연 속 대사란다.

"작년 학예회 발표 때 어색했지만, 부모님이나 친구들이 칭찬해줘서 기뻤어요." 긍정적인 기억을 가진 아이도 있다.

<연극관련 단어 모으기>

모둠별로 스마트패드 1개, 자석보드는 1인 1개씩 나눠준다. 담임이 미리 볼 연극동영상을 찾아서 스마트패드에 연결해뒀다. 고등학생이 등장하는 연극이다. 집중한다. 동영상이 마무리 될 쯤 하나 둘 자석보드에 쓴다. 연극 내용이 아니라, 그 속에서 알아낸 '연극'의 요소를 쓰도록 다시 알려줬다. 아이들이 무엇을 쓰든 다 연극과 연결된다. 담임은 단어 하나 하나를 연극과 연결시켜 해석해준다.

[표정, 연기, 실감, 현실, 대사, 역할, 표현, 상상, 소품, 의상, 관객]

<연극과 극본 관계 알아보기>

아이들에게 복사물을 한 장씩 나눠준다. 거기에는 전래동화를 각색한 극본 한 도막, 유명 드라마 극본 한 도막, 학급에서 실제 읽었던 온작품 장면을 각색한 극본 한 도막이 실렸다. 그 중 2개는 대사만 넣었고, 1개는 대사와 지문이 적절히 잘 들어가게 만들었다.

극본의 힘인가? 아이들은 받자마자 읽어본다. 작품의 제목을 가린 극본이다. 대사와 등장인물로 어떤 작품인지 찾아보도록 했다.

"만약에 이 중 하나를 가지고 연극을 한다면 어느 게 편할까?"

재미냐? 익숙한 거냐? 실감나는 거냐? 아이들은 짧은 극본에서 다양한 이유를 찾아낸다. [콩쥐팥쥐는 재미있고 익숙하기 때문에 쉬울 것 같다. 푸른 사자 와니니는 이미 읽어서 내용을 이해하고 있기 때문에 극으로 나타내도 편할 것 같다. 인기 드라마 '스카이캐슬'은 대사가 지금 우리들이 쓰는 말이어서 편하고 실감나서 적합하다.] 그리고 한 아이는 지문이 있는 대본이 연극하기 편하다고 한다. 극본의 중요 요소에 대해 언급한다.

"이제 우리도 극본을 쓸 거란다. 드라마, 연극, 영화를 만들기 위해 대본, 극본이 필요하고 그것을 쓰는 전문 작가가 따로 있는 이유는 좋은 극본이 좋은 작품을 만들기 때문이에요."

아이들은 전문 작가가 있다는 말에 반응을 보인다.

느낌 나누기

연기에 대해 무엇을 해야 하는지 알게 되었다.

연기만 하면 되는 건 줄 알았는데, 대본이 필요하다니.

연극을 만들기 위해 많은 것들이 필요하다는 걸 알았다.

연극 만들기 쉬울 줄 알았는데, 힘들 것 같아 겁난다.

교실에서 보물찾기 할 때, 필요 없는 물건은 없다는 걸 알았다.

나의 보물찾기로 주변의 여러 것들을 다시 살펴보고, 그것들의 가치를 찾을 수 있었기 때문에 기억에 남는다.

나에 대해 7가지 쓰기는 애들이 잘 맞혀서 신기했다. 보물찾기는 좀 어려웠다. 다른 활동들도 재미있고, 기대된다.

잘 몰랐던 것을 더 잘 알게 되었다. 무엇보다 자신의 경험을 얘기할 때 이런 활동에 도움이 된다는 게 좋은 것 같다.

7가지 나의 특징 쓰기가 아쉽다. 그때는 생각이 안 났는데, 지금은 쓸 게 생각나서 후회가 된다.

나에 대한 7가지 쓰기가 어려웠다. 또 내 종이가 ○○에게 갔는데, ○○를 시키지 않아서 아쉬웠다.

연기자는 힘들 것 같다. 연극이란 무엇인지 조금 안 것 같다.

그리고 언제나 들어도 기분 좋은 말. 아이가 한 말.

"다음 연극 시간에 무엇을 할지 기대가 된다."

<배움 일기>

배움 일기는 마무리 시간에 이야기로 나누거나, 글로 써도 된다.

월　　일	이름	
기억 남는 배움이나 활동		
힘들거나 아쉬웠던 배움이나 활동		
활동 후 느낌		

둘째 날
극본의 특성을 이해할 수 있다.

점심시간이 끝났다. 아이들에게 아직 쉬는 시간이 더 필요한 듯하다. 교사 책상 앞에 공, 헝겊으로 만든 주사위가 보인다. 4명씩 4모둠으로 바닥에 널찍널찍 앉아있다.

수업시작 종이 친다. 어제 배운 극본과 연극에 대해서 간단히 물어봤다. 의상, 극본(대사 지문, 해설), 역할, 무대, 예산, 관객 등이 나온다.

"오늘은 이 중 극본에 대해서 자세히 배울 거란다."

그리고 연극놀이로 오전 내 굳은 몸을 푼다고 했더니 좋아한다.

<도미노 이야기 만들기>

공동이야기 만들기 형태다.

「낱말 하나로 이야기를 만들어간다. 낱말을 이야기하고 공을 옆 사람에게 넘긴다. 보통 두 세 바퀴면 한 문장이 완성된다. 문장은 이야기라기보다 어떤 사건이나 상황을 설명하는 정도이다. 누군가 "~한다.", "~했다."로 온점으로 마무리하면 활동은 끝난다.」

담임은 돌면서 상황을 살핀다. 모둠별로 만든 문장을 발표한다. 대부분 '나는', '어제'로 이야기가 시작된다.

세상에서 가장 긴 문장을 만들려고?

어떤 모둠은 끝이 없는 문장을 만들겠단다. 끝이 안 난다. 한 아이가 "~했다."로 마무리 하자 아이들이 항의한다. "규칙을 지켜라. '~한다.'로 끝났으면 끝난 거야." 담임이 정리해준다.

<이야기 꼬리 물기>

전체가 큰 원으로 마주보고 앉아서 공을 돌리기 시작한다. 지금부터는 단어 대신 문장으로 연결한다. 한 사람이 한 문장을 말하고 공을 돌린다. 이야기 흐름을 연결해야 한다.

"시작!"

[나는 피곤했다. → 그래서 화장실을 갔다. → 오줌이 마려웠다. →수면제를 먹었다.]

"잠깐! 상황을 자연스럽게 연결해주세요."

[수면제를 먹었다. → 수면제 효과가 없어서 휴대폰을 했다. → 휴대폰을 너무 많이 했다. → 잠을 못 잤다.] 몇 아이들은 그 전에 다른 사람들이 말 한 이야기를 꺼내어 맥락을 유지해준다. 그러나 모든 아이들이 이러는 건 아니었다.

"똥! 똥!"갑자기 똥이 반복된다.

[똥 쌌다. →오줌 쌌다. → 변비다. → 다시 쌌다.] 똥을 없애기 위해 다른 장소로 이야기를 옮겨도 누군가 또 화장실로 옮겨 놓는다. 처음엔 그 반복성에 재미있다고 웃더니, 이제 지겨운지 담임에게 도움을 청한다.

"선생님! 이제 똥 이야기 못 하게 해주세요."

담임이 이야기 공을 받아든다. 새롭게 이야기를 만들어보자고 한다. 새로운 문장을 제시한다.

"나는 이상한 습관이 있다."

새로운 이야기가 나온다. 그것도 잠시, 다시 화장실과 문구점을 오고가며 변비약을 찾아 떠나는 이야기로 전개된다. 그래도 몇 아이들의 도움으로 화장실에서 탈출했다. 두 바퀴 정도 돌면서 끝난 이야기. 문방구 아저씨와 경찰과 도둑이 등장하여 쫓고 쫓기는 이야기다. 갑자기 엄마가 등장하더니 꿈이었다고 이야기를 끝낸다.

"재미있다."

재미있단다. 계속 똥과 변비이야기만 했으면서.

첫 날, 연극을 동영상으로 봤다면 오늘은 유튜브에서 인기 있는 낭독 형식의 작품들을 본다. 움직임 대신 목소리로 다양한 이야기를 들려주는 유튜버들의 동영상을 미리 찾아놨다. 유튜브의 엄청난 힘이 느껴진다. 칠판 화면에 유튜브 홈페이지가 열리자 '와우~'너무 좋아한다. 처음엔 중학생들의 낭독공연 '완득이'를 보여줬다. 재생 시간이 길다보니 흥이 떨어진다. 두 번째는 전문낭독공연이다. 다시 집중한다. 세 번째는 사연을 낭독해주는 ○○의 영상툰을 보여줬다. 그 채널을 구독하는 아이가 있는지, 박수를 치며 격한 반응을 보인다. 초등학생이 보내준 사연낭독이어서 남학생들도 재미있게 본다. 마지막 영상은 두시 탈출 컬투쇼. 너무 영상을 많이 보여준 탓인지 지루함이 읽힌다.

"무엇이 보이나요?"

[연기력. 실감나게 자기인 것처럼. 약간씩 해설도 있었다. 대본을 들고 있었다. 표현이 오버스럽다. 음악 춤]

"공통점은?"

[대본이 있었다. 관객(보는 사람이)이 있었다. 듣는 사람(청취자)도 있었다. 대부분 일상생활 이야기, 소설 같은 이야기도 있었다.]

<극작게임으로 간단한 극본 만들기 연습>

"이야기를 들려주고 싶은 적이 있나요? 우리 이야기를 극본으로 쓰기 전에 극작게임이란 걸로 연습을 해보겠습니다."

극본을 쓴다고 했더니 조용히 해진다. 게임처럼 재미있게 할 테니 걱정말라고 달랜다. 1인 당 종이 조각 5장을 나눠준다. 그리고 칠판에 1~5번 종이에 써야할 내용도 알려준다.

쪽지로 극본으로 만들기

1번 종이 : 이야기가 진행될 장소를 적는다. 걷는다.

2번 종이 : 첫 대사를 적는다. 걷는다.

3번 종이 : 마지막 대사를 적는다. 걷는다.

4번 종이 : 이야기에 필요한 물건을 적는다. 걷는다.

5번 종이 : 구체적인 동작 1개와 소리를 적는다. 걷는다.

5번은 생략하고 종이 4장으로 1~4번까지 해도 된다.

A4를 4등분한 쪽지 5장을 주자 아이들이 힘들어한다. 1번부터 5번까지 써야할 내용을 한꺼번에 공개했더니 처리할 게 많다는 부담이 있나보다. 흥미가 떨어지고 부담만 는 듯하다. 1번 장소에서부터 막힌 아이도 있다. 원래는 한 장씩 쓰고 바로 걷고 그 다음 걸 써서 내는 활동이다. 넉넉히 5분이면 충분하다.

"여기 바구니에 전부 넣습니다."

"어렵다.", "모르겠다."침묵과 한숨.

1등으로 제출하는 아이가 나오자 다들 다급해진다. 시간 종료를 알려주자 "어떡해." 낭독극본도 쓰기 전인데 벌써부터 한숨이라니.

겨우 다 걷었다. 1번 종이는 1번 상자에, 2번 종이는 2번 상자에 두면 된다. 다 냈으면 다시 나와서 번호 순서대로 쪽지를 가져간다. 들고 간 쪽지로 극본을 만든다. 등장인물 두 명으로 설정하고 대사 위주로 적게 한다.

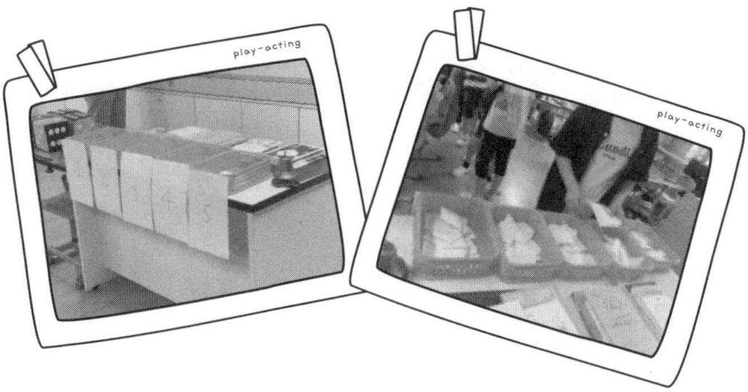

들고 온 쪽지를 보고 황당한지 웃는다. 곧 조용해지고, 쪽지를 뚫어져라 쳐다본다. 실제 수업에서는 등장인물을 2명이라고 제한을 두지 않아서 여러 명이 등장하는 극본도 나왔다. 등장인물이 많으면 사건이 커진다. 양도 많아진다. 대사를 쓰기 위한 간단한 놀이다. 서사와 캐릭터가 탄탄한 글쓰기가 아니다. 가벼운 게임이다.

"3번 쪽지[안 그럴게]를 존댓말로 바꿔도 돼요?"- 가능하다.

또 조용하다.

뽑은 쪽지 내용을 극본에 밑줄 긋도록 했다.

4번, 5번 쪽지 내용을 어떻게 반영하는지에 대한 질문이 많다. 효과음, 오브제, 동작 내용을 극본 속에 지문으로 표시할지 대사 속에 단어로 제시할지 묻는다. 상관없다. 둘 다 괜찮다.

<만든 극본 읽기>

모둠별로 또는 둘 씩 팀을 만들어서 극본을 읽게 한다. 즉흥적으로 역할도 나눈다. 모둠별로 하나만 골라서 다른 모둠에게 들려주도록 했다. 목소리는 실감났다. 동작도 자연스럽게 나온다. 등장인물이 많은 극본은 넷이 같이 하거나 또는 한 명이 여러 역할을 해야 했다. 한 장을 돌려 봐야하기 때문에 흐름이 끊긴다. 듣는데 집중도 어려웠다. 아이들은 모든 에너지를 다 쏟아낸 듯하다.

어떤 극본들이 나왔을까?

쪽지 내용이 들어간 부분에 밑줄을 그어 놨다.

1 학교 운동장

울빈 자기야, 나 할 말 있어

벅구 징그럽게 뭐 하냐?

울빈 사실 난 네가 좋아

벅구 난, 네가 싫어

울빈 솔직히 말해봐, 너도 나 좋잖아

벅구 흥, 싫어

울빈 나 따라 오지마

벅구 안 따라가거든

울빈 나쁜!

벅구 메롱! 나 잡아봐라, 우히히히. 이 바톤은 내가 가져갈게

울빈 너 거기 안 서! 바톤 내 놔!

벅구 야, 수업 시작한다. 난 이만 가볼게

(교실로 달려가서 의자에 후다닥 앉는다.)

2 집

(때리는 소리, 맞는 소리)

나 다녀왔습니다

엄마 너 왜 그래? 싸웠어?

나 네. 조금 있다가 애들이랑 놀기로 해서 금방 나가야 해요

엄마 뭘 또 나가? 일찍 들어와

나 네. 엄마 용돈 좀 주세요

엄마 돈 없는데, 식탁위에 3000원 들고 가

나 감사합니다. 다녀오겠습니다

3 학교

웅기 뭐야! 저거? 저 비행물체는?

친구 오! 따라 가볼까?

웅기 따라 가보자(10분 뒤)

웅기 비행물체가 떨어졌다

친구 오, 진짜?

웅기 뭐야, 그냥 봉지였잖아

친구 ㅇㅇㅇㅇ

웅기 근데, 겨울이어서 많이 춥다

친구 나도 좀 춥네

웅기 학교 갔다가 교복만 입고 뛰어와서 그래

친구 나도

웅기 집에 가서 열풍기 틀고 의자에 앉아서 휴대폰 하고 싶다

친구 그러게, 힘들어 죽겠어

웅기 힘들게 뛰어온 이유가 없어졌어

4 학교 창고에서

정우 (속닥거리면서) 야! 여기 털까?

기후 좋아, 좋아

정우 야, 여기 뾰족한 물건 있으니까 조심해!

기후 응! 아야!

정우 괜찮아?

기후 괜찮아, 흐잉

우석 (손전등을 비추며) 거기 누구여?

기후 야, 숨어!

우석 찾았다. 요놈들! 너 네 여기서 뭐했어?

정우 (반항하면서) 몰라요!

기후 잘못 했어요

(다 밖으로 나온다.)

정우 아니야, 왜 사과를 해!

기후 사과는 맛있고, 사과는 해야 해!

(집으로 돌아온다.)

엄마 너네! 오늘 혼났지? (분노가 들어가는 음향)

기후 다시는 안 그럴 게요

5 학교

흑화샌즈 이세계는 죽거나 죽이는 거야

차라 나는 자비버튼을 눌러 자비를 베풀 거야

흑화샌즈 나에게 자비 따윈 필요 없다

교장선생님 이봐, 학생들, 학교에서 싸우면 안 돼!

차라　네, 교장선생님

차라　샌즈는 나의 최고의 친구였다. 하지만, 지금은 아니다

흑화샌즈　받아라! 용의 분노~

차라　으아아아악악악

차라　살았다유

#6 집

기수　헤헷, 나도 드디어 여기에 다니는 건가?

아이1　야! 여기 처음 온 전학생이다

아이2　훗, 햇병아리! 따라와라!

아이3　여기에선 자기만의 별명이 필요하다. 음, 넌 뭐가 좋을까?

기수　귀여미요

아이2　그건 아니지!

아이3　그래, 내 생각엔 피넛이 최곤데?

아이2　크크크 좋지

아이1　여기서 그만 하시지!

아이2,3　넵! 피넛 가자!

기수　네! 알겠습니다용

아이2　우리 파티에 들어온 이상, 타락 천사만 퇴치한다. 우린!

아이1,2,3　천사시대!

기수　(혼잣말로) 내가 타락천사지, 크크크크

아이2　이 녀석! 뭐하는 거야?

아이3　이 녀석, 너! 굳이 우리여야 했어?

아이1　모두 숨어!

기수　강력하구만

아이2 으악!

기수 한 명 처치!

아이1 다들 괜찮아?

아이3 넵, 대장이라도 도망쳐요!

아이1 흑, 미안하네!

아이3 아! 안 돼!!

#7 집

(평범한 토요일 집에서 게임 중)

형 야, 왜 이렇게 못하냐! 제대로 안 해?

동생 못할 수도 있지, 형은 처음부터 잘했어?

형 아! 초딩이랑 말이 안 통해

동생 나도 중딩이랑 말이 안 통해

형 에렐렐렐 초딩, 깝치지 마라

동생 에휴, 쾅!

엄마 김치북 말, 똑바로 안 해? 동생한테

형 저 녀석이 잘못했는데, 왜 나한테만 그래?

엄마 네가 형이니까 그렇지, 넌 형이 되어서 동생이랑 싸우냐. 모범을 보여야지, 됐어, 들어가서 숙제해

형 네, 녀석 두고 보자

(2시간 후)

엄마 엄마, 잠깐 친구 만나고 올 테니까 동생이랑 있어

형 네(복수닷)

동생 형, 밖에 나가자 내가 아이스크림 사줄게

형 그러자

(마트에 왔다.)

형 야, 이거 사줘

동생 안 돼, 비싸

형 형한테, 그 정도도 못해? 나쁜 놈!(동생을 때린다.)

동생 형! 그만!

경찰 당신은 묵비권을 행사할 수 있으며 폭행죄로 당신을 체포합니다.(수갑, 철컥!)

형 내가 범인이 되었다니

엄마 반성해

8 마법학교

마법선생님 야, 응응응! 너 나와 봐!

응응응 네? 왜요?

마법선생님 마법대회에서 19등 한 거 몰라? 밤새도록 연습해!

응응응 네! 죄송합니다

마법선생님 난 이만 갈게, 학교 와서 연습해!

응응응 아, 이게 독수리로 변해야지, 왜 비둘기로 변하는 거야?

(3년 뒤)

응응응 선생님, 벌써 졸업을 한다니, 믿기가 않아요. (흑흑흑)

마법선생님 나도 그렇단다

응응응 선생님, 저 내일 대회 나가요

마법선생님 정말? 우승하고 오렴~

응응응 선생님이 주신 마법 책 정말 좋아요

응응응 내일 꼭 우승할게요~

9 금고

저승사자	가즈아
주인공	네? 뭐라고 하시는지, 전 정말로 당신을 몰라요
저승사자	아, 맞네. 내 이름을 소개해주지. 내 이름은 불신이라고 하네. 그리고 금고에서 돈을 훔치다가 경찰한테 걸려 총에 맞아 죽었어
주인공	아니에요. 전 안 죽었어요
저승사자	그럼 보여주겠네.(순간이동)
엄마	솜이야, 왜 죽었니? 왜? 엄마만 남기고 (계속 운다.)
주인공	엄마, 나 여기에 있어. 엄마
저승사자	자~ 보았나? 넌 죽어서 안 보이는 거라네
주인공	아니에요. 그럴 리가 없어요
저승사자	음, 아직도 안 믿기나?
주인공	엄마가 절 보게 해주세요
저승사자	어차피 넌 큰 죄를 지었으니, 죽어야 돼.

<여러 가지 극본집 살펴보기>

1인 1권씩 극본집을 가져간다. 어떤 것은 극본 한 편이 온전히 실린 책이고, 다른 것들은 연극관련 자료집 뒤에 부록으로 붙어있다. 복사를 해서 나눠주는 것보다 책 한 권으로 제시하는 게 온전한 작품으로써 극본이 존재한다는 걸 알리는 데 도움이 된다.

"재미있겠다."

극본집을 펼치자마자 나온 소리다.

바로 모둠에게 읽어주는 아이. "우리 이거 해보자."고 바로 제안하는 아이. 서로 갖고 있는 극본에 어떤 게 있는지 비교해본다. 각자 한 권 또는 한 편의 극본을 살펴본다. 자유롭게 소리 내어 읽어도 되고, 눈으로 봐도 된다.

극본 요소와 관련하여 담임의 질문이 시작된다.

"해설은 등장인물, 장소, 무대, 배경 등을 설명해주는 것으로 극본의 맨 처음에 나와 있습니다. 가지고 있는 극본에서 해설을 한 번 읽어볼까요?"해설을 읽어보자고 하니, 맨 앞에 있는 해설을 찾아 아나운서처럼 읽는다.

"대사는 인물들이 주고받거나 혼자 하는 말로 대화 위주로 쓰여 있습니다. 가지고 있는 극본에서 인상적인 대사 한 줄 읽어볼까요?"대사를 읽자고 하니 너나할 것 없이 가장 재미있는 부분을 찾아 읽는다. 따로 발표도 시켰다.

"지문은 연기자를 위한 행동, 표정, 억양관련 지시문입니다. 가지고 있는 극본에서 지문을 한 번 읽어볼까요? 읽으면서 행동을 보여줘도 됩니다."행동까지 따로 보여주자 초여름 오후, 늘어져 있던 분위기가 올라오기 시작한다.

극본집으로 극본의 요소를 확인하고 읽어보니 효과적이었다. 교과서에 있는 같은 극본보다 서로 다른 전문극본을 가지고 탐색하는 것도 재밌다. 극본집을 다시 수거하는데도 끝까지 손에 쥐고 있던 아이, 쉬는 시간에 다시 가져가서 읽는 아이도 있었다.

<마무리>

경험을 바탕으로 극본을 써야 해서 [일기 한 편씩 써오기]를 과제로 제시했더니 아이들이 괴로워한다. "역시, 내 예감은 틀리지 않았어." 첫 날 '연극은 힘들다'라고 했던 아이다.

깨톡!

그 날 저녁에 담임 선생님에게 메시지가 왔다.

[일기를 써오라고 해도 아이들 생활이 거기서 거기라서 극본 소재거리가 안 나올 것 같습니다. 그래서 다른 친구랑 공유할 수 있는 자기 이야기를 자유롭게 적어오게 했어요.]

깨톡!

[잘 하셨어요.]

극본쓰기 수업 이야기

셋째 날

일상 경험을 극본으로 표현할 수 있다.

담임 선생님의 걱정이 많다. 장면 만들기로 극본쓰기를 해야 하는데, 교육연극 경험이 없는 아이들이 잘 할 수 있을지 걱정이란다.

"잘 될까요?"

"나도 모르죠."

진짜 나도 모른다. 아이들과 직접 해보기 전까지는 모른다.

<감정에 어울리는 표정 만들기>

「책상배열은 서로 볼 수 있게 ㄷ자 대형으로 만들었다. 감정 단어(기쁨, 행복, 즐거움, 공포, 아픔, 슬픔, 체념, 분노, 설렘 등)를 보여준다. 담임의 시범을 보고 모둠별로 감정을 골라서 표정을 만들어 본다. 감정에 어울리는 대사도 만든다.」

속상할 때는 울상 표정이란다. 대사도 넣어보라 하자 없단다. 속상할 땐 아무 말도 하기 싫단다. 감정과 관련해서 표정, 몸동작은 금방 나온다. 그러나 적절한 대사는 쉽게 찾지 못한다. 그럴 수도 있다. 언어보다 비언어적 의사소통에 의지하는 경우도 있으니까. 실제 생각과 느낌을 말보다 표정 하나로 훨씬 더 정확히 전달할 수 있다.

"감정의 주인이 지금 여러분 자신일 필요는 없고, 다른 인물이라고 생각해보세요."

기분 나쁠 때, 고개를 돌리고 팔짱을 끼더니 "독한 년"이라고 한다. 텔레비전 드라마 속의 대사를 따라하는 듯하다. 표정보단 몸동작이 더 강조된다. 책상을 두드리면 "나쁜!", 발을 동동 두드리며 "짜증나! 아이 씨!" 모둠별로 선택한 감정들이 긍정보다 부정적인 것이 훨씬 더 많다.

<사진에 어울리는 대사 만들기>

다양한 상황이 담긴 사진을 보여준다. 사진 속에 인물도 있다.

"사진에 알맞은 대사를 만들어보자. 행동도 괜찮다. 대사는 너무 길지 않게 짧게 만들어보자." 담임이 시범을 보여준다. 짝 없이 혼자 앉은 아이는 교사의 파트너 1순위다. 같은 사진이지만 대사가 조금씩 다르다. 처음에는 혼자 등장하는 [스카이 캐슬에서 곽미향이 기도하는 장면]사진을 보여준다. 나온 대사는, "돈은 얼마든지.", "제발 우리 아이 서울 의대 가게 해주세요.", "남자 친구 생기게 해주세요." 두 번째 사진은 두 명의 인물이 등장하는 [태양의 후예 드라마 남녀 주인공]사진을 보여준다. "보고 싶었어."라고 말하니 "뭐래?"로 받는다.

첫 대사가 중요하다. 두 명 중 한 명이 대사를 말하면 상대방은 거기에 반응하면 된다. 누가 먼저, 어떤 인물을 선택해서 어떤 말을 할지 눈치를 본다. 1인 보다 2인 대사 만들기가 더 어려운 것 같다. 드라마 속 장면이라 상황과 대사 내용에 한계가 있다.

<내 얘기 좀 들어봐>

과제로 내가 겪은 특별한 일, 재미있었던 일을 모둠 안에서 나눈다. 짧게 질문도 주고받을 수 있다. 준비는 다 해왔다. 한 사람 이야기가 끝나면 박수도 쳐준다. 모둠활동에 익숙한 반이다. 자기 의견을 내는데 주저 하지 않고, 더 나아가 감정에도 솔직하다. 그래서 잘 풀릴 때도 있지만, 다툼이 생기면 활동이 중단되기도 한다.

<모둠에서 이야기 고르기>

모둠별로 극본으로 만들기에 적합한 이야기 하나를 고른다. 그리고 질문을 통해 이야기를 더 자세히 만들어 본다.

"이야기를 덧붙여도 됩니까? 극본이 대본 같은 거예요?"- 응!

당시 감정이 어땠는지, 누가 더 있었는지, 조곤조곤 질문과 답이 오간다. 생각보다 이야기가 빨리 만들어지고 있다.

<이야기 속 중심사건을 정지동작으로 보여주기>

정지동작이 무엇인지 물어본다. "정지동작은 사진처럼."이 정도 안내로도 아이들은 충분히 알아듣고 준비한다. 이야기가 정리된 모둠은 자리에 일어나서 연습한다. 이야기의 주인이 장면에 대한 간섭과 지시가 이루어진다. 자기 이야기에 대한 책임인가? 마찰이 있는 모둠이 보인다. 말이 없다. 담임이 정리하러 간다.

갈등 이유는 이야기 주인이 질문을 해도 자세히 들려주지 않아서 진행이 안 됐단다. 이야기 주인은 자기 이야기가 뽑혀서 좋았지만 극으로 만들기에 시시한 것 같아서 싫었단다. 모둠 애들이 왜 자기 이야기로 하려는지 모르겠다며 짜증을 낸다.

수업 시작 전 담임의 우려처럼 장면 만들기에서 첫 장애물을 만난 것 같다. 모둠에서 선택한 이야기의 문제인지, 생소한 교육연극 기법에 대한 어색함에서 온 것인지 오늘 첫 갈등을 겪는다.

첫 번째 발표 모둠이 나왔다. 모든 아이들이 처음 해 본 정지동작을 어려워하는 것만은 아니다. 관객들은 발표장면을 보며 눈에 보이는 중심 사건을 읽어주면 된다.

[사진 찍다가 응가 눈 사건
공놀이하는데 공을 놓친 사건
학원에서 단체로 급수 시험 보러 간 사건
편의점에서 변태 아저씨 본 사건 등]

<중심사건에 앞 뒤 장면을 연결해서 다시 발표하기>

정지동작이 아니라, 동작을 연결해서 동영상으로 보여준다고 하니 호응이 더 좋다.

"좀 지어냈는데."

이야기 확장을 위해 사건을 추가한 모둠이 있다. 공놀이만 하면 재미가 떨어져서 주운 돈으로 인형 뽑기를 한다는 사건을 넣었다. 자기 동네와 자기들이 다니는 학원에서 일어난 사건이니 집중한다. 실제 관객 중에서 그 시간을 같이 겪었던 아이들은 장면 하나하나를 반가워한다.

그들의 일상이어서 빠르게 채워진다.

유치원 때 배변 실수한 사건을 다룬 모둠이 있다. 이야기 주인이 극 중 주인공을 맡지는 안았다. 그래서 주인공이 더 편하게 연기할 수 있었을 것 같다. 한 장면에서 역할이 교체된다. 극 중 여자선생님을 남자선생님으로 바꾼다. 이유는 그들의 불편함. 주인공이 남자아이인데 여자선생님이 화장실로 데려가 응가를 닦아주는 장면이 나온다. 가상 상황이고 '~ 하는 척'하면되는 거지만 불편했던 것이다. 본래 이야기도 살리고 배우도 보호하고 싶은 아이들의 마음이 그대로 극에 반영되었다.

한 모둠은 담임의 안내를 잘못 이해하여 동영상이 아니라 정지장면 3개로 끊어서 보여준다. 구체성이 떨어져서 극본 쓰는데 도움이 될까 걱정이 된다. 나머지 모둠은 동영상으로 발표하였다. 정지장면 한 개만 봤을 때보다 앞 뒤 사건들이 생기고 인물들이 말을 하며 움직이니 극본으로 넣을 수 있는 대사와 지문이 생긴다.

어느덧 된다. 어느새 된다.

<장면나누기, 극본쓰기>

각 모둠별로 누가 나오는지, 어떤 사건이 일어나는지, 어디서 벌어지는지 이야기의 기본 정보를 정리한다. 그 다음 앞에서 발표했던 내용을 인원수에 맞게 나눠서 개별로 극본을 쓴다. 모둠별 4명씩 앉아 있으니 [처음, 중간1, 중간2, 끝]으로 나눈다.

"해설, 지문, 대사! 이건 꼭 써야해."

대사를 쓸 때는 [인물 : (지문), 대사]형식으로 쓰도록 했다. 초반에 갈등이 있던 모둠은 아직까지 장면을 정리하는 중이다. 아이들은 포스트잇에 주요 사건을 쓰고 번호를 매겨서 나눠 갖는다. 담임이 칠판 화면에 극본 예시를 보여준다. 글쓰기가 시작된다. 개별 진행속도가 다르다. 서로 도움을 주고받을 수 있도록 여유 있게 진행했다.

<극본 합치기, 수정하기>

각자 쓴 극본을 순서대로 붙인다. 이젤패드에 붙일 때 맨 위 칸에 [제목과 때, 장소, 등장인물]을 써준다. 수정사항은 색깔 펜이나 메모지로 표시한다.

어떤 모둠이 4장이 아니라 3장을 붙였다. 두 명이 쓴 극본 내용이 비슷해서 더 자세하게 쓴 것으로 붙였다고 한다. 한 모둠은 수정사항은 없었으나 제목 짓는 걸 힘들어했다.

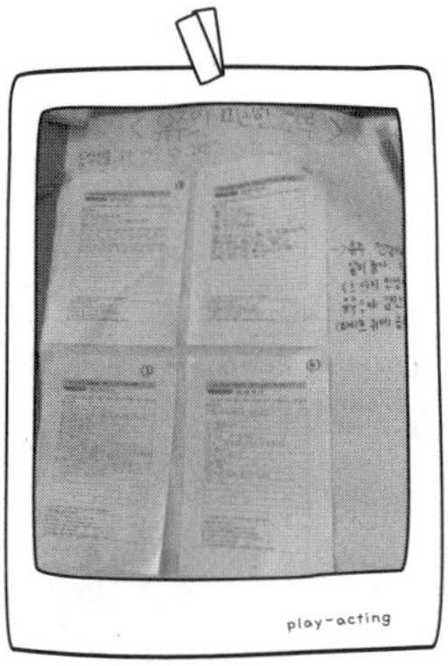

"읽으면서 수정해보세요."

감정 넣지 말고, 정확한 발음으로 읽는데 신경 쓰도록 했지만 아이들은 바로 목소리로 연기를 한다. 감정이 자연스럽게 들어간다. 굳이 말리지는 않는다. 읽고 들으면서 극본을 수정해간다.

"이제 감정을 넣어서 그 인물처럼 다시 읽어 보세요." 눈으로 볼 때 어색하지 않았지만 소리 내어 읽을 때 발견 된 어색한 곳을 수정한다. 아이들은 몸으로 표현한 즉흥극과 장면이 극본으로 변형되는 걸 체험한다.

[엉덩이 아저씨], [똥 지린 아이], [○○의 피곤한 하루], [수학경시대회] 총 4편의 아주 짧은 극본이 나왔다. 모둠별로 분량 차이가 크다.

느낌 나누기

극본 만들기가 가장 마음에 들었다.

극본 만들기가 재미있고, 작가가 된 느낌이다.

극본 하나를 만드는 게 이렇게 어려운지 몰랐다.

드라마를 볼 때는 그냥 봤는데, 앞으로 생각하며 보기로 했다.

실제 겪은 일로 극본을 쓰니 재미있고 어렵지 않았다.

재미있는데, 머리 쓰는 활동은 안했으면 좋겠다.

극본 만들면서 시간이 촉박해지면서 초조했다.

극본 만들기가 어렵다. 머리를 쥐어짜야 스토리가 나온다.

'극본 쓰기는 어렵다'는 생각이 압도적이다.

극본 쓰기가 중요한 건 알지만 힘들단다. 이 생각은 4개월 뒤 2학기 '연극 만들기'에서 현실이 된다.

6월에 만난 낭독공연 이야기

넷째 날
극본을 낭독할 수 있다.

<모둠별로 연습하기>

역할을 나눠서 그 인물이 자기인 것처럼, 실감나게 감정을 넣어서 읽는다. 전체 앞에서 한 번 더 읽어본다. 읽거나 듣는 이 모두 실수해도, 실수를 봐도 웃지 않는다. 실수해도 멈추지 않는다.

<공연 시 주의사항>

목소리는 크게 발음은 또박또박 자연스럽게 말해야 한다. 낭독공연이지만 필요하다면 동작도 취해도 된다.

<관람 시 주의사항>

옆 반 친구들을 관객으로 초대한다고 생각하고 주의사항을 찾아본다. [정숙한 분위기, 핸드폰 끄기, 돌아다니지 않기, 실수를 해도 비웃지 않는다, 공연에 집중하기, 호응해주기]

<포스터에 들어갈 내용 찾기>

2명 정도만 실제 연극 포스터를 본 경험이 있단다. 모둠별로 스마트 패드를 가져가서 연극 포스터를 검색한다. 메모도 한다. [관람료, 주최, 협찬, 예

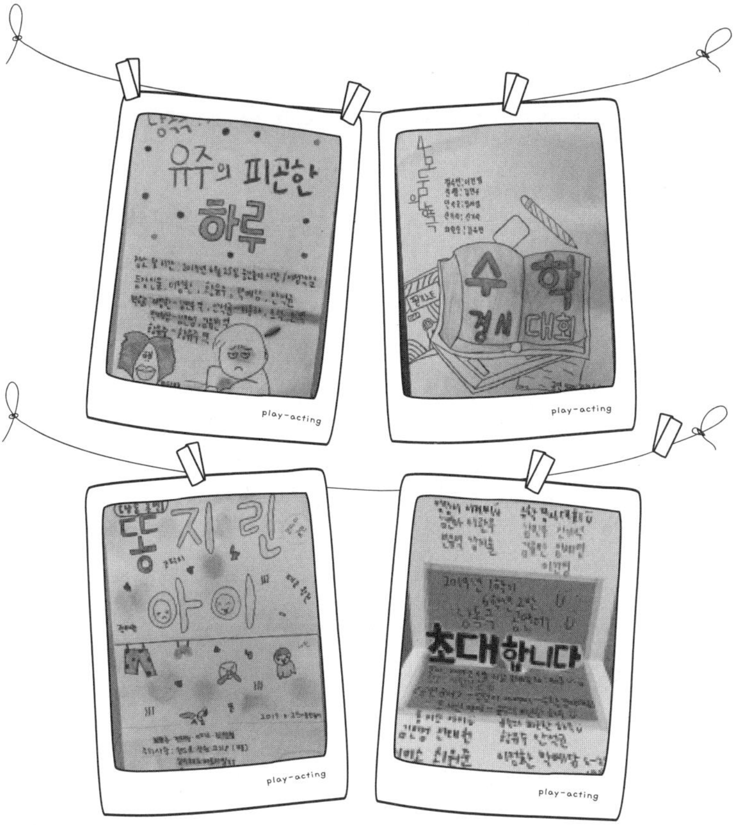

매 장소, 줄거리, 제작자 등] 이 중 꼭 들어갈 것 선택했다. [제목, 등장인물, 사진, 장소, 시간]

선택의 시간!

“전체 포스터로 1개만 만들까? 모둠별로 자기 포스터를 만들까?”

“모둠!”

모둠별로 포스터를 만들기로 결정했다.

<홍보물 만들기>

초대장, 포스터는 각 모둠에서 진행했다. 관객들은 우리가 극본을 외워서 하는 연극으로 알 수 있으니 홍보물에 낭독공연이라고 쓰기로 했다. 8절 도화지를 선택했고 대략 30분 정도 걸렸다. 간이 용지에 스케치를 해보기도 한다. 도화지에 채우고 싶은 것을 이야기하면서 완성한다. 그리고 초대장은 옆 반 친구에게 보냈다.

<극본읽기 연습>

그 뒤 아이들은 쉬는 시간, 점신 시간 가리지 않고 계속 극본을 읽었다. 아래는 모둠별로 쓴 극본이다. 작품별로 분량차이가 크다.

엉덩이 아저씨

편의점에 어떤 아이들이 들어온다. 아이들은 밖에서 엉덩이 긁는 아저씨를 본다.

아이1	(비웃는 듯이)야. 야! 저기 밖에 봐봐!
아이2	(웃으면서) 야! 저게 뭐하는 거야?
아저씨	으이야~~ 시원~~하다~!
아저씨 친구	(궁금하다는 표정을 지으며)응? 뭐가?
아저씨	아~아니야. 그냥.(엉덩이를 긁으며) 크~!
아이들	(엄청 웃으며) 저 아저씨 엉덩이 긁어!
아저씨	(느끼며) 아~ 너무 시원해!
아이들	(손으로 입을 막으며) 킄킄킄킄

아저씨 친구 아~요즘 너무 힘들어.

아저씨 (친구의 등을 토닥토닥 하면서)그랬구나. 괜찮아~

아이들 으악!!!!엉덩이 긁은 손으로 등을?

아저씨 (핸드폰을 보면서)시간이 벌써 이렇게 됐네? (어깨동무하며) 이제 가자!

아저씨 친구 그래

아이들 (이상한 표정으로) 우웩. 더러워. 크크크

아이 1 우리 이제 숙제 하던 거 마저 하자

아이 2 그래

아이 1 야! 아직도 생각이 난다

아이 2 얘기 하지 마. 너무 더러워

끝.

똥 지린 아이

어느 날 유치원에서 누가 똥을 지린다.

똥 지린 아이 우와! 고구마다! 맛있겠다! (소리 내어 먹는다) 우걱우걱

학생1 우리 이제 고구마도 먹었겠다, 술래잡기 하자!

학생2 응

똥 지린 아이 그래

모두 안내면 진다 가위 바위 보!

똥 지린 아이 아 내가 술래네.

유치원 선생님 얘들아 우리 사진 찍을까?

모두 김치~(찰칵)

똥 지린 아이 선생님 저 배가 좀

뿌지직 소리가 난다.

학생1 (놀란 목소리로)으악! 이게 무슨 냄새야?

학생2 우웩. 더러워!!

유치원 선생님 모두 조용! 넌 선생님 따라와! 바지, 팬티 내려!

뽀득뽀득 씻긴다.

유치원 선생님 (짜증나는 목소리로)어쩌다 이런 거니? 진짜!

학생2 (놀리며) ○○이 똥 지렸대요. 얼래리 꼴래리

남자 선생님 얘들아! 저기 가서 놀고 있어!

똥 지린 아이 (뿌직 뿌지직)

남자 선생님 ○○아! 또 싼 거니? 도대체 뭘 먹은 거니?

똥 지린 아이 (노래를 부르며) 똥똥 똥꼬몽 똥꼬몽. 선생님 제대로 닦아 주떼여!

끝.

○○의 피곤한 하루

○○ (빗을 만지며)이거 빗 예쁘다. 나 이거 가질래

정인 안 돼! 절대 안 돼!

○○ 그럼 지금 공 있지?

정인 있어

○○ 우리 내기하자. 내가 먼저 10점이 되면 그 빗을 주고, 네가 이기면 가도 돼

정인 그래! (공을 꺼내어) 자 받아!

○○와 공을 주고받는다.

○○ 다시 받아!

공이 논으로 빠진다.

○○　(걱정되는 표정으로)야, 저 공 어떡해

우왕좌왕하다가 민정이가 공을 꺼낸다.

○○　휴, 다행이다

정인　인정! 자 다시 받아!

○○　어! 다시 던진다!

공이 차 밑에 들어간다.

정인　(슬픈 표정으로)안 돼. 차에 들어갔어

○○　(울상을 짓는다.) 정인~ 다시 주워와!

정인　오키

○○　자 여기 나뭇가지!

정인　(받아서 꺼내다가) 아, 씨. 더 들어갔어!

○○　어? 저기 박민울 온다. 야 박민울!

민우　알았어!! 읏짜!

민우가 공을 꺼냈다.

○○, **정인**　민울아 고마워!

민울　어.

○○　정인아 유정이랑도 같이 놀자!

○○가 유정이에게 전화하는 동안 정인이가 튄다.

○○　야! 김정인 어디 갔어?

파이프 위에 공을 올려놓고 간다.

○○　(전화하며) 야 이유정, 언제와? 10초 안에 안 오면 1000원이다

유정　(뛰어오며 헐떡이며) 헥헥, 나 왔어!

○○　이제 뭐하고 놀까?

유정　뽑기장이나 가자!

뽑기장으로 간다.

○○ 나 돈 없는데? 그리고 네가 가자고 했으니까 네가 빨리 해!

유정 딱 한판만 한다? (지갑을 열어서 보며) 어? 야! 나 돈이 없어졌어! 나 500원 밖에 없는데 내 3000원 어디 갔지?

○○ (뽑기 기계 아래를 보며) 야! 야! 여기 3000원 있는데? 왜 바닥에 3000원이 있지? 아 몰라 몰라! 먼저 주운 사람이 임자니까 우리 이걸로 뽑아보자!

유정 그래!

○○ 빨리빨리 주워!

유정 헤헤

○○ 오~ 예~! 저거 뽑아야지!

○○ 아, 다시 한 번 더! 다시 한 번 진짜 마지막!!

유정 할 수 있어!

인형이 뽑혔다.

유정, ○○ 오~예!

○○ 뽑았다!

유정 헤헤

○○ 야 근데 이 인형 이상한데? 그냥 버려!

유정 그래!

유정이와 ○○는 집으로 돌아간다.

끝.

수학경시대회

민종, 종진, 진아가 수학 경시대회를 보러 간다.

진아 정말 긴장된다

자동차가 끼이이익 소리를 내며 멈춘다.

순쌤 시험 잘 봐

학생들 (힘찬 목소리로)네!

자동차 문이 열리고 학생들이 차에서 내린다.

민종 (걱정하는 듯이)여기 애들 몸집이 너무 큰데, 시비 붙으면 어떡하지?

종진 (목소리 톤을 높이며) 맞짱 까면 돼!

진아 맞짱 까면 우리가 이겨!

모두들 시험 잘 보자!

건물 안으로 들어간다.

선생님 너네 수험표 줘봐. (수험표를 확인하고 어딘가를 가리키며) 저기로 들어가면 돼!

종진 네. 야~ 얘들아! 나 화장실 다녀올게!

민종, 진아 야! 우리 다른 반인데?

민종 종진은?

진아 종진도 9반!

민종 (시무룩한 표정으로) 나만 다른 반이네

종진 오! 진아! 잘하고와~!

교실 안.

선생님 (큰 소리로) 시험 시간 10분 전이니 화장실 다녀오세요!

모두 네!

진아, 종진, 민종은 화장실에 간다.

민종 (1학년 학생을 향해) 너희 공부 잘하냐?

1학년 1 네, 저 잘해요

1학년 2 저는 별로...

진아, 종진, 민종이 화장실에서 나온다.

모두 시험 잘 보세요!

진아, 종진은 왼쪽, 민종은 오른쪽으로 시험을 보러간다.

시험이 끝나고.

진아, 종진 마지막 문제 너무 어려웠다! 어? 민종!

민종 (손을 흔들며) 어떤 여자애가 쳐다봤어. 그리고 우리 반에 어떤 여자애는 마지막 문제를 찍어서 맞췄어!

진아, 종진 누가?

민종 내가

진아 거짓말 하지마!

민종 사실 다른 애가 그랬어

진아 역시...

밖으로 나와서

순쌤 다들 잘 봤니?

모두 네~!

시험을 마치고 집으로 간다.

끝.

번 외, 낭독공연 현장 이야기

5일 뒤에 학교 시청각실에서 공연이 있었다.

10시 30분에 시작한다고 해서 맞춰서 갔다. 담임이 리허설 사진을 보내준다. 얼른 가서 보고 싶었다. 공연도 보고 싶고, 10차시 5일 동안 수업에서 만났던 아이들도 보고 싶었다.

10시쯤 도착. 다른 반 수업방해가 되지 않기 위해 2교시 끝나는 쉬는 시간에 공연하기로 했단다. 같은 학년 친구들은 이미 초청장을 받은 상태이고, 다른 아이들은 급식실 앞에 붙어진 포스터를 보고 관람을 요청했단다. 관객은 2학년, 4학년, 5학년, 6학년 1반씩 총 4개 학년 4개 반이 관람했다. 공연이 시작된다.

무대 배경 화면은 모두 학교 근처이다. 편의점, 학원, 교실, 화장실, 운동장 등. "앗! ○○편의점인데!" 관객들도 자기가 오며가며 봤던 장소라 바로 반응이 나온다.

정도의 차이는 있지만 이미 관계가 있는 배우와 관객들. 배우와 관객은 서로 친구거나 실제 형제 관계도 있다. 같은 학원을 다니기도 한다. 모두 동네 아이들이다. 그래서 배우는 편하게 보여주고, 관객들은 더 집중하고 큰 박수를 보내준다.

작품별 공연시간이 길지 않았다. 짧은 편이다. 4편을 분석하자면 분량이 길다고 더 재미있거나 관객 반응이 더 높은 건 아니었다. 짧은 극본의 완성도를 따지기 어렵지만 찾아온 관객에게 잘 들려주도록 노력했다.

매번 까칠하고 낭독이라는 형태에 부정적이었던 ○○이는 친구들과 동생들이 알아봐서 좋단다. 무대의 힘, 관객의 힘이다. 많은 친구들이 보러왔고, 다양한 반응 형태에 어떤 모둠은 긴장하여 대사가 빨라지는 게 보인다. 반면 다른 모둠은 더 흥이 나서 짧은 극본을 애드리브와 간단한 손동작이 추가되어 여유가 느껴졌다. 공연 시작을 열었던 아이가 마무리도 했다. 배우들은 모두 무대 위로 나왔다. 관객들은 아는 사람 이름도 부르고, 손도 흔들며 악수도 한다.

"잘 될까요?"프로그램 시작 전 담임의 질문이었다.

어찌 될지 나도 몰랐다.

그런데 잘 해냈다. 잘 됐네. 성공!

결과를 바라보고 온 게 아니었지만. 그래도 성공!

6월, 6학년 아이들은 자기의 이야기와 경험을 5회기 동안 극본을 만들었다. 그 과정과 결과물을 낭독공연으로 보여줬다.

공연이 끝난 뒤

공연이 끝나자마자 몇 학생과 인터뷰를 했다.

첫 시작부터 "연극단원이 어렵겠다."라고 했던 아이

질문 연극단원, 수업에 대한 기대가 있었나?

답 교과서에서 진즉 봤다. 선생님이 어떻게 수업을 할지 궁금했었고, 분명 연기를 시킬 것 같아서 어려울 것 같았다.

질문 연극수업을 하면서 새로 배운 것도 있었나?

답 놀이처럼 해서 재미도 있었고 참여도 잘 되었다. 극본이 뭔지 잘 알게 되었다.

질문 어른들은 연극이 소통과 공감하는데 도움이 된다고 말한다. 정말 그런 역할을 한다고 생각하는가?

답 중간에 모둠 안에서 마찰이 있었지만, 이야기를 잘 해서 풀어졌다. 극본을 쓰고 모둠끼리 협동해서 즉흥극 발표하는 게 어려웠는데 그래도 좋았다. 즉흥극이 쑥스럽긴 했다. 나는 '시작하면 이루어진다.'라는 믿음도 있었고, 막상 해보니 어렵지 않았다. 친구들과 이야기하면서 친해진 것 같다.

질문 공연이나 연극적으로 표현하는 게 부담스럽지 않은가?

답 갑자기 관객이 많아서 목소리를 더 크게 해야 한다는 부담이 있었지만, 막상 하니까 괜찮았다. 잘 된 것 같다. 2학기 연극단원 수업도 기대가 된다.

다른 아이도 같은 질문으로 수업과정과 공연 후기를 물어봤다.

연극은 안하고 낭독만 한다고 불만이 많았던 아이의 응답

[처음에 교과서를 살짝 봤다. 연극을 좋아해서 재밌을 것 같았다. 극본보고 연기하는 줄 알았는데, 극본쓰기만 하고 목소리로만 발표해서 실망했다. 살짝 별로였다. 생각과 다르고 기대보다 재미가 많지 않았다. 극본에는 대사만 있는 줄 알았는데 극본 쓰는 건 잘 배운 것 같다. 포스터 꾸미는 건 참 재미있었다. 우리가 서로 마음이 잘 맞지 않아서 즉흥극도 잘 안 되었지만 연극놀이는 단합이 잘 되었다. 참, 연극놀이는 진짜 재미있다. 2학기 때도 연극단원을 한다면 연극놀이를 좀 더 늘려줬으면 좋겠다.

소통과 공감에 대해선, 음, 의견이 안 맞는 건 있었다. 친구의 말도 이해는 된다. 어제는 서로 이야기하면서 맞춰갔다. 확실히 나는 무대에 올라가거나 사람들 앞에서 연극적으로 표현하는 게 굉장히 재미있었다. 오늘 낭독공연이 그 동안 했던 활동 중에서 가장 재미있었다. 나를 사람들이 보는 게 좋다. 인싸 대접을 받은 것 같았다. 2학기 때도 극본을 쓴 다구요? 괜찮아요. 2학기 때는 잘 쓸 수 있을 것 같습니다.]

실제 이 아이는 2학기공연 때 전문 작가 팀으로, 극의 주인공으로 무대 위, 무대 밖에서 대활약을 한다.

극본쓰기가 최고로 재미있었다는 아이의 응답

[국어 교과서를 받았을 때 연극단원도 봤었다. 재미있을 것 같았다. 연극을 하면서 실수도 하고 웃음도 많아지고 연기를 하면서 친해질 수 있을 것 같다. 극작게임은 최고였다. 내 취미가 글쓰기이다. 자신의 상상으로 만드는 것이라서 글을 쓰고 싶었던 욕구가 생겼다. 의견이 달라서 힘들 때도 있었다. 즉흥극할 때 사건 내용과 행동이나 표현이 잘 맞지 않아서 아쉬웠다. 공연할 때 친구들 반응이 신기했다. 다른 모둠도 다 잘 발표했다.

이번 수업은 친구이야기를 아는데 도움이 되었다. 전학 온지 얼마 안 되어서 애들을 잘 모른다. 친구들이 어떤 애들인지 궁금했다. 더 알고 싶었다. 연극을 통해 알고 싶었다. 감정표현을 연기하는 건 재밌다. 어떤 연극놀이는 정신없었다. 너무 움직이기만 하니까 배운다는 것보다 놀려고 하는 것 같다. 낭독공연은 전혀 부담스럽지 않았다. 친구, 동생들이 응원도 해주고, 쉬는 시간에 찾아와서 고마웠다.]

새 질문 극본 쓰는 게 의미 있는 활동이라 생각하나?

답 오래 걸렸고, 시간을 보낸 만큼 나에게 많은 걸 알려줬다. 친구들 의견도 듣고 대화하면서 애매했던 사이도 점점 괜찮아졌다. 극본쓰기가 5학년에 나오면 힘들었을 것 같다. 이런 시간이 국어시간에 있다는 게 참 좋다. 보통 국어 수업은 쓰고 읽고 듣기만 하는데 연극은 자신들의 이야기로 즉흥극과 낭독극도 하니까 수업이 재밌다.

낭독공연을 본 옆 반 친구들 소감

관객의 이야기가 궁금해서, 따로 소감을 부탁했다.

내 친구의 공연 이야기	
1. 공연을 보고 난 후 느낀 점은?	
2. 친구에게 하고 싶은 말은?	
3. 연극에 대한 나의 생각은?	

모두가 재미있었고, 다 잘 한 것 같다.

연극이 여러 개가 있었지만 짧아서 아쉬웠다.

친구들이 모두 다른 낭독극을 해서 재미있었다.

대본을 보지 않고 외워서 하는 것이 좋을 것 같다.

마이크가 없어서 배우들이 말하는 게 잘 안 들렸다.

주위가 시끄러워 잘 안 들렸지만, 재밌고 흉내를 잘 냈다.

공연을 잘 준비했지만 목소리가 안 들리는 애들이 있어서 아쉬웠어. 감정을 담아서 공연해줘.

[엉덩이 아저씨] 리액션은 좋았다. 다른 공연은 대사에 감정이 없는 것 같다. 빨리 끝났지만 너무 재밌다. 다음에 연기하면서 춤까지 부탁할게. 보여줘서 고마워.

우리도 해보면 어떨까? 라는 생각이 들었다.

뭔가, 이런 걸 해 보고 싶다는 생각이 들었다.

낭독극을 보여주기 위해 열심히 노력한 것 같다.

처음 하는 공연이었을 텐데 떨지 않고 잘 한 게 멋지다.

친구들이 대본까지 만들어서 한 게 뭔가 자랑스럽다.

재미있었고, 나도 하고 싶은 공연이다.

공연이란 서로 느끼고 서로 노력해야하는 것을 알았다.

그 교사의 낭독공연 준비 이야기 박창록 선생님

첫 번째. 연극과 극본

프로그램을 받았다. 교육연극 경험이 없어도 수업할 수 있겠다는 생각이 들었다. '나, 너, 우리'연극놀이를 할 때는 긴장되고 경직된 아이들의 모습이 서서히 풀려갔다. '우리'활동을 재미있어하는데, 공통점을 찾는 것이 안경, 여자, 남자 등 외모에서 찾은 1차원적이어서 조금 아쉬웠다. [공통점 찾기 활동]이 조금 더 풍부해지도록 교사의 발문에 신경 써야 할 것 같다.

[나를 나타내는 7가지]에서 ○○이가 정말 자기소개를 하듯이 다른 친구의 종이를 실감나게 발표해서 놀랐다. 혹시 연극을 한다면 중요한 역할을 하겠구나, 미리 안도했다. 연극이 무엇인지 소개하고 경험을 나눌 때 ○○이가 기억나는 연극대사를 말해줘서 고마웠고, 이 대사가 다른 친구들에게도 동기부여가 된 듯하다. ○○이의 캣츠 관람경험을 통해 무대, 대사, 의상, 예산 등 중요한 단어를 끌어낼 수 있었다.

스마트 패드에 미리 넣어놓은 연극을 보며 아이들이 갑자기 몰입하기 시작했다. 솔직히 놀랐다. 평소에 연극관람 기회를 줄 수 있으면 좋겠다는 생각을 했다. [대본, 상상, 현실, 연기, 표현, 의상, 소품, 무대]등 관련 단어 도출이 잘 되었다. 예시 자료 극본을 보고 서로 하고 싶은 연극에 대해 이야기 하는 활동이 잘 되었다.

계속 교사 발문의 중요성에 대해 생각하게 된 시간이었다.

두 번째. 극본의 특성 이해하기

모둠별로 낱말을 이어 이야기 만들 때 재미있게 잘했으나 '똥'이야기에 꽂힌 모둠이 있어서 아쉬웠다. 문장으로 만들기 때도 잘 진행되다 '똥'이야기로 흐름이 방해되어 안타까웠다. '나에게는 습관이 있다.'라고 다시 시작을 했고, 특별한 이야기가 만들어지길 바랐으나 다시 일상적인 이야기로 돌아왔다. 이야기를 만들 때 사실에 너무 머물지 않아도 된다는 안내가 필요해 보인다. 극작게임은 정말 많이 기대를 했었다. 안내가 부족했던 탓인지, 아이들의 결과물은 만족스럽지 않았다.

세 번째. 일상경험 극본쓰기

감정에 어울리는 표정 짓기를 재미있어한다. 몇 아이들은 표정 연기에 뛰어난 것을 볼 수 있었다. 낭독공연 시 중요한 역할을 맡으면 좋을 것 같다.

사전과제로 자신이 그 동안 경험했던 재미있던 일, 또는 특별히 기억에 남는 일을 써오도록 했다. 이야기 중심 사건을 정지장면 또는 즉흥극으로 나타내도록 했다. 아이들은 흥미롭게 참여하였으며, 모두 역할을 맡아서 표현한 게 인상 깊었다. 그 안에서 서로 배려하는 모습도 보였다. 몸으로 체험한 후 그 내용을 떠올려 극본을 옮기니 아이들의 집중도가 높아졌다. 드라이 리딩은 실감나게 재미있게 읽고 싶어 하는 아이들의 의욕을 꺾어 흥미가 떨어졌지만, 그래도 일단 감정을 배제하고 발음에 집중하여 대사를 읽을 수 있도록 하는 기회는 필요할 것 같다. 세 시간을 쉬는 시간 없이 아이들이 집중하여 잘 따라 온 것이 신기하다.

네 번째. 극본 낭독

1~7차시가 진행되는 동안 조금은 가라앉았던 분위기가, 8~9차시 공연 포스터 및 초대장 만들기, 10차시 낭독공연을 통하여 고조되었다. 낭독공연 관람 시 주의점, 극본낭독 시 주의점이 다양하게 나왔었다. 3회기 수업을 통하여 연극이라는 장르에 대해 이해하게 되었다는 생각이 든다. 극본쓰기 후 모둠별로 아이들에게 극본을 정리하여 한글파일로 만들라고 하였

으나 해오지 않아서 내가 직접 준비해 줘야했다. 대사 뒤에 지문이 가 있고 해설을 대사로 집어넣는 등 오류가 발견되었다. 내 손에서 극본을 적절히 수정하여 출력한 극본을 건넸다.

공연 포스터를 만들어 급식실 복도에 붙이고, 초대장을 만들어 옆 반에 전달하니 적당한 긴장감 및 공연에 대한 책임감이 형성되었다. 쉬는 시간 등을 활용하여 모둠별로 연습하는 모습이 보인다.

각 차시별로 연극단원 프로그램에 적힌 안내에 따라 충실히 이행한 결과 만족스러운 낭독 공연을 할 수 있었다. 초반에 낭독만 한다고 하니까 아이들의 기대치가 낮았었는데 공연장에 관객들이 가득 찬 모습을 보고 더 열심히 공연한 것 같다. 극본 속 배경과 관련된 장소사진을 넣었던 것이 좋았으며 시간이 좀 더 충분하다면 아이들에게 직접 배경 사진과 음향을 준비하게 해야겠다.

평소 눈에 띄지 않던 아이들이 연극 수업을 통해 눈에 띄어서 좋았다. 특히 이○○, 전○○ 경우 연극적 활동에 적극적으로 참여하고, 모둠원들과 잘 어울리는 모습을 보인다. 이런 아이들이 다양한 활동을 통하여 자신의 소질과 잘 하는 것을 찾는다면 조금 더 재미있는 학교생활을 할 수 있을 것이라고 생각도 든다.

낭독공연, 1학기 연극단원을 마치고

아이와 교사의 기대가 다르다.

아이들은 미리 봤다. 이미 교과서에서 연극단원을 발견하고 꽤 기대를 하고 있었다. 프로그램은 극본쓰기 중심으로 진행되었고 극본을 목소리로 들려주는 낭독공연이라는 작은 무대로 마무리하였다. 무대에서 배우처럼 움직이고 공연 위주로 할 줄 알았나 보다. 기대와 실제 사이에서 아이들의 아쉬움이 느껴졌다.

10차시 4회기 수업으로 많은 변화를 바라는 것은 아닌지 다시 거리를 두고 살펴봤다. 프로그램은 국어수업 일부이다. 극본을 알고, 극본을 쓰고, 극본을 공유하는 수업. 큰 재미와 감동을 주는 특별한 이벤트성 수업은 아니다. 성취기준 도달을 목표로 긴 호흡으로 진행한 일상의 수업이다.

그래도, 자신들의 일상이 수업내용으로 반영된 극화작업은 의미 있는 경험일 것이다.

"애들아! 안녕! 2학기에 만나자."

"선생님! 2학기 수업이 기대돼요!"

이 말이 참 좋다.

3. 6학년 가을에 만난 연극, 백설공주를 위하여

온작품으로 극본 만날 준비하기

경험에서 온작품으로 이동한 극본 만들기

2학기도 극본 만들기를 한다. 연극공연을 위한 극본이 또 필요하다. 1학기에 쓴 극본으로도 할 수 있다. 1학기는 극본 공유를 위해 무대를 마련했다면, 2학기는 공연을 위한 극본 만들기로 접근한다. 극본을 만들 수 있는 방법은 다양하다. 글이야 쓸 수 있지만 소재가 문제다. 1학기 경험으로 극본을 만든 확장된 글쓰기에서, 2학기는 다른 글쓰기를 고민하게 되었다.

아이들 일상의 이야기 속 인물들은 비슷비슷하다. 모호한 캐릭터들이 나오고 기승전결의 이야기 구조를 갖기가 힘들다. 결국 가상의 인물과 사건을 추가 하는 각색 작업이 이루어져야 한다.

온작품을 대안으로 제시한다. 연극 만들 때 극본쓰기와 공연준비에 에너지를 가장 많이 쏟는다. 온작품에 등장하는 인물과 탄탄한 서사는 극본쓰기 부담을 확실히 줄여준다.

공연준비에 있어 현장에 있는 전문교사들은 체험중심 · 과정중심 · 학생중심 · 교육연극수업 중심으로 진행하면 모두가 즐겁고 힘들지 않은 연극 만들기가 가능하다고 한다.

음, 모르겠다. 나는 아직 어렵다.

그러나 이건 확신한다.

[적당한 긴장과 스트레스 없이 좋은 공연작품을 만들 수 없다. 단 우리는 그것을 '함께 가는 과정'이라고 바꿔 부르고, 받아들여야 할 것 같다.]

첫째 날
연극 만들 계획을 세울 수 있다.

6월 낭독공연을 본 뒤 4개월이 지난 10월이다. 4개월 전 아이들이 반갑게 맞아준다.

<인간 스펙트럼 만들기>

인간 스펙트럼은 아이들이 교실 앞에서 뒤로 대각선으로 서있으면서 만들어진다. 1부터 100점 순으로 설정한다. 최소에서 최대 또는 1월에서 12월처럼 점수일 수도 있고 순서일 수도 있다.

"우리 생일 순서대로 서보자."

[처음은 생일 순서대로 선다. 인간 스펙트럼을 이해할 수 있는 좋은 질문이다. 서로 생일을 확인하며 줄을 서기 시작한다. 친절하게 다른 아이들 생일을 물어보면서 자리를 맞춰주고 마지막 자기 자리를 찾아가는 여학생도 있다. 순서대로 자기 생일을 말해본다.]

두 번째는 학교생활 만족도별로 서게 했다.

"나 안 움직일래."

움직이는 게 진짜 싫은가 보다. 맨 앞에 있던 1월 생 아이가 뒤로 이동한다. 앞 쪽에 있던 아이들 몇 명이 흩어진다. 맨 앞은 가장 낮은 점수이다. 점수가 표시되어 있지 않기 때문에 자기 점수를 공개하면서 앞으로 오거나 뒤로 가거나 위치를 바꾼다. 몇 아이에게 점수와 이유를 묻는다. 친구의 말에 근처 아이들은 "그럴 수 있지."라며 대꾸해준다.

25점 : 공부해서 스트레스가 많아 점수가 낮다.

30점 : 선생님의 관심이 부담스러워요.

50점 : 그냥 그래요.

70점 : 대체로 만족!

뒤에 서 있는 아이가 70점 아이보고 자기들 뒤로 가라고 한다. 자기는 67점이라고 뒤로 보낸다.

67점 : 다 재미있는데, 뭔가 불편하다.

85점 : 그냥 다 만족해요

"친구 만족도로 서봐요!"

담임에게 친구 만족도 순으로 서보자고 제안한다. 궁금하단다. 알고 싶단다. 담임이 거기에 응했다. 정작 제안한 아이는 맨 앞, 낮은 점수로 움직이고 다른 아이들은 뒤로 움직인다.

5점 : 친구에 대해 꼬이는 게 많다. 친구에 대한 스트레스는 없다. 바로 뒤가 50점이다. 여학생 대부분은 50점 근처에 서있다.

50점 : 좀 나빠요. 이야기하기가 좀 그래요.

75점 : 사이좋게 지내고 티격태격해요.

90점 : 친구들 다 좋아요.

맨 뒤 99점으로 모든 게 좋단다.

<마음의 소리! 불평불만 말하기>

"맘껏 말해요. 짜증내도 됩니다. 투덜거려도 됩니다."

"주제는 학교나 선생님에 대한 불평불만!"

담임이 교실에서 가장 투덜거리는 ○○이가 좋아할 놀이라고 소개했다. 좋은 말, 듣기 좋은 말은 하지 않아도 된다. 담임이 가리키는 사람만 말할 수 있다. 담임이 "모두!"라고 외치면 다 같이 말하면 된다. "준비 시작!"과 함께 한 아이를 손끝으로 가리킨다.

"옆 반 선생님이 더 좋아요."

"헉, 선생님 상처받았어. 하지만 놀이니까~ 다시 시작!"

"선생님에게 불만이 많아요. 저학년 아이들이 너무 까불어서 꿀밤을 날리고 싶어요. 저학년이 싫어요. 특히 5학년!"

안 좋은 감정을 많이 해소해보라고 한 건데, 담임이 있어서 제대로 말하지 못한 것 같다. 담임은 30초 동안 복도로 나가 있을 테니 마음껏 말해보라고 한다. 교사가 앞문을 열자마자 아이들은 주저하지 않고 말한다.

<1학기 때 했던 활동 기억하기>

극본을 만들어 낭독공연을 했던 활동 동영상으로 1학기를 되돌아본다. 시청각실, 낭독극이라는 단어가 나온다. 하나씩 짚어본다.

"낭독극이란?" - 극본을 읽으면서 공연을 실감나게 하는 거요.

"무엇으로 극본을 만들었나?" - 우리 경험으로 만들었습니다.

"2학기는 연극공연을 해 볼 거란다."

"대사를 외워요?"

"응, 외워서 할 거야."

학교 연극은 무대를 어디로 할지 관객으로 누구를 부를지 결정하는 것부터 시작한다.

<무대를 어디로?>

무대	강당( )	시청각실( )	교실( )	찾아가는 교실( )	기타( )

무대 예시를 보여주면서 모둠별로 의논해보게 한다. 장소별 장단점을 같이 나누면서 결정한다. 강당은 넓고, 덥지 않다. 전교생이 들어 올 수 있다. 단점은 마이크를 사용하지 않으면 뒤 자리는 안 들린다. 갑자기 마이크가 고장 날 수 있다. 담임은 우리 학교는 무선 마이크가 없어서 배우가 한두 개 마이크를 들고 돌려서 사용해야 한다고 알려준다. 목소리를 녹음해서 하자는 아이가 나온다. 좋긴 한데 생동감이 없다는 아이도 나왔다.

다른 공간에 대해서도 알아 보자라는 말에 아이들은 그냥 강당으로 하잔다. 마이크가 없어도 괜찮겠냐는 말에 무조건 강당이란다. 강당은 커튼도 있어서 열었다 닫았다 할 수 있어서 더 좋단다. 마음에는 벌써 강당으로 확정되었다. 비슷한 공간인 시청각실은 1학기 때 올라가 봐서 제외다. 무조건 강당이다. 불길하다.

<관객은 어떻게 할까?>

관객은 중복 선택할 수 있다. 무대를 강당으로 했기 때문에 관객은 공간과 비례해 커졌다. 가족과 전체 학년을 부르자고 한다.

관객	우리 반( )	옆 반( )	다른 학년( )	가족들( )

"단! 5학년 빼고 다 불러요."

"왜?"

"볼 자격이 없어요. 우리를 무시해요. 못하면 비웃을 것 같아요."

"얘들아, 실제 배우들이 누구를 오세요, 오지 마세요라고 정할 수 있을까?"

"몇 세 이하 관람 불가가 있잖아요. '~세 이하 출입금지'처럼 우린 공짜 공연이니까 5학년 보여주지 마세요."

5학년 동생들의 행동이 문제라면, 공연 관람 포스터나 안내판에 주의 사항을 써서 안내하자고 우선, 달랬다.

<공연형식과 시간>

"선생님! 낭독공연 할 때처럼 모둠별로 만들어요?"

아이들의 빠른 질문에 바로 공연형식을 정하기로 한다. 개인적으로 모둠끼리, 또는 두 팀으로 나누어 교실 또는 시청각실에서 하는 작은 연극을 제안했다. 1학급 1작품보다 다양한 작품을 볼 수 있으며 더 주도적인 연극 만들기를 경험할 수 있다.

하지만, 더 큰 무대와 관객을 원하는 아이들.

낭독공연에서 연기를 하지 않았던 게 아쉬운 아이들은 1학급 1작품으로 일반 연극으로 올리자고 한다. 그리고 자기들이 선택한 강당은 관객들이 다 들어올 수 있기 때문에 1회 공연으로 끝날 수 있다고 한다. 연극 만들기의 모든 기준이 '강당'이 되고 있다.

그들의 1학급 1작품 선택 이유는 비슷했다.

[작품이 많으면 시간이 길어질 것 같아요. 그러면 공연 질이 떨어질 것 같아요. 너무 길면 지루하지 않을까요?

전체 하나요. 깔끔하게 한 작품 만들고 끝내요.

전체 하나합시다. 빨리 끝내면 좋으니까. 모둠별로 하면 극본 내용도 다르고, 우리 모둠 공연도 준비해야하니까 다른 공연에 집중하기 힘들다.]

이렇게 의견이 일치하고 의욕이 넘친 적이 있었나? 이 상황에 담임은 의견제시가 어려웠다.

"공연을 위해 필요한 것은 뭘까?"

"대본, 돈, 소품, 연기력이요."

아이들이 필요하다는 것을 마련할 수 없다고 하면 강당에서 벗어날 수 있을 줄 알았다. 적당한 이유가 나오지 않는다. 당분간 계속 지켜보기로……

<극본은 어떻게 할까?>

온작품을 추천한다.

지금부터 나와 담임의 의도가 반영된다. 극본 쓰는 시간을 아끼기 위해 1학기에 썼던 극본을 무대공연용으로 다시 쓸 건지 물어봤다. 아이들은 1학기 때 썼던 건 분량도 짧아서 안 된단다. 다른 방법으로 하고 싶단다.

옳거니, 얼른 온작품을 활용한 극본 쓰기를 대안으로 제시했다.

그 동안 읽었던 온작품을 떠올리며 어떻게 극본을 쓸 건지 모둠별로 의견을 모으도록 했다. 관객범위가 전체 학년이어서 모두가 즐길 수 있는 이야기를 고르려고 아이들은 고민한다.

모둠 1 자전거 도둑이나 푸른 사자 와니니, 온작품으로 하자.

모둠 2 옥상위에 민들레꽃, 온작품으로 하자. 사람이 꽤 많이 나와서 우리가 참여할 수 있을 것 같다. 내용도 짧다.

모둠 3 백설공주를 각색해서 하자.

모둠 4 백설공주, 거울, 마녀, 왕자, 난쟁이, 모든 사람이 알고 있어서 몰입감도 있고, 재미도 있다.

두 모둠이 동시에 백설공주를 선택한건 우연이 아니다. 3모둠에서 큰 목소리로 백설공주로 하자고 하니까 그걸 들은 4모둠에서 힘을 실어 준 것이다. 연기를 하고 싶어 한 아이들이었다. 무대를 기다린 아이들이다. 이 때였다. 나중에 공연을 마치고 담임이 아쉬워했던 순간이다. 이렇게 말했다.

"그 동안 읽었던 온작품이 조금 더 재미있고, 반 아이들 취향에 맞았다면 백설공주를 선택했을까요?"

읽었던 온작품 내용이 제한적이어서 백설공주에게 무대를 뺏겼다.

현재 2 대 2. 작품에 대한 장단점을 다시 이야기해보기로 했다. 백설공주 팀은 다른 작품이 안 되는 이유를 계속 제시한다.

[민들레는 1~2학년에게 어렵다. 푸른 사자는 너무 길고, 등장인물이 동물이어서 우리가 기어 다녀야 한다. 푸른 사자는 행동묘사랑 대사도 많다. 우리가 표현하기 힘들다.]

아이들도 수월하게 연기할 수 있는 작품을 원한다. 흐름이 백설공주로 쏠리자 온작품이 극본 쓰는데 수월하다고 담임이 한 번 더 말한다.

"백설공주도 온작품입니다!"

아이들이 반박한다. 하나의 작품이 맞다. 백설공주가 무대에 올라야하는 이유를 덧붙인다.

[백설공주는 우리가 각색해서 재미있게 하면 된다. 책을 싫어하는 아이들에게 연극으로 호기심을 줄 수 있다. 1,2학년들도 이해하기 쉬울 것이다.]

"두 팀으로 나누어서 합시다!"

다른 온작품 팀도 포기한 건 아니다. 두 팀으로 나누자고 한다. 다시 백설공주가 나선다. 1작품으로 끝내야지 편하다고 맞선다. 결국 서로 이야기하고 양보하면서 하나로 정리되었다. 담임도 당황했지만 그들의 의견대로 따라 간다.

우리 모두, 백설공주를 위하여.

<작품 속 명장면 이야기하기>

백설공주 이야기를 중심으로 극본을 만든다. 본격적인 극본쓰기는 2회기부터 시작하고, 오늘은 기억 속의 백설공주 명장면을 끄집어내는 걸로 마무리 했다.

마녀가 거울에게 누가 예쁜지 물어보는 장면(3명)

독 사과 먹고 쓰러지는 것(9명)

왕자공주 키스 (4명)

마녀가 죽는 것 (1명)

느낌 나누기

연극의 과정이 이렇게 힘든 줄 몰랐다.

선생님이나 친구들에게 말하지 못한 걸 불평불만 놀이를 통해 1주일에 한 번씩 말해보고 싶다.

어떻게 해야 연극이 만들어지는지 알게 되었다.

걱정이 된다.

백설공주의 의상은? 드레스와 왕관은? 왕자와 공주의 키스는? 숲속, 궁전 배경은? 난쟁이를 하려고 하는 애들이 있을까? 백설공주는 상대적으로 주인공이 아주 명확한데, 그 아이 혼자 주인공이 되는 게 아닐까? 막상 시작하면 활동분량에서 소외받는 아이도 있을 텐데 역할 배분이 어떻게 될까? 내일이라도 작품이 다른 걸로 바꿀 수 있지 않을까?

둘째 날
온작품으로 극본을 만들 수 있다.

수업은 항상 간단한 연극놀이로 시작한다.

<소리 굴 만들어서 장면 맞히기>

「팀별로 장소를 정한다. 소리 굴 팀은 그 장소에서 들을 수 있는 소리를 반복적으로 들려준다. 다른 팀은 그 사이를 통과하면서 소리를 듣고 장소를 알아맞힌다.」터널이나 동굴 형식으로 만들려면 1모둠 4명은 부족하다. 2모둠이 한 팀이 되면 8명으로 굴을 만들 수 있다. 모두 같은 소리를 낼 필요가 없는데, 놀이 방법

이해 부족인지 똑같은 소리를 낸다. 듣고도 모르겠다는 표정을 짓자, 담임이 거든다.

"못 맞추면 소리 굴 책임이다."

'학교' 소리 굴 : 쿵쾅쿵쾅

'해수욕장' 소리 굴 : 끼룩끼룩, 철썩철썩

이 소리를 듣고도 잘 맞춘다. 다른 장소로 한 번 더 했다. 동물 소리가 난다. '숲?' 땡이다. '동물원?' 정답이다. 모르겠으면 한 번 더 굴을 통과해도 된다. '지글지글, 째깍째깍!' ○○이 집? 소리 굴 팀은 고민하더니, 그냥 '집'이지만 정답으로 인정한단다.

<몸짓 보고 장소 맞히기>

이젠 소리가 아니라, 몸짓으로 장소를 보여준다. 팀은 그대로 유지된다. 장소도 그 안에서 정한다. 이번에는 그 장소에서 볼 수 있는 인물들의 동작으로 각자 표현한다.

[급식실은 급식을 받으려고 줄 서있는 모습, 학교는 책을 펼치고 청소함을 여는 모습, 도서관은 '쉿!'하며 조용히 시키고 나머지는 책 읽는 모습, 영화관은 팝콘을 먹고 영화를 보며 웃는 모습을 보여준다.]

단순한 형태라 소리와 몸짓표현에 집중할 수 있다. 팀 내의 협력이 요구되고 문제를 맞혀야 한다는 구조가 아이들 시선을 붙잡는다.

<책 속의 명장면 사진으로 표현하기>

백설공주로 극본 만들기가 본격적으로 시작된다. 다른 온작품을 선택해도 같은 방법으로 극본 만들기를 진행하면 된다. 칠판화면에 지난 시간에 뽑은 백설공주 명장면을 보여준다.

“백설공주 명장면 중 하나를 골라서 사진처럼 만들어보자.”

하룻밤 지나면 백설공주를 버릴 줄 알았는데 발표하는 내내 웃고 또 웃는다. 담임이 장면 속 인물의 어깨를 치면 한 마디씩 말을 해본다.

독 사과 먹고 쓰러진 장면 : 마녀는 오호호호! 공주는 말없음, 난쟁이는 백설 공주님!

또 독 사과 장면: 처음부터 공주가 죽어 있다. 옆에 나무가 서 있다. 어깨를 툭 쳐도 모두 말이 없다. 죽은 공주도 말이 없고, 나무도 말이 없다. 죽은 공주 옆에는 빈 우유곽이 놓여있다.

“우유곽이 독 사과라구요.” 소품을 만든 아이디어를 알아주지 못한 담임에게 죽은 백설공주가 한 마디 한다.

마녀가 누가 제일 예쁘냐고 거울에게 묻는 장면 : 2명이 어깨동무를 하고 바깥 손을 위로 올려 맞잡아 거울 프레임을 만든다. 1명이 그 사이로 얼굴을 내밀어 거울 속 유령이 된다. 유령과 마주보고 서있는 1명은 마녀다. 사람이 중요 소품을 표현할 수도 있다.

“이 4가지 장면으로 연극을 만들 수 있을까요?”

“아니요! 부족합니다!”

“그럼 이 사이사이에 장면을 넣어보자.”

포스트잇에 세부 장면(사건)을 써보도록 한다. 명장면인 중요사건 4개는 이미 시간 순서대로 배열되어 있다. 아직 각색이 시작되지 않았다. 세부 장면까지 추가하고 각색은 그 다음에 한다.

<중요장면 사이에 필요한 장면 추가하기>

참고할 책이 따로 없으니 기억으로 백설공주를 살려낸다. 인물과 사건에 대한 관심을 갖는다. 그림책과 애니메이션으로 봤던 기억을 더듬어서 이야기의 서사를 완성한다. 쓴 내용들을 시간흐름에 맞춰 붙였다. 함께 하나하나 읽어가면서 순서를 정리한다. 비슷한 사건은 겹쳐서 붙였다.

<장면 정리하기>

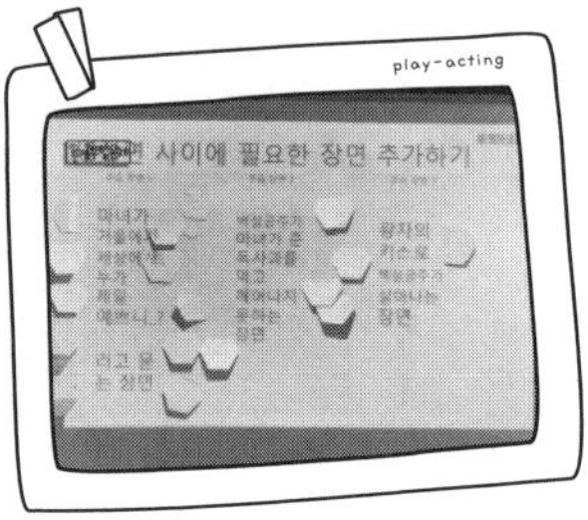

중요장면1. 마녀가 거울에게 누가 예쁜지 물어보는 장면

추가1. 백설공주를 쫓아내기 전 장면

추가2. 거울에게 물어보는 장면

추가3. 백설 공주를 죽이려는 시도

중요장면2. 독 사과 먹고 쓰러지는 것

추가4. 독 사과 먹고 쓰러지고, 왕자가 깨운다.

중요장면3. 왕자공주 키스

중요장면4. 마녀가 죽는 것

추가5. 왕자와 공주 이후의 이야기

추가 장면에도 난쟁이와 사냥꾼은 없다. 공주, 왕자, 왕비만 등장한다.

<극본 만들기- 각색 이야기>

칠판 앞 포스트잇을 떼어서 모둠별로 나눠주었다. 장면별로 극본을 쓸 수 있는 학습지(장면카드)도 줬다. 온작품이라면 해당 장면이 있는 책의 페이지를 펼쳐서 극본을 쓰면 된다. 백설공주는 아직도 엉성한 기억 속에 있는

데, 각색까지 해결해야 한다.

"만약 각색을 한다면 어떤 장면을 넣거나 수정할 거야?"
"사냥꾼이 등장해서 백설공주를 예뻐서 죽이지 않는 거요."
"그러면, 못생기면 죽여도 된다는 거야?" 여학생이 반대한다.
"백설공주가 독 사과를 난쟁이에게 줘서 난쟁이가 죽는 거요."
"새 엄마인 마녀가 멋 부리는 장면을 넣어요."
아직 부족하다.

"강당에서 할 연극인데, 너 네 학교 강당은 무지 큰 거 알지?"
"현재로 옮기면 주인공을 어떻게 바꿀까?"
"백설공주는?" - 여배우, 아이돌
"마녀는?" - 질투하는 여배우, 건물주인
"다른 건?" - 타임머신을 타고 현재로 옮겨요.

계속 이야기만 하다보면 끝이 없겠다. 우선 멈추고 모둠별로 이야기를 각색해 보도록 했다. 각색된 이야기들 중 하나를 뽑아서, 다시 장면을 나눠서 극본을 만들기로 했다. 이제 모둠의 시간이다. 새로운 백설공주를 만들어야 한다.

"아! 힘들어." 힘들단다.
힘든 시간이다. 그래도 결과는 나온다. 모둠별로 각색한 내용을 발표했다. 그나마 서사를 갖춘 이야기 중 하나를 소개한다.

[난쟁이는 원래 왕자였다. 마녀의 마법에 걸려서 난쟁이가 되었다. 난쟁이가 된 뒤 부끄러워서 숨어살았어. 백설공주는 이야기대로 독 사과를 먹고

죽게 돼. 그런데 뽀뽀한 왕자는 이웃 나라 가짜 왕자였어. 가짜 왕자여서 살아나지 못해. 진짜 난쟁이 왕자가 뽀뽀해서 백설공주는 깨어난다. 뒷이야기는 원래 이야기대로, 끝!]

다른 모둠의 발표도 듣더니 한숨이 들린다. 시큰둥하다.

어제 봤던 의욕적인 모습이 싹 사라졌다.

"아이, 재미없어."

그 아이이다. 1학기 때 낭독공연에서 자기가 인싸가 된 기분이어서 좋았다는 그 아이, 백설공주를 처음 제안했던 아이.

"왜? 왜?"

왜 그러는 건지 정말 궁금했다. 습관적인 말투인지, 지금 상태를 설명할 단어를 딱히 못 찾은 건지. 자기들이 다른 온작품을 반대하고, 백설공주를 적극 밀었으면서 이런 무책임한 말이?

"왜, 재미가 없다는 거니?" 결국 물어봤다.

"아, 제 말은요. 활동이 재미없는 게 아니라 다른 모둠이 각색한 이야기도 재미없고, 또 제가 생각한 내용도 재미가 없어요. 그래서 지금 고민 중이에요. 어떻게 재미있게 만들지."

아이를 오해한 것 같다. 재미없다는 말은 의도야 어쨌든 교사를 당황하게 한다. 가끔 서운하기도 하고. 여하튼 다행이다.

그렇다고 해서 작품을 바꾸거나 무대를 변경할 생각은 없는 듯하다. 극본쓰기는 극작작업이 아니라 극한직업이다.

이렇게, 극본쓰기 첫 단계는 나가지 못하고, 수업을 마무리 했다.

아이들은 쉬는 시간. 담임과 나는 협의시간.

"감당이 될까요?"

수업을 부탁한 나는 미안할뿐이다.

"그래도 해봐야죠. 아이들이 한다고 하니까. 선생님이 프로그램에도 써놨잖아요. 아이들은 큰 무대와 많은 관객을 원한다고."

"온작품으로 밀고 나갈 걸 그랬나?"

"제가 애들이랑 같이 한 줄 한 줄 극본을 쓸 까요?"

"작가 팀을 따로 두는 게 어떨까요?" 제안을 했다.

'전문작가가 필요해.', '이래서 작가가 있는 거야?' 수업 시간에 모둠 안에서 흘렸던 아이들의 말이 생각났다. 1학기 때도 좋은 공연을 위해 좋은 극본이 있어야 하며, 이에 전문 작가가 필요하다고 안내한 적이 있었다.

이렇게 극본 쓰는 게 부담이라면, 2학기는 연극표현, 무대연출에 더 집중하는 게 어떨지? 극작체험은 1학기 때 했고, 이미 중요한 작품선정, 장면 만들기까지 완료했다. 극본만 남았다.

극본쓰기만 작가 팀에게 맡기는 게 어떨까? 작가 팀을 만들어서 글 쓰고 싶은 사람은 극본에 집중하고 배우와 스태프는 완성된 극본을 같이 읽으면서 검토하면 될 것 같다.

극본쓰기가 수업목표였는데 중단되었다. 마무리도 못하고 애매하게 끝난 수업이어서 아이들의 느낌이 궁금했다. 오늘 나의 수업참관은 끝났지만, 아이들은 아직 수업중이라 얼른 선생님께 메시지를 보냈다.

깨톡! 하기 싫다고 하지 않나요? 오늘 어땠는지 궁금하네요.

깨톡! 답장이 왔다.

담임도 의외란다. 아이들은 훨씬 재미있다고 한다. 각색이 어려워도 즐거웠다고 한다. 그리고 작가 팀도 만들었단다.

방과 후 작가 팀이 남았다.

아이들 4명이 남았다. "재미없다"고 했던 그 아이, "글쓰기가 재밌다"는 아이, 아이디어가 많았던 아이, 그리고 말 없던 아이. 33쪽 분량의 극본이 만들어지고 작가들끼리 역할을 나눠 낭독을 하면서 수정도 했다고 한다.

"우리 작가에 소질 있나봐."

자기들끼리 완성하고 감탄하는 중이란다. 33쪽 극본은 다음 날, 담임의 재편집과 제본을 거쳐 아이들 손에 한 권씩 쥐어졌다.

가제 : 백설공주 시즌2

<등장인물>

주연 : 백설공주, 마녀, 난쟁이 1-7, 왕자

조연 : 왕, 마법의 거울, 사냥꾼, 상인

엑스트라 : 왕자의 할머니 목소리, 어린왕자 목소리, 신하들

#1 왕이 마녀와 재혼을 하다.

결혼식장 전체에 축하의 노래가 들리고 많은 사람들은 박수를 치며 환호를 해 주고 있다.

백설공주 : (들뜬 목소리로 뛰어가서 아버지에게 안기며) 아버지! 재혼 축하드려요!

왕 : (웃으며) 그래 고맙구나. 좋은 사람이니 잘 해주실거야.

백설공주 : (새엄마를 보고 웃으며) 그런것 같아요. 좋은 분 인 것 같아 다행입니다.!

왕 : (새엄마를 보며 웃으며) 그러니, 너도 새엄마를 잘 모시려구나.

백설공주 : 네 알겠습니다!(백설공주 퇴장, 왕과 마녀 남는다.)

연극준비로 바쁜 교실 이야기

셋째 날
연극 공연을 준비할 수 있다.

"지난 시간 상황을 정리해보자. 우리가 각색하는 거랑, 극본쓰기가 어려워서 결국 작가팀을 만들었다. 그리고 작가들이 2일 동안 극본을 완성했어. 그래서 오늘은 공연 준비를 위해 스태프와 배우를 뽑을 거란다. 모두 한 가지씩 꼭 맡아야 해."

극본을 받기 전에 배우가 갖춰야할 기본 태도를 익힐 수 있는 놀이를 해 본다. 역시, 수업 시작은 연극놀이다.

<배우처럼 연극놀이>

관객에게 등을 보이지 않게 동선 연습하기

「음악에 맞춰 배우가 된 것처럼 움직이다가 신호를 주면 멈춘다. 교실 앞이 관객석이라 생각하고 멈출 땐 등을 보이지 않게 서라. 그리고 앞 사람에게 자기 얼굴이 가리지 않게 위치를 조정해라.」 여러 번 반복했다. 교실 공간이 좁다 보니, 다른 신체부위를 흔들거나 뛰는 걸음 없이 비슷한 속도로 걷는다. 횟수를 반복하다보니 등을 보이는 아이가 줄어든다. 또 주변에서 등을 돌려준다.

아나운서처럼 따라 하기

"배우가 되려면 어떻게 할까? 지난번 강당에서 본 전문 연극인들의 목소리는 굉장히 컸다. 관객들이 떠들어도 배우가 아마추어처럼 오물거리면 집중하지 못한다. 대사전달 게임을 해보자."

첫 번째 도전!

Challenge

간장 공장 공장장은 강 공장장이고, 된장 공장 공장장은 공 공장장이다.

아이들은 발음이 좋은데 느리거나, 발음이 나쁜데 빠르거나. 적극적인 도전이 이뤄진다.

두 번째 도전!

들의 콩깍지는 깐 콩깍지인가 안 깐 콩깍지인가. 깐 콩깍지면 어떻고 안 깐 콩깍지면 어떠냐. 깐 콩까지나 안 깐 콩깍지나 콩깍지는 다 콩깍지인데

담임이 초시계로 활동에 흥을 더해준다. 도전자들의 속도를 잰다. 다들 "에이~"하면서 열심히 도전한다.

<극본받기, 극본읽기>

극본을 나눠준다. 복사한 극본이 낱장으로 되어 있지 않고 아래에서 위로 넘겨 읽는 형태로 한 권으로 제본이 되어있다. 이름도 써 놓도록 한다.

"작가 팀이 정말 고생을 많이 했어. 방금 발음 연습한 것처럼 최대한 정확하게 읽어 볼 거야. 역할 중에서 마음에 드는 걸 생각해두렴. 주연도 있고 엑스트라처럼 비중이 적은 것도 있단다."

"엑스트라가 뭐죠?" - 조연보다 비중이 좀 약한 거란다.
"작가 팀이 왜 자꾸 저에게 난쟁이1역할을 제안하는 거예요?"
"○○이에게 딱 어울립니다!" 작가 팀 1명이 답을 해준다. 작가들 이 극본을 쓸 때 실제 배우들을 염두하고 썼다는 걸 알 수 있다.

"실제 배우들이 모여서 대본 리딩 하는 것처럼 우리도 읽어보자."

한 사람이 대사를 하나씩 읽는다. 중간 중간 역할에 맞는 목소리가 들린다. 가끔 적합하다고 생각한 목소리도 대사에 담긴 감정에 따라 어색하게 들리기도 한다. 화를 내거나 짜증내는 등 부정적인 감정은 목소리의 어색함이 덜하다. 일상의 평범한 상황인 경우 목소리에 반영할 특정 감정이 없어 대신 목소리에 무리하게 힘을 뺀다. 그래서 잘 들리지 않는 경우도 종종 있다.

30분이 흘렀다. 진행되는 동안 자기 차례를 놓친 경우는 없었다. 극본 읽기에 담임과 17명 아이들 모두 집중했다. 쉬는 시간이 필요하다.

쉬는 시간에 작가 한 명의 표정이 안 좋다. 또 그 아이다. 각색 중 "재미없다."고 했던 아이다. 매 시간마다 이 아이는 긴장을 시킨다. 근처 다른 아이들이 다가간다. 자리를 차고 나가버린다.

"왜, 그러냐?"고 물어봤지만 그냥 지나가버린다. 잠시 후에 들어왔다. 자리에 앉더니 극본을 뒤적거리다 이내 엎드려서 운다. 다른 작가가 다가와서 달랜다. 담임에게 상황을 알렸다.

"왜, 우리에게 말도 안하고 뺐어요!" 우는 작가의 말이다.

"아니야. 뺀 거 없어." 당황한 담임의 말이다.

작가 팀은 수정 전 극본을 갖고 있다. 작가의 항의에 각색 전 극본을 담임도 같이 살펴본다. 33쪽에서 필요 없는 부분만 3쪽 정도 뺐다고 한다. 작가는 그 부분이 가장 재미있고 중요하다고 한다. 담임이 사과한다. 다시 살릴 부분이 있는지 알려달라고 했다. 작가들이 검토하는 동안, 나머지 사람들은 어떤 역할을 지원할지 고민해 보라고 했다.

잠시, 작가 팀은 극본에서 크게 바뀐 게 없었다는 담임의 말을 받아들인다. 사건 수정은 없었고 특정 대사 중에서 단어 몇 개가 빠졌거나 해설이 축약되었다. 그 작가가 예민했다. 극본에 애착이 쌓인 건가?

"박 작가야! 억울하다. 대부분 내가 낸 아이디어를 뺀 건데."

담임이 억울해한다. 이제 알았다. 작가 팀의 파워! 누구 아이디어이건 작가 팀 손에 들어간 건 작가의 허락을 구해야 한다는 걸 인지한 순간이다. 실제 드라마 촬영 현장에서도 '작가 파워'에 대해 언급이 되던데, 그 파워를 교실에서 보게 될 줄이야.

<역할 지원하기, 그리고 오디션>

역할 지원표를 칠판 화면에 띄운다. 이 반은 17명이니 따로 지원표를 걷지 않고 공개 지원을 한다.

포스트잇에 자기 이름을 써서 칠판에 붙인다. 우선 본인이 하고 싶은 걸 쓴다. 작가들도 역할지원이 가능하다. 역할이 겹칠 땐 오디션으로 공개적으로 뽑겠다고 안내했다. 혹시 분량이 많은 경우 더블 캐스팅으로 가자고 제안했지만 다들 반대한다. 아이들이 마이크 사용 문제를 또 물어본

역할	지원지	역할	지원자	역할	지원자
백설공주		난쟁이1		할머니	
왕비 (마녀)		난쟁이2		부하	
왕		난쟁이3		해설	
사냥꾼		난쟁이4		홍보	
왕자		난쟁이5		음향	
거울		난쟁이6			
상인		난쟁이7			

다. 담임도 마이크는 없다고 다시 알려준다. 소품과 홍보물은 다 같이 만들기로 결정했다. 막상 역할 캐스팅 단계까지 오니 관객을 초대한 연극 만들기였다는 게 실감 나나보다. 그것도 전교생을 다 초대하기로 한 연극!

아직도 백설공주, 사냥꾼, 난쟁이 지원이 없다.

"선생님이 백설공주 하세요!"

"너희가 하면 되잖아. 주인공인데."

"대사가 많아서 부담스러워요."

갑자기 앞에서 극본 수정 건으로 울었던 '박 작가'가 백설공주를 하겠다고 손을 든다.

"백설공주가 꼭 여자일 필요는 없지요!"

아이들은 가장 큰 골칫거리를 해치운 듯 동의의 박수를 보냈다.

역할로 인한 갈등은 생각보다 적었다. 사냥꾼, 거울, 마녀가 겹쳤다. 극본에 나온 대사를 마음대로 골라서 오디션 때 읽게 했다. 오디션을 보는 사람이외 모두 심사위원이다. 담임이 심사기준을 칠판에 써 준다. 심사 표는 따로 주지 않는다. 각자 이면지든 공책이든 알아서 적으면 된다.

자신감	표현력	대사 전달력	총점
5	5	5	15

다수결로 손을 들어서 뽑으면 서로 누구를 지지하는지 알 수 있다. 또 탈락한 아이든, 뽑힌 아이든 누가 자기를 지지하지 않았는지 알아내려는 경우가 종종 있다. 오늘 오디션은 심사기준을 바탕으로 각자 점수를 매기고 담임이 돌아다니면서 대충 합계를 낸다. 계산기 대신 담임의 암산으로 공정성을 줄 수 있다. 막상막하일 경우 담임 점수를 추가하여 효과적인 캐스팅을 유도할 수 있다.

"오디션 시작하겠습니다!"

경쟁 배우의 연기를 보자마자 포기하는 지원자도 있다. 다른 역할로 지원 가능하다. 오디션 전에 옮기면 불이익을 주지 않았다.

백설공주 : 1인 지원이지만 오디션에 참여했다. 만장일치 합격! 남자배우니까 백설왕자로 수정하자는 의견이 있었다. 많은 수정이 이루어 질 수 있다는 이유로 작가 팀이 거절했다.

왕 : 남학생, 여학생 2명이 도전했다. 오디션도 '레이디 퍼스트!' 남자아이가 순서를 미루자 여학생이 포기한다. 남학생 바로 합격!

왕비(마녀) : 마녀는 인기가 많다. 각자 자신 있는 부분을 연습하고 시작했다. 모두[거울아, 거울아~세상에서 누가 제일 예쁘냐?]장면을 선택한다. 해당 대사가 길어서, 거울로 미리 뽑힌 아이가 상대역할을 해줬다. 그 중 한 지원자의 연기와 심사위원들 반응이 너무 좋았다. 기가 죽은 상태로 다른 지원자의 오디션은 마무리 되었고, 탈락한 왕비들은 난쟁이 역을 맡았다.

상인 : 상인은 각색 과정에서 만들어진 인물이다. 지원자 둘 다 너무 진지하고 연기도 잘해서 심사위원들의 고민이 보인다.

난쟁이나 사냥꾼, 해설 등 지원자가 1인이거나 없는 경우 친구 추천, 담임 추천으로 오디션 없이 바로 캐스팅을 완료했다. 연기력이 좋아서 눈여겨봤던 아이가 스태프만 하려한다. 담임이 감독의 요청이라며 소소한 역이라도 하나만 해달라고 부탁하자, 할머니 역을 수락했다.

"해설은 누가 할까?"

해설은 무대 배경이나 배우의 연기로 표현하면 되니까 빼버리자는 수정 의견이 나왔다. 해설을 들려주면 관객들이 이해하기 쉬울 것 같으니 그냥 두자는 의견도 있다. 팽배하다. 쉽게 정리되지 않는다. 이때 필요한 작가찬스! 담임이 작가 팀의 의견을 묻는다.

"흐름이 끊길 수 있으니 쓸데없는 해설은 빼자."

작가 팀이 동의한다. 배경이나 몸짓으로 표현할 수 있는 것은 지문으로 쓰고 꼭 필요한 것만 해설로 남겨두기로 했다. 그리고 남은 해설은 목소리로 들려주는 게 아니라 무대 배경 PPT에 글로 넣어서 보여주기로 했다.

"난쟁이 지원자가 없으니, 난쟁이를 줄이자. 작가 팀! 어때?"

7명으로 대사를 나눠썼기 때문에 작가 팀이 거절한다. 친구들 모두 1인 1역할을 할 수 있게 썼다고 한다. 일곱 난쟁이를 다 채울 때까지 역할선정은 계속되었다. 역할이 확정되지 않은 사람들을 한 명씩 확인하면서 난쟁이 6이 마지막으로 채워졌다.

스태프는 담임 포함해서 다 같이 하기로 했다. 오디션으로 결정 난 배역은 손을 들면서 재확인했다. 담임은 오디션 과정과 결과에 대해 정리해준다. 또 각자 역할에 대해 괜찮은지 한 번 더 물어본다. 탈락자를 배려한 시간이라 좋았다.

끊임없이 고민하고, 선택해야하는 과정들. 합격한 즐거움, 탈락의 아쉬움. 그걸 보는 친구의 미안함. 여러 감정을 경험하는 시간인 것 같다. 그래서 힘들었다. 감정소비. 모두가 예민했던 시간.

"이제 다시 극본 읽어볼까요?" 아이들의 요구에

"힘들다. 너무 지치네. 오늘은 끝!"

담임이 먼저 마무리한다. 구체적인 역할을 받은 아이들은 더 의욕적으로 변했다.

박 작가가 울어서 좋았다.

당시 주변 아이들은 해당 남학생을 계속 위로했다. 갈등 없이 순탄하게 흐르는 것만이 좋은 수업의 요건은 아닌 것 같다. 오늘 현장에서는 교사와 학생 간의 갈등이 있었다. 그 덕에 친구들끼리 위로하고 위로받았다. 자기 불만을 털어놓는 기회도 얻었다. 교사는 귀담아 듣고 인정하고 사과하였다. 방과 후에 별도의 시간을 내어서 극본을 완성한 작가 팀을 끝까지 배려하고 존중하는 모습을 보였다. 갈등이 있는 수업도 괜찮은 듯하다.

가을에 올라온 연극공연 이야기

넷째 날

무대에서 연극을 공연할 수 있다.

원래 계획대로라면 오늘 연극공연이 있어야 했다. 초반에 극본쓰기 때문에 시간이 늦춰졌지만 작가 팀의 덕분에 극본은 예정대로 완성되었다. 문제는 강당과 마이크 사용이었다. 마이크가 많이 없다고 했지만, 아이들은 계속 구해달라고 담임을 조른다. 심지어 교육청에 전화해보라는 아이도 있었다. 한두 개 정도라면 우리가 어떻게 구해 봤을 것이다. 무대에 배우가 가장 많이 올라가는 경우가 총 9명이다. 일곱 난쟁이가 무대에 올라가면 마이크도 그 만큼 필요하다. 처음부터 마이크 사용문제를 알려줬지만, 아이들은 설마 했던 것이다. 이건 학교 설비, 시설과 관련 있다. 되도록 주어진 조건 안에서 무대를 해결했으면 한다. 소품 경우는 마이크를 구해주지 못한 미안함에 가발이나 망토, 모자 등을 챙겨주었다.

"시청각실로 옮기는 게 어떨까?" 담임이 다시 제안했다. 시청각실은 낭독공연 때도 마이크 없이 대사를 전달할 수 있는 공간이다. 아이들은 또 거절한다. 그리고 새로운 제안을 한다.

"더빙 할래요."

담임이 제안을 받아들였고, 4회기 수업과 별도로 총 2번의 더빙 작업을 했다. 중간에 자기 목소리 연기에 실망한 왕비와 사냥꾼은 역할 포기 선언까지 갔다. 담임과 주변 아이들의 수 없는 '괜찮다. 괜찮다.'로 위로하고 토닥거려서 더빙 파일이 완성되었다.

1,2교시 수업이란다. 오랜만이다. 내 손에 들린 가발 및 왕관 소품을 보자

반가워한다. 아이들 손에 들린 대본은 형광 펜, 색 볼펜으로 표시되어 있다. 장 별로 나와서 연습하고 피드백을 받는다. 더빙 연습 전에 전체 동선부터 맞춰보기로 했다. 지문에 맞춰 등퇴장을 연습한다. 솔직히 지문에는 등퇴장만 깔끔하게 써 놓는 것도 좋다.

공간 변화는 무대를 한 바퀴 돌면서 처리한다. 설거지, 청소, 빨래 같은 동작은 실제 소품을 두지 않고 마임으로 보여준다. 자기 대사 없이, 상대방이 말할 때 어떻게 하는 게 좋을지는 앉아서 보고 있던 아이들이 조언을 해준다.

"공주야, 너는 그때 새랑 놀고 있어."

역할을 맡은 아이도 바로 반영한다. 장면 밖에 있지만 모두 공동 연출가가 되어 적극적인 피드백을 준다. 왕비가 "오호호~"크게 웃는 소리를 어려워한다. 악녀의 오싹하고 무서운 웃음소리. 당연히 어려울 것이다. 연습이 답이다. 쉬는 시간에도 계속 연습한다. 인물 간의 관계에 대해, 말하고 움직이는 속도에 대해 담임의 중간 중간 지도가 이루어진다. 가장 많은 지적은 빠른 대사이다.

왕비와 공주 사이는 마치 콩쥐팥쥐나 신데렐라를 패러디한 듯한 갈등 상황이 잘 드러난다. 일을 너무 많이 시켜서 백설공주 스스로 가출할 것 같았다. 각색의 재미다.

일곱 명의 난쟁이 등장은 든든하지만 무대에 섰을 때 위치가 애매하다. 번호 순으로 1~3번 난쟁이는 공주의 오른쪽, 4~7번 난쟁이는 왼쪽에 앉거나 서기로 했다. 난쟁이들은 한 명이 말 할 때 여섯 명은 자기 대사가 없다. 그 때 어떤 행동을 할지 고민하다 청소하는 모습을 보여준다. 한 난쟁이 등이 자꾸 관객 쪽으로 향해있다. 다른 난쟁이가 등을 바르게 돌려준다.

작가 팀에서 일곱 난쟁이의 색색별 모자를 요구했다. 모자 대신 흔히들 갖고 있는 후드티를 입고 뒤에 달린 모자로 대체하자고 제안했다. 특별한 도구를 손에 쥐어주는 것도 좋을 듯하다. 결국 맨투맨티를 색깔별로 입기로 했다. 과정 중에 수정되거나 추가된 것은 작가 팀에서 극본에 표시해둔다.

드디어 더빙한 것과 맞춰봤다.

"목소리를 내지 않으니 행동도 나오지 않는다. 어떻게 할까?"

"각자 상대방이 말할 때 나는 뭘 할까 고민해 보자."

아이들은 어렵단다. 들리는 자기 목소리가 어색하단다. 더빙한 걸 공유해서 각자 동작 연습하자는 의견도 나온다. 우선 대본을 외워야 했다. 대사에 맞는 행동을 염두에 둬야 했다. 대사를 외운 아이와 외우지 않은 아이의 표현 차이가 확연히 느껴진다.

"마이크! 마이크! 마이크를 주세요."

마이크로 자기들 목소리로 하면 안 되냐고 한다. 이쯤 되면 담임도 지칠 것 같다. 마이크가 없다고 처음부터 말했는데도 강당을 선택한 아이들이다. 강당은 마이크 없이는 들리지 않는다고 알려줬더니, 더빙을 선택했다. 그런데 지금 아이들은 다시 생 목소리로, 마이크를 사용하자고 한다. 기승전 '마이크'

원한대로 안 되니 힘들어한다. 그렇다고 담임이 '너희가 선택 한 거니 알아서 하라'고 할 수 없었다.

교사와 아이들의 시간이 흐른다. 대강당 무대 작품은 교사의 노력이 많이 들어가는 것 같다. 연극 만들기의 모든 과정을 교사도 함께 하지만, 아이들을 설득시키고 이해시키는 데 더 많은 에너지가 사용되고 있다. 더빙 파일을 만들고, 더빙 리허설한 시간이 꼭 버린 시간이라고 할 수 없다. 그렇다고 마냥 더빙 파일이 아깝다고 붙잡고 있을 수 없다. "거봐, 강당을 포기했으면 좋았지."라고 말할 수 없다. 시간은 흐른다.

"강당을 포기하겠습니다."

공연 장소가 시청각실로 바뀌면서 다른 것도 함께 바뀐다. 강당에서 시청각실로 옮기면서, 더빙대신 본인 목소리로 바뀌었다. 전 학년이 다 들어올 수 없으니 1회 공연에서 3회 공연으로 연장되었다. 그리고 얄밉다던 5학년도 초대하기로 했다. 더빙만 믿고 대사를 외우지 않았던 아이들은 외우느라 바빴다. 무대가 좁아지긴 했지만 본인 목소리를 낼 수 있으니 훨씬 낫다며 만족해한다. 쉬는 시간에는 소품도 만들고 있다고 한다.

주인공도 하고, 작가 팀으로 극본까지 쓴 '박 작가', 아니 백설공주(남자 공주)는 급식시간에도 공주치마를 입고 돌아다녔다고 한다. 소품으로 구입한 백설공주의 까만 가발이 산발이 되어도 바꿔달란 말도 쓰기 싫단 말도 없단다. 너무 좋아한다고 한다. 학교만 오면 이 아이는 백설공주로 생활했다. 무엇이 아이를 신나게 했을까? 이 아이는 언제 몰입 했을까?

공연일정이 확정되었다.

학교 예술제 기간에 맞춰서 3일 연속 공연으로 진행한다.

공연 제목	관객	날짜	공연시간	공연장소
백설공주와 일곱난장이 시즌2	1~2학년	11월 18일	11:00~11:40	3층 시청각실
	3~4학년	11월 19일	11:00~11:40	
	5~6학년	11월 20일	10:40~11:20	

번 외, 백설공주와 일곱 난쟁이 시즌2 연극공연

나는 두 번째 공연을 봤다. 이미 첫 번째 공연 후 담임이 보낸 메시지에서 "대박!"이라는 말을 들었다. 관객들 반응도 대단했단다. 배우들도 안 떨고 대사도 틀리지 않고 잘했다고 한다. 첫 날 관객이었던 저학년 담임 중 한 분에게 따로 연락을 드렸다.

"공연 어땠어요?"

깨톡!

[애들은 백설공주가 남자인 게 신기하대요. 그냥 남자가 여자 역할을 한 거라 해도 이해를 못하고 있어요. 대부분은 그 이야기를 해요. 전 좋았어요. 다만 제목이 시즌2라고 해서 좀 더 다른 전개를 기대했는데, 원작에 거의 충실하던데요. 그게 좀 아쉬웠어요. 그런데 학생들의 참여태도가 아주 좋더라구요. 진지했고 진짜 연극배우처럼 행동하더라구요. 마지막 관객들과 기념 촬영까지 완벽!]

각색 된 백설공주 이야기의 전체 구조는 원작에 충실했다. 공주의 궁전 생활사, 사냥꾼이 공주를 살려 준 이유, 공주가 어떻게 잠에서 깨어날 수 있

었는지, 왕자의 가족사, 난쟁이의 숨겨진 과거, 왕비가 어떻게 공주를 죽이려 하는지 등 여러 가지 세부 사건들을 추가해서 각색했다.

학교에 도착했다. 오늘 관객은 3~4학년이다. 올라가는 계단과 공연장 문 앞에 관람 시 주의사항이 붙어 있다. 포스터는 학교 예술제 지원으로 베너간판으로 세워져있다. 포스터 만들 시간을 공연 준비에 더 썼을 거라 본다.

배우와 스태프는 이미 대기 중이다. 2교시 수업을 마친 관객들도 자리를 채운다. 시간이 되자, 사회자가 나온다.

"안녕하세요. 여러분, 이제 연극을 시작할거예요. 연극 시작할 때 어떤 걸 지켜야 할지 알죠? 먼저 떠들면 안 돼요. 돌아다니면 안 돼요. 의자를 발로 차면 안 돼요. 그리고 옆에 있는 커튼도 건들면 안 돼요. 빛이 들어오면 우리 배우들의 집중이 흐트러져요. 그리고 배우들이 혹시 실수해도 웃지 마세요. 그러면 배우들의 집중이 흐트러져요. 잘 지켜줄 수 있죠? 그럼 시작합니다!"

그리고 암전. 다시 불이 켜지고 왕과 왕비가 나온다.

백설공주가 등장하자마자 관객들이 웃는다. 원작과 다른 대사와 상황에 웃는다. 백설공주가 세상에서 제일 예쁘다는 거울의 말에, 관객들이 웅성거린다. "왕비 마녀가 더 예쁘잖아."

백설공주를 사이에 두고 일곱 난쟁이들이 모두 일어섰으면 복잡했을 것 같았다. 대신 공주를 중앙에 두고 다들 앉아있으니 안정적이었다. 공주가 편안한 공간에서 보호받고 있는 느낌이 들었다. 7명 모두 공주 쪽으로 시선이 향해있으니 대사가 없을 때 고개만 끄덕이기만 해도 장면이 어색하지 않았다. 왕비가 사냥꾼으로 변장해서 공주를 찾아가는 장면이 나온다. 어떻게 변장했을까 궁금했는데, 왕비는 온데 없고 사냥꾼이 다시 무대로 올라간다. 사냥꾼은 말없이 동작만 하고 무대 뒤에서 왕비가 목소리를 입힌다.

많은 관객들은 왕자가 독이든 고기(사냥꾼으로 변장한 왕비가 독 사과 대신 준 독 고기)를 먹고 잠든 백설공주를 어떻게 깨울지 궁금해 했을 것이다. 키스신이 정말 나올까? 살짝 공개해 본다.

[왕자는 난쟁이 집에 남아서 공주를 열심히 간호한다. 최선을 다해서 간호한다. 깨어나지 않는다. 왕자가 어릴 때 듣던 할머니의 이야기를 기억한다.

"옛날 궁에서 나쁜 마법에 걸려 사라졌던 일곱 신하의 머리카락을 다려서 먹으면 마법에서 깨어난단다."

난쟁이가 7신하였다는 걸 알아차린 왕자가 난쟁이 머리에 붙은 머리카락을 떼어서 약을 만든다. 그 약을 마신 공주는 일어난다. 그리고 왕자는 무릎을 꿇고 프러포즈를 한다.]

프러포즈 순간 관객들 입에서 "아아~~~~"소리가 나온다. 30분가량 진행된 공연은 공주와 왕자가 결혼하면서 끝난다. 둘은 팔짱을 끼고 웨딩마치 음악에 맞춰 객석으로 성큼성큼 걸어갔다가 무대로 돌아온다. 박수가 쏟아진다.

그리고 배경PPT로 이야기의 끝이 나온다.

[왕자와 공주, 일곱 난쟁이들은 행복하게 오래오래 살았다고 한다. 끝.]

아이들 의견대로 해설은 그들의 동작으로, 배경화면의 글로 보여줬다. 배우들 사진과 실제 이름, 역할이 적힌 배경으로 커튼콜이 이루어졌다. 그리고 관객들과 기념촬영까지 완료.

배우들은 진지했다. 실제 배우처럼 무대 매너(애티튜드)도 갖췄다. 관객들이 웃어도 멈칫하지 않고 공연에 집중했다. 그들의 진지함이 그들 담임 입에서 '대박!'이라는 말을 끄집어냈다.

공연이 끝난 뒤

투덜이 사냥꾼 아이에게 오늘 어땠냐고 물어봤다. 연극놀이 때도 투덜투덜, 오디션 때도 투덜투덜, 담임에게도 투덜거렸던 아이라 꼭 물어보고 싶었다. 대답은 의외였다. 더 잘하고 싶은데 아쉽단다. 공연이 잘 끝나서 다행이란다. 내일은 더 잘할 거란다.

1학기 때 인터뷰 했던 3명 중 2명은 작가 팀과 백설공주, 난쟁이로 배우와 스태프 둘 다 경험했다. 이 아이들은 다 좋단다. 낭독공연보다 훨씬 더 좋았단다. 자기가 썼던 극본을 가지고 친구들이 열심히 연습하고, 또 그게 진짜 무대로 올라갔고, 실제 관객들도 좋아하니 기분이 너무 좋다고 한단다.

3번째 마지막 공연도 훌륭하게 마무리 했단다. 담임은 끝나서 너무너무 홀가분하다고 했다. 초대하기를 극구 반대했던 5학년도 선배들의 연극을 너무 재미있게 봤고, 옆 반 친구들 역시 1학기 때처럼 무대 공연을 마친 친구들을 부러워했다.

교실 평가회 때 작성한 소감이다.

질문 : 연극공연을 준비하면서 배웠거나 실천하고 싶은 점은?

[극본 쓰는 것이 힘들다. 공연 준비는 힘들다는 걸 알았다. 연기를 배우고 싶다. 겉으로 보기에는 쉬워보였지만 어려웠다. 옆 반이랑 같이 하면 좋겠다. 연극을 어떻게 만드는지 배웠다. 목소리를 엄청 크게 해야 한다는 것을 알았다. 각색이 힘들다. 소품이 많이 필요하다. 왕자처럼 외모지상주의로 살지 않겠다.(각색에서 왕자가 백설공주가 너무 예뻐서 청혼을 했다.)아무리 연기를 못해도 노력하고 실천하면 잘 할 수 있다는 걸 배웠다. 짧은 작품 한 개로 연극으로 만들어지는데 오랜 시간과 많은 과정이 있다는 것을 알게 되었다.]

질문 : 연극준비 및 공연하면서 아쉬운 점은?

[무대가 작다. 공간이 좁아서 불편했다. 목소리가 작았다. 소품이 디테일이 아쉽다.(난쟁이 모자가 있었으면 좋았을 텐데). 등퇴장 연출이 아쉬웠다. 제대로 표현을 못한 것 같아 아쉽다. 내가 실수를 많이 해서 아쉽다. 사냥꾼이 석궁이나 총이 없어서 아쉽다. 작가 팀에서 쓴 대본 중에서 내가 쓴 부분이 날아갔다. 무대가 강당이었으면 좋았을 것 같다.(얘들아 마이크가 없단

다.) 관객의 시선에 신경쓰다보니, 모두가 연극에 집중을 못했던 것 같다.]

질문 : 연극단원 수업을 하면서 좋았거나 느낀 점은?

[연극이 힘들다. 연극단원이 재미있어서 좋았다. 무대에서 자신감이 생긴다. 연극을 실제 해보아서 좋고 재미있었다. 실제 연극하는 배우들이 더 대단하다고 느꼈다. 관객들이 좋아하는 모습에서 열심히 한 보람이 있었다. 연극은 상대방을 즐겁게 하는 거라는 걸 느꼈다. 연극에 대해서 잘 알게 되어서 좋았다. 자신감도 높아지고, 친구들과 함께 해서 좋았다. 낭독극보다 연극이 훨씬 힘들다. 연기를 하고 남에게 보여주는 것이 재미있었다. 연기를 더 잘할 수 있게 되었다. 직접 배우가 되어 연기하니까 힘들었지만 재미있었다. 연극을 하면서 아이들과 좀 더 친하게 지낼 수 있고, 반 친구들과도 사이가 좋아진 듯하다.]

딱 짚어낼 수 없지만, 뭔가 연극수업이 아이들에게 좋은 역할을 한 것 같다. 공연과 관련해서는 소품과 강당을 포기한 걸 아쉬워했다. 개인적으로는 자신 있게 대사를 크게 말하지 못한 것에 대한 미련도 많아 보인다.

이런 아이들이 만약 5학년 2학기 때 연극놀이와 교육연극 기법을 충분히 경험하고, 6학년 1학기 극본쓰기와 낭독 공연, 6학년 2학기 연극공연으로 3단계를 밟아왔다면 공연 속의 연극적 표현은 어땠을까?

'교사와 아이' 사이의 연극

아이들과 교사의 상태가 다르다.

아이들은 과몰입했고, 무대를 위해 노력하고 연습하고 또 연습하였다. 아이들은 스스로 했다. 교사 이상으로 더 준비하고 노력하여 친구, 행복, 성취감, 만족감을 느꼈다. 결과는 모든 관객들의 높은 호응과 큰 박수였다.

확실히 연극수업은 옳다.

이 아이들에게는 확실히 전문가들이 말한 그 이상의 연극적 체험을 했다. 그러나 교사는 번 아웃되었다. 앞에서 그가 말한 대로 다른 업무와 겹쳐 시간적, 정신적 여유가 부족한 상태에서 준비된 수업이었다. 수업을 진행하고 지원하는 과정에서 스트레스가 보인다. 혹자는 잘되든 못되든 아이들이 만든 수준 그대로 보여주는 것도 소중한 연극체험이니까 존중하라고 한다. 스트레스를 받는 교사의 마음가짐에 문제가 있다고 한다.

그러나 누가 자유로울 수 있을까?

아이들은 교사보다 더 열정적으로, 더 큰 책임감으로 준비하고 있었다. 그 과정에서 자기들이 해결하기 어려운 문제를 만났고, 담임 선생님에게 도움을 요청했다. 어느 선생님이 자유로울 수 있을까? 반 아이들이 도와달라고 하는데……

원인은 교사의 연극체험에 대한 인식 문제가 아니라, 자신보다 더 적극적인 아이들을 만났다는 것이다. 분명 교사도 그 스트레스를 조절할 수 있는 기회가 있었다. 그러나 아이들에게 양보했다. 내 눈에는 그렇게 보였다.

모두가 만족스러운 연극수업

이미 현장은 즐기는 연극이다. 즐기는 대상에 교사 자신도 포함시켰으면 좋겠다. 6학년 2반 17명 아이들과 담임. 개개인에게 낭독공연과 연극공연의 체험이 어떤 의미로 다가갔을지 궁금했다. 공연을 끝내고 쓴 [연극은 ( )이다.] 이 메모에서 읽히는 게 많다. 교육연극, 연극단원 수업의 효과를 읽을 수 있다. 그리고 평소에 교실에서 만나고 싶은 아이들과 학급 분위기도 느껴진다.

나에게 연극은(   )이다

나에게 연극은 인간관계이다. 친하지 않던, 또는 모르던 아이들과도 조금은 알게 되었고, 반 친구들과도 사이가 좋아진 것 같다. 관계가 점점 좋아지므로 나도 조금 변한 듯하다.

나에게 연극은 힘들지만 재미있는 것이다. 준비하고 연기하는 것은 힘들었지만, 끝내고 나니 뿌듯하고 재미도 있었다.

나에게 연극은 힘이다. 사람들 앞에 서면 떨렸는데, 연극하고 나서 용감해지고, 사람들 앞에서 당당하게 말할 수 있다.

나에게 연극은 프리즘이다. 나라는 연기자의 빛이 들어가면 관객의 웃음과 쾌감, 무지개 빛 같은 감정을 느낄 수 있다.

나에게 연극은 잘 안 되는 분야이다. 실수를 많이 했기 때문이다.

나에게 연극은 양치질이다. 귀찮지만 하면 좋은 것이기 때문이다.

나에게 연극은 다른 세계이다. 연극을 하면 그 속의 등장인물이 된 것만 같다.

나에게 연극은 자신감이다. 무대에 설 때 자신감이 생긴다.

나에게 연극은 힘든 것이다. 연기하기 어렵기 때문이다.

나에게 연극은 수업이다. 수업으로 시작하고 수업으로 끝났다.

나에게 연극은 관객들에게 행복을 주는 것이다. 사람들에게 재미를 주고 웃게 하기 때문이다.

Feel

나에게 연극은 관객들을 위한 것이다. 관객들이 좋아하는 모습에 행복이란 걸 느꼈기 때문이다.

나에게 연극은 노력이다. 자신의 노력으로 연극을 잘할 수도 있고 못 할 수도 있는 것 같기 때문이다.

나에게 연극은 감정을 주는 것이다. 연극이 재미있으면 보는 관객이 웃고, 연극이 슬프면 보는 관객도 슬퍼지기 때문이다.

나에게 연극은 즐거움이다. 상대의 즐거움과 우리 모두의 즐거움이 되어야 연극이라 생각한다.

나에게 연극은 친구와 가까워지는 길이다. 친하지 않은 친구와도 연극을 하며 친해지고, 친하지만 이야기는 안하는 친구와도 이야기하기 때문이다.

또, 그 교사의 연극공연 이야기 박창록 선생님

첫 번째. 연극 만들 계획 세우기

인간 스펙트럼 만들기로 2학기 연극단원을 시작하였다. 불평불만 말하기는 가장 생기 있었다. 주제를 주고 불평하라고 했지만, 내 눈치를 보느라 잘 하지 못했다. 잠시 나가있었더니 아이들은 교실이 떠나가도록 소리치며 불평을 이야기했다. 스트레스 해소가 됐을 것 같다. 프로그램에서는 이 활동이 아이들의 부정적인 감정을 해소하는 데 역할을 한다고 해서 설마 했다. 인간스펙트럼 만들기, 불평불만 말하기는 충분히 다른 사람과 소통하고 감정을 표현할 수 있어서 준비활동으로 매우 좋았다.

1학기 연극단원을 회상하며, 자연스럽게 2학기 연극수업으로 넘어왔다. 1,2학기에 읽어온 온작품(자전거 도둑)으로 극본쓰기를 하려고 계획하였으나 아이들의 흥미를 자극하지 못한 것 같다. 여러 회의를 통하여, 백설공주로 극본을 쓰기로 하되 각색해서 하자는 의견이 나왔다.

2학기 연극단원 첫 시작은 1학기 낭독공연보다 실제 무대에서 연기를 한다는 기대에 호응이 좋았다. 아이들은 큰 무대를 원하고, 많은 관객을 원했다. 또한 학교 행사인 예술문화 페스티벌에 연극을 올리기로 하였다. 페스티벌은 내가 제안했는데, 이것이 후에 큰 재앙을 가져올 줄이야.

두 번째. 작품 속 장면 만들기로 극본 만들기

소리 굴 만들기는 각 장소의 소리에 대해서 집중해보는 시간이었다. 장소별로 사람들이 어떤 행동을 하는지 생각해보고, 정지장면으로 표현해보는 시간을 가졌으며, 몸을 터치하였을 때 움직이는 동작을 하였다. 아이들이 표현을 잘 해주었다.

전 시간에 뽑은 명장면을 모둠별로 부여해주고, 사진으로 표현해보았는데 같은 장면이지만 각 모둠의 표현 방법이 달라서 재미있었다. 특히 거울을 보고 왕비가 묻는 장면을 부여받은 모둠이 거울을 재미있게(여러 사람이 한 개의 거울을 만듦)표현해주었다. 극본쓰기 활동지를 나눠주고 장면카드에 맞게 극본을 쓰려하는데 여기서부터 문제가 발생하였다. 각색하기로 했는데 어느 정도 각색이 들어가야 할지 의견이 일치하지 않아서 하나의 이야기로 통일하는 것이 어렵게 되었다. 아이들은 다양한 의견을 냈지만, 일치하는 부분이 없어서 전문 작가 팀을 꾸리기로 하였다.

극본 만들기가 가장 어려웠던 과정이었다. 온작품을 사용했으면 각색할 부분이 없이 극본으로 만들 수 있었을 텐데 너무 많이 알려진 '백설공주'를 골랐기 때문에 어려워졌다. 그리하여, 모든 구성원들이 작가 경험을 하지 못하게 되었고, 전문 작가 팀을 꾸릴 수밖에 없게 되었다. 작가 팀과 며칠 동안 방과 후에 저녁까지 남아 극본을 쓰는 과정은 아이들이 정말 적극적이고 재미있게 참여하였기 때문에 좋았다.

세 번째. 연극공연 준비하기

아나운서처럼 읽기는 정확한 발음 연습을 할 수 있는 재미있는 활동이었다. 관객에게 등을 보이지 않게 동선 연습하기는 아이들은 무대에 올라서 관객을 등지고 연기하는 경우가 다반사인데 이 활동이 도움이 될 것 같다.

책상을 ㄷ 모양으로 둘러서 앉아, 작가 팀이 준비한 극본을 읽기 시작했다. 아이들이 역할에 상관없이 대사 하나하나를 돌아가며 읽어가면서 극의 내용에 대해 파악하게 되었고, 본인들이 맡고 싶은 역할에 대하여 생각해볼 수 있는 시간이었다. 등장인물 수가 다행히도 학급 인원수와 비슷해서 한 가지씩 역할을 맡을 수 있었다. 주인공 백설공주는 부담이 되어서 그런지 지원자가 1명밖에 없었고 마녀는 3명이 지원을 하여 오디션을 봤다. 항목별로 점수를 주어 아이들이 채점하는 방식이 공정하게 캐스팅을 할 수 있게 하였다.

또 한 번 더! 연극공연 준비하기

연극 공연 준비는 1회로 끝나지 못하고, 여러 번에 걸쳐 진행되었다. 캐스팅 후 역할에 맞춰 극본읽기부터 시작하였다. 역할별로 극의 흐름을 파악하여 연기하도록 하였다. 더빙으로 진행하기로 하였기 때문에 녹음을 2회에 걸쳐 실시하였다. 1회 녹음은 교실에서 하였는데 잡음이 많이 녹음되어 다시 시청각실로 가서 녹음을 실시하였다. 막상 더빙을 해보니 아이들은 "선생님, 더빙 안 하면 안 돼요?"라고 하여서 공연 진행 방향을 다시 바꾸게 되었다.

강당에서 시청각실로 옮겼다. 시청각실은 더빙을 하지 않아도 되고, 관객과 무대의 거리가 가까워 대사 전달도 잘 될 수 있다. 목소리를 내서 공연을 해야 하기 때문에 아이들은 열심히 대사를 외우기 시작하였다. 시청각실로 무대는 옮겼지만 그렇다고 모든 게 만만해지는 건 아니다. 아이들의 동선, 조명, 배경음악 등 신경 쓸 것이 한두 가지가 아니었다. 그래도 아이들은 더빙을 하지 않아서 확실히 더욱 생기 있고 재미있게 참여한다.

연극공연 준비가 힘들었다. 다른 업무와 겹치다보니 준비하는데 부담이 된다. 일반 교사들이 진행하려면 웬만큼 의지가 있지 않고서야 무대에 올린다는 부담으로 인해 포기해버릴 듯하다.

네 번째. 연극공연하기

끝났다. 계획된 공연이 모두 끝나고 나니 안도의 한숨이 나온다. 6학년

1학기의 낭독공연에서 시작하여 6학년 2학기의 연극공연까지 연극수업은 아이들과 함께 둘도 없는 추억을 만들 수 있는 시간이었던 것 같다.

극본을 만드는 과정부터 연습과정 모두가 쉽지 않았다. 특히 작가 팀을 만들어 저녁 늦게까지 극본을 만들고, 수정하는 작업은 아이들이 열정을 가지고 한 만큼 오랫동안 기억에 남을 것 같다. 극본을 실제 배우들이 갖게 되는 대본처럼 만들어주고 싶어서, 전체 인원수만큼 하나하나 만들어서 준 마음을 아이들은 알까? 오디션부터, 소품제작 및 연습까지 아이들 스스로가 흥미를 가지지 않고 지루해하였다면 절대 할 수 없는 과정이었다. 중간에 시행착오를 겪으며 공연의 형태를 수정하기는 했으나 이 또한 어느 학급에서나 나타날 수 있는 과정이라고 생각한다.

우리 반 아이들은 정말 무대 체질이었다. 2주간의 연습 기간 동안 했던 걱정이, 공연이 시작하는 순간 사라져버릴 정도였다. 1~2학년 공연, 3~4학년 공연, 5~6학년 공연 총 3회의 공연을 하면서, 배우들의 연기력과 관객들의 호응도는 정말 더 높아져만 갔다.

연극수업을 마치며, 교사 본인으로서는 드디어 끝났다는 환호가 나왔지만, 아이들이 즐거워하는 수업, 그리고 무대 경험이라는 측면에서 매우 만족스럽다. 이 모든 과정을 잘 마무리해준 우리 반 아이들에게 너무나도 고맙다. 연출가로서의 첫 작품, 잊지 못할 "백설공주와 일곱 난쟁이 시즌2" 공연이었다.

모든 참관을 마치고

6학년 연극단원의 결과도 개인, 모둠, 학급 전체의 참여와 노력으로 만들어졌다. 심지어 5학년 아이들의 어설픈 참여는 교사의 적극적인 피드백을 이끌어 내었다. 교사와 학생이 같이 변화된 것이다. 5학년 선생님의 고민은 수업의 고민이었고, 6학년 선생님의 고민은 공연의 완성도와 과정에 대한 고민이었다.

다른 선생님들의 고민은 무엇일까?

두 선생님뿐만 아니라 다른 분들도 이런 고민이 앞 설 것이다. '잘 될까? 힘들지 않을까? 다 내가 해야 하는 거 아니야?' 모두가 갈등 없이 참여하기, 극본의 완성도, 관객의 호응, 학교나 학부모들의 기대 만족시키기 등. 너무 많은 요소를 고려하다 보니, 선뜻 나서지지 않는다. 선뜻 나서다가 번 아웃이 되어버린다. 아이들이 웃고 있는 무대 밖에서, 번 아웃 되어버린 교사의 모습은 안타깝고 쓸쓸하다.

그래서 과정드라마를 대안으로 제시할까?

과정드라마 설계는 교육연극 수업 및 과정드라마라는 진행 경험이 없는 일반 교사에게는 녹록지가 않다. 과정드라마는 리더의 역량이 크게 작용한다. 한 시라도 긴장감을 놓으면 안 된다. 아이들은 리더가 만들어 놓은 가상 상황에서 역할을 입고 갈등과 문제해결을 연극적으로 체험하면 된다. 그러나 자기 과업으로 인식하고 기꺼이 움직이게 하는 데는 많은 장치가 필요하다.

다시 일반 연극 만들기로 되돌아 왔다.

'자기의 경험을 이야기나 극의 형식으로 표현할 수 있다.' 성취기준을 기억하자. 처음은 쉽게 하자. 작게 시작하면서 경험치를 쌓자. 다행이 6학년 1학기 때 극본도 써보고 무대도 올라갔으니 2학기는 조금 더 수월할 것이다. 우리는 연극단원만 수업하는 게 아니다. 주어진 시간에서 학교 공간에서, 작게나마 완성할 수 있는 연극만들기를 진행해보자.

아이들을 믿어보자.

함께 만들고 결정하는 연극이 되어야 한다. 나와 아이들이 준비하고 책임지는 게 맞다. 과정도 결과도 우리 함께의 몫이다. 작은 연극으로 그들을 잘 담을 수 있는 규모로 해보자. 우리가 준비한 걸 확실히 채울 수 있는 교실로 들고 와도 된다. 그 작은 공간 안에 더 열심히, 더 재미있게 채우자. 강당의 큰 무대가 아니어도 교실 안 무대에서도 예술적 체험이 가능하다는 교사의 믿음도 중요하다. 무대와 조명을 확보하지 못하고 더 나은 작품으로 완성시키지 못했다는 교사의 아쉬움은 뒤로 하자. 아이들에게 조금 더 역할을 넘기면서 극복해보자.

결국 교사의 자기 언어로 된 프로그램이 필요하다.

연극단원 관련 수많은 지도서에는 많은 기법과 수업을 소개한다. 재미있고, 매력적인 활동들이다. 책에 나온 프로그램을 따라 하라는 것은 아니다. 저자들도 현장의 선생님들이 그들이 소개한 것을 그대로 읽고, 그대로 수행하길 바라지 않을 것이다. 선생님들보다 먼저 아이들과 연극을 만든 경험과 그 노하우를 공유하고 싶은 것이다. 나 역시 그렇다. 학급에 맞게 선택해서 읽고 활용하길 바란다. 프로그램을 진행하는데, 교사가 가져야할 중요한 요건은 자신의 언어로 변형시키는 것이다. 그리고 잘되든 미흡하든 연극프로그램의 가능성을 믿고 진지함을 유지하는 것이다. 그리고 아이들의 움직임과 그 집단에서 이루어지는 변화, 과정, 결과에 대해 피드백 할 수 있는 '말 할 거리'를 챙겨놓자. 과정을 해석하고 의미를 부여할 수 있는 안목이나 해설능력을 갖추는 것이다.

우리는 예술적으로 완성된 공연을 만드는 게 목적이 아니라, 아이들의 이야기를 극의 형식으로 표현하는 것이다. 관객이 우리일 수 있고 외부일 수도 있다. 모두가 즐거운 연극, 모두가 성장하는 연극, 과정과 결과 모두 만족스러운 연극이 되려면, 이 모든 것은 교사가 안정적인 첫발을 내딛고, 작은 성공경험을 얻었을 때 가능하다.

2부

연극단원 수업을 위한 교육연극 프로그램

1. 5학년 2학기 연극놀이 프로그램
2. 6학년 1학기 극본쓰기와 낭독공연 프로그램
3. 6학년 2학기 온작품을 활용한 연극 만들기 프로그램

2부 연극단원 수업을 위한 교육연극 프로그램

연극단원 수업을 시작하기 전에

이제 교육연극은 많은 선생님들에게 낯설지 않다.

적용의 범위, 횟수 차이가 있을 뿐이지, 교육과정을 운영하면서 몸짓표현, 상상하여 움직이기 등의 활동을 여러 학년과 교과를 거쳐 마주한 적이 있을 것이다. 연극놀이, 즉흥극, 몸짓표현, 과정드라마, DIE는 교육연극의 다른 이름들이다. 한 때는 교육연극이냐, 연극놀이냐, 드라마냐, 역할극이냐, 연극교육이냐 등 이름을 두고 갈등이 있었다. 이제 현장에서는 용어에 대한 논의보다, 얼마나 더 좋은 수업을 위해 교육연극을 어떻게 적용할 것인가에 대해 고민 중이다.

이미 현장은 즐기는 연극 활동으로 진행 중이다.

어른을 위한, 학부모를 위한 연극이 아니라 아이들이 즐기는 연극으로 진행되고 있다. 어린이를 대상으로 하는 전문 연극조차 관객과 배우가 어우러지는 참여형 형태를 추구한다.

교실수업으로 진행되는 교육연극에서 아이들은 관객, 배우, 연출, 극작가 등 다양한 경험을 할 수 있다. 상상력과 창의성을 보여줄 기회도 준다. 교육연극으로 마련된 가상의 상황에서 아이들은 서로 협력하고 서로를 이해하는 시간을 갖는다. 그들은 수업 속에서 전하는 앎뿐만 아니라 수업 밖에서 살아가는 삶도 배운다.

하지만 교실에서 노는 건지, 토의하고 있는 것인지 모를 상황과 어수선함에 우리는 당황한다. 아이들의 소극적이거나 자연스럽지 못해 과장스러운 표현, 다소 폭력적인 리액션에 우리는 머뭇거린다.

그렇지만 뭔가 불편하고 마음에 들지 않지만 명확히 짚어 주지도 못한다. 아이들의 몸과 마음은 준비가 되지 않았는데, 역할과 상황에 대한 정확한 인식도 없는데, 극 속에 들어가고 싶은 재미도 필요성도 못 느끼는데, 우리는 '실감나게, 좀 더 크게, 가운데로 나와서, 자신 있게'를 말한다. 더 세련되고 실감나는 몸짓과 목소리를 요구한다.

그러나 분명한 것은 우리가 어떤 상황과 인물을 누구에게 어떻게 보여주는지 명확하게 안내해주면, 그들은 빠르고 쉽게 극 속에 들어와서 진지하게 역할을 수행한다. 심지어 주인공이 될 수 있는 반가운 기회를 가진 아이들은 좀 더 잘해보려고 주어진 시간도 훌쩍 넘기면서 연습까지 하고 소품도 준비하려 한다. 그만큼 아이들에게 연극적 요소를 활용한 교육연극 수업은 매력적인 활동이다.

5, 6학년 연극단원을 어떻게 진행 할 것인가?

5학년 1학기에는 연극단원이 나오지 않는다. 5학년 2학기부터 6학년 1,2학기까지 총 3학기의 연극단원은 비슷한 듯 다르다. 같은 성취기준을 중심으로 구성되었지만, 분명 학기별로 다루는 활동들은 차이가 있다.

체험중심이며, 과정중심이자 학생중심으로 진행되는 연극단원을 통해 길러줄 수 있는 국어 교과 역량은 우선 '문화향유역량'이다. 일상생활의 경험으로 연극을 만드는 과정과 친구들의 연극을 감상하는 과정에서 문화로써 '연극'을 이해하고 향유할 수 있다.

국어과 교사용지도서에서 살펴볼 수 있는 연극단원의 성취기준과 단원 목표이다.

학년 학기	단원성취기준	단원학습 목표
5-2	[6국05-04] 일상생활의 경험을 이야기나 극의 형식으로 표현한다. [6국01-01] 구어 의사소통의 특성을 바탕으로 하여 듣기 · 말하기 활동을 한다.	여러 가지 마음을 다양한 방법으로 표현할 수 있다.
6-1	[6국01-04] 자료를 정리하여 말할 내용을 체계적으로 구성한다. [6국05-04] 일상생활의 경험을 이야기나 극의 형식으로 표현한다. [6국05-05] 작품에 대한 이해와 감상을 바탕으로 하여 다른 사람과 적극적으로 소통한다.	경험을 살려 극본을 쓸 수 있다.
6-2	[6국05-04] 일상생활의 경험을 이야기나 극의 형식으로 표현한다. [6국05-05] 작품에 대한 이해와 감상을 바탕으로 하여 다른 사람과 적극적으로 소통한다.	극본을 읽고 연극을 할 수 있다.

이에 본 프로그램에서 5학년은 좀 더 다양한 소재로 즉흥표현 및 연극놀이 위주로 진행하고, 6학년 때 극본쓰기와 낭독공연, 무대공연 중심으로 진행 한다.

본 프로그램에서 연극은?

본 프로그램에서 연극은 참여자들의 자유롭고 비형식적인 연극놀이부터 관객을 위해 배우들이 일정한 공간에서 보여주는 형식적인 극 경험 [즉흥극, 과정드라마, 낭독극, 무대연극 등] 을 모두 포함한다.

3학기 연극단원 진행 방향

- 성취기준에 따른 교육과정 운영을 기본으로 한다.
- 5-2, 6-1, 6-2학기로 분리되는 프로그램이다. 단계적으로 위계를 갖으며 서로 영향을 미치는 과정이기도 하다.
- 연기 및 연극 연출 관련한 평가는 제시하지 않는다.
- 모든 활동은 차시별로 느낀 점을 나눌 수 있는 성찰의 시간을 갖는다.
- 연극놀이는 학기별 활동 성격에 맞는 걸로 구성한다.
- 공연 준비 관련하여 수업시간에만 연습하는 걸 원칙으로 한다.
- 5학년 연극단원은 교육연극 기법을 익히면서 6학년 공연과 관련된 기본단계로 진행하면 된다.

부족하니, 채워주세요.

기존 지도안의 틀을 벗고 적은 양의 활동으로 전개했다. 활동은 적지만, 아이들의 반응으로 채울 수 있는 여백이 많다. 이 프로그램은 단순히 개인의 경험과 이론으로만 구성된 것이 아니다. 현장선생님의 수업 적용과 성찰, 수업관찰 내용과 학생들 만족도와 후기를 통해 수정하고 다듬었다.

다행히 성취기준은 아이들의 이야기나 경험에서 출발하길 원한다. 이 프로그램 역시 그들의 언어와 시간 경험으로 진행한다.

1. 5학년 2학기 연극놀이 프로그램

가 5학년 2학기에 처음 나온 연극단원

여러 가지 마음을 다양한 방법으로 표현할 수 있다.

- 마음이나 생각을 몸짓으로 표현할 수 있다.
- 자기가 되고 싶은 인물을 떠올리며 즉흥 표현을 할 수 있다.
- 이야기 장면을 표현하며 재미를 느낄 수 있다.

• 연극놀이를 통해 연극적 표현능력을 자연스럽게 익힌다.
• 연극놀이로 친구들과 함께 하는 활동, 자신을 표현하는데 익숙해진다.
• 다양한 연극놀이로 연극에 느끼는 부담을 줄이는 게 목적이다.

연극을 처음 배우는 단원이므로 연극의 개념보다 자신의 경험을 표현하는 다양한 활동 해보고, 자기의 생각, 느낌, 마음, 이야기를 표현하는데 중점을 두었다.

나 연극놀이는 참 많다

연극놀이는 교육연극 수업을 위한 웜업 활동, 또는 그 자체로 변형되거나 수업활동 중 하나로 맥락을 가지고 들어가는 경우도 있다. 연극놀이는 즉흥, 변형, 상상, 놀이규칙이 기본적으로 포함되어 있다. 시중에는 수많은 연극놀이 책과 연수가 있다. 활동도 많고, 반응도 다양하다.

• 역할이 있는 연극놀이가 있다. (곰과 나무꾼, 고양이와 쥐, 여우야! 여

우야 뭐하니?)

- 도구를 활용한 연극놀이가 있다. (백업, 신문지, 보자기 등 다양한 오브제로 상상과 변형놀이를 하기도 한다.)
- 말하기 즐거움을 알게 하는 연극놀이가 있다. ('의자에서 일어나게 하라.', '천사와 악마'처럼 설득적 말하기를 바탕으로 놀이를 진행하는 경우가 있다.)
- 장소에 따른 연극놀이가 있다. (숲에서 하는 연극놀이, 운동장에서 하는 연극놀이 등 공간적 특성을 반영한 경우도 있다.)
- 마음을 여는 연극놀이가 있다. (처음 만난 집단 구성원, 참여자들의 긴장을 풀어주기 위해 가볍게 진행되는 비경쟁적인 놀이가 있다.)
- 자석놀이, 실과 바늘 같은 마임놀이, 주제에 따른 상황이나 대화를 표현하는 즉흥놀이도 있다.

본 프로그램에서는 연극놀이는 리더, 즉 교사가 수업 목적을 위해 적용하는 놀이, 즉흥극, 마임, 해설팬터마임 등 교육연극 기제들을 다 포함한다.

다 연극놀이는 맘껏 노는 게 아니에요. 선생님의 역할은?

연극놀이에는 놀이를 이끌 리더가 있다. 이것이 일반 놀이와 다른 점이다. 리더, 즉 교사는 아이들이 움직이고 있을 때 아이들의 안전망이 되어야 한다. 아이들이 위험한 곳에 부딪히지 않도록 조심스럽게 사이드 코치를 해야한다. 경쟁심리가 과하게 보이는 경우, 해당 아이들 사이에 서서 시선을 막거나 '얼음, 땡'같은 신호로 긴장을 누그러뜨릴 수 있어야 한다.

연극놀이는 초점이 중요하다. 초점이 흐려지면 활동의 목표도, 재미도 사라지게 된다. 그래서 교사는 놀이의 초점을 명확히 인식하고, 집단이 하나의 공유된 초점을 유지하고 집중할 수 있게 한다. 또한 연극놀이를 하고 있는 동안 교사 역시 아이들을 방해해선 안 되고, 진지해야한다. 교사의 놀이경험은 리더에게 중요한 요소이다. 그러나 어른인 교사의 경험과 기억을 아이들에게 강요해서는 안 된다.

- 적절한 도움말과 발문으로 아이들 활동에 도움을 줘야한다.
- 설명과 게임규칙은 되도록 짧고 간단하게 안내한다.
- 많이 하는 게 좋은 건 아니다. 한 가지 놀이를 반복적으로, 다양하게 변형하여 적용한다.
- 교사 스스로 즐길 수 있어야 하고 인내심도 가져야 한다.

라 연극놀이 프로그램을 시작하기 전에

연극단원이 포함되어 있는 5,6학년 국어 교과서를 살펴보면 연극의 특성은 공통요소로 등장한다. 그래서 5학년은 연극의 특성보다 6학년 1,2학기 프로그램까지 적용할 수 있는 연극놀이를 통해 기본적인 교육연극 기법을 익히고자 한다.

- 재밌는 활동보다 맥락에 어울리는 활동을 선택한다.
- 배우수첩이라는 형태로 워크북(수행평가)자료를 제공한다.
- 본 프로그램은 연극놀이를 배우기 위한 수업이 아니다. 기본 교육연극 활동을 통해 자기표현의 즐거움을 느끼고 3학기 연극단원의 첫 걸음을 위한 시작 수업이다.
- 참여하는 걸로 만족하는 게 아니라 함께 하는 것에 즐거움을 느끼게 하자.
- 본 프로그램에서는 연극놀이를 통해서 다양한 매체와 연극의 관계, 다양한 작품에 대한 감상과 느낌을 즉흥극이나 장면 만들기로 표현

하는데 집중한다.

• 연극적 약속에 의지한다.

"자연스럽게!"

어느 순간 우리는 '자연스럽게'에 집착하고 있다.

교실은 연극수업도 하지만, 다른 과목 수업, 쉬는 시간, 개인 활동도 한다. 수업종료 차임벨이 울리면 복도에서 다른 반 아이들 소리도 들린다. 집중이 깨지고 몰입이 어려운 환경에 노출된다.

교실은 다른 학년, 다른 반과 분리되는 공간이면서 동시에 우리 반 아이들이 소유하는 개별 공간이다. 하지만 이 사적 공간은 교육과정이 운영되는 공적 공간이기도 하다. 이중성을 갖고 있는 이 교실공간에서 우리가 1회기 2시간동안 연극놀이를 하면서 쌓은 상상은 금방 사라진다. 다른 수업시간, 다른 활동이 그 사라진 공간을 메꾸기 위해 대기하고 있다.

가끔 우리는 연극수업의 시간적 공백은 잊고 아이들이 자연스럽게 아무렇지도 않은 척 '짠'하고 들어오길 바란다.

하지만 그 상상은 연극적 약속으로 불러야 한다.

'풍덩', '푹', '자연스럽게'에 대한 부담을 지워라.

우리가 좋아하는 그 자연스러움은 몰입의 다른 말일 수 있다. 그 몰입은 연극단원 시작과 함께 생겨나는 게 아니라 구체적인 문제 상황과 활동이 진행되는 과정에서 발현된다. 연극적 약속이라는 게 있다.

"우리는 어디든지 갈 수 있고, 무엇이든 될 수 있다. 단 신호에 맞춰서."

하나! 둘! 셋!

신호에 맞춰 그 상황으로 들어가자고 안내하는 게 더 자연스럽다.

이제 본격적으로 5학년 2학기 연극단원 수업을 살펴보자.

마 연극놀이로 나를 표현해

<table>
<tr><th>단계</th><th>차시</th><th>차시학습 목표</th><th colspan="2">주요 학습 내용 및 활동</th></tr>
<tr><td rowspan="2">연극
과
예술</td><td>1</td><td rowspan="2">우리 주변의 예술을 찾고 연극을 만날 준비를 할 수 있다.</td><td colspan="2">1. 관찰 중심 연극놀이와 예술가의 말 찾기
2. 내 주변의 예술, 그리고 내 생각</td></tr>
<tr><td>2</td><td colspan="2">3. 세상에 모든 예술이 사라진다면?
4. 연극으로 만날 준비하기</td></tr>
<tr><td rowspan="7">연극
놀이
로만
나기</td><td>3</td><td rowspan="3">오브제를 이용하여 마음이나 생각을 표현할 수 있다.</td><td colspan="2">1. 오브제를 활용한 연극놀이
– 종이를 이용한 마음 표현하기
– 교실에 있는 물건을 이용한 마음 표현하기</td></tr>
<tr><td rowspan="2">4</td><th>한 가지 오브제만 활용</th><th>여러 가지 오브제 활용</th></tr>
<tr><td>2. 신문지로 작은 연극 만들기
– 신문지 변형놀이하기
– 변형된 물건으로 장면 만들기</td><td>2. 여러 가지 물건과 소리로 표현하기
– 소리 탐색하기
– 소리로 즉흥극 만들기</td></tr>
<tr><td>5</td><td rowspan="2">사진과 그림책을 즉흥극으로 표현할 수 있다.</td><td colspan="2">1. 사진을 입체적으로 표현하기
– 사진을 장면만들기로 표현하기
– 움직이는 동영상으로 표현하기</td></tr>
<tr><td>6</td><td colspan="2">2. 그림책으로 연극 만들기
– 그림으로 이야기 만들기
– 그림을 즉흥극으로 표현하기</td></tr>
<tr><td>7</td><td rowspan="2">연극놀이로 시를 감상할 수 있다.</td><td colspan="2">1. 나를 깨우는 시
– 시 읽기, 모둠별로 작품 하나 고르기
– 시를 가지고 몸짓으로 표현하기(해설팬터마임)</td></tr>
<tr><td>8</td><td colspan="2">2. 시를 즉흥극으로 표현하기
– 시 속의 인물 구체화시키기
– 시의 내용으로 즉흥극 만들기</td></tr>
<tr><td rowspan="2">즉흥
공연</td><td>9</td><td rowspan="2">나의 꿈을 즉흥극으로 만들 수 있다.</td><td colspan="2">1. 나를 소개합니다.(3가지 의자–과거, 현재, 미래)
2. 공동의 인물 창조하기</td></tr>
<tr><td>10</td><td colspan="2">3. '나의 꿈'즉흥극 만들기
4. 즉흥극 발표 및 소감 나누기
5. 연극단원 마무리</td></tr>
</table>

1~2차시 예술과 연극, 그리고 우리

■ **수업초점**

① 연극놀이로 참여자간의 관계와 놀이 공간 재탐색하기

② 우리는 이미 예술, 연극적 환경에 살고 있다는 것을 알기

■ **수업목표**

예술이 우리 생활에 어떤 의미를 갖는지 놀이를 통해 알 수 있다.

단계	활동 내용	준비물
준비	연극놀이 하기	신호벨
	예술로 초대	예술명언 종이
활동	예술은 무엇인가?	포스트잇
	연극 만날 준비! 연기 시험	시험지
마무리	느낌 나누기	배우수첩

준비(마음열기)

1. 관찰과 관련된 연극놀이 하기

- 사진 찍기 놀이 : 2인 1조가 되어 가위 바위 보를 한다. 진 사람이 먼저 사진사가 되고 이긴 사람이 사진기가 된다. 사진사가 사진기 뒤에서 어깨를 양손으로 짚고 교실 곳곳을 돌아다니다가 맘에 드는 곳이 있으면 사진사가 '하나 둘 셋'을 외친다. 사진기는 계속 감고 있던 눈을 '찰칵'하는 소리와 함께 뜬다. 아주 잠깐 눈 앞 상황을 머릿속에 담아두고 다시 눈을 감고 사진사가 데려가는 곳으로 따라다닌다.

- 세 가지 보물찾기 : 교실 안에서 자기만의 이유 있는 보물 3가지를 찾

아본다. 유형이든 무형이든 교실 안에 존재해야 한다. 다 찾았으면 자리에 앉는다. 자기가 찾은 보물이 무엇이며, 왜 자기만의 보물이 되었는지 이야기를 나눈다.

아이들이 보물을 찾고 이야기를 나누는 동안 선생님은 예술명언 종이를 교실 곳곳에 붙여 둔다. 아이들이 서 있을 수 있게 간격을 넉넉히 띄우고 붙인다.

2. 예술로 초대

교사 : 여러분이 사진을 찍고, 또 보물을 발견했던 교실. 교실 주변에 예술과 관련된 유명한 글들이 붙어있습니다. 각자 맘에 드는 글 앞에 서보길 바랍니다. 천천히 가보세요.

- 아이들은 왜 그 글이 마음에 드는지 생각하며 서 본다. 같은 글 앞에 서있는 사람끼리 이야기를 나눈다.

한 장에 하나씩 프린트해서 사용한다.

꽃을 주는 것은 자연이지만 꽃을 엮어 꽃다발을 만드는 것은 예술이다. **- 괴테-**

예술은 힘이 아니라 위로이다. **- 토마스 만 -**

예술은 누구의 마음에서도 생긴다. **- 프랑스 속담 -**

그림을 그리는 것은 일기를 쓰는 또 다른 방식이다. **- 파블로 피카소 -**

가장 능력 있는 뮤즈(예술가)는 우리 내면의 어린아이이다. **- 스테판 나크마노비치 -**

안다는 것은 전혀 중요하지 않다. 상상하는 것이 가장 중요하다. **- 아나톨 프랑스 -**

영화는 유행이다. 관객은 무대 위의 살아있는 배우를 보길 원한다.

- 찰리채플린 -

모든 어린이는 예술가이다. 문제는 어떻게 하면 이들이 커서도 예술가로 남을 수 있게 하느냐이다. **- 파블로 피카소 -**

연극은 배우의 예술이다. **- 스타니 슬라브스키 -**

연극은 만남으로부터 시작한다. **- 그로토프스키 -**

교사 : 이렇게 많은 유명한 사람들도 예술의 가치와 중요성을 이야기 하고 있습니다. 여러분은 그 글과, 금방 나눈 친구들과의 이야기 속에서 무엇을 찾을 수 있었나요? 우리 생활에서 예술이라는 건 어떤 것일까요?

활동 1

1. 예술이 무엇인가?

- 모둠별로 예술이 무엇인지 생각나는 단어, 주변에서 볼 수 있는 예술 형태를 포스트잇에 써서 붙여서 모아 본다.

- 예술에 대한 정답을 아이들에게 요구하지 않는다. 아이들이 지금 이 시간, 그 수준에서 느끼고 알고 있는 것만 공유한다.

교사 : 예전에는 그림, 음악 뿐 아니라 집, 음식, 말하는 것까지 우리 생활과 밀접한 부분들이 예술이라고 불리기도 했습니다. 예술은 삶의 본질이자. 우리의 일부일 수도 있답니다.

2. 우리가 알고 있는 예술이 사라진다면?

교사 : 모둠별로 찾은 예술을 살펴보면, 우리 주변에서 우리 생활에서

찾을 수 있는 것들이었습니다. 예술가만 예술을 누리는 게 아니라, 우리도 예술을 누리고 있었죠.

아이들과 아래 질문으로 이야기를 나눠본다.

- 음식이 사라진다면 우리는 어떨까요?
- 우리가 듣고 있는 음악들이 없어진다면?
- 도서관 책꽂이에 있는 책들이 사라진다면?
- 극장이나 텔레비전에 봤던 영화, 연극 등이 사라진다면?

3. 예술과 연극

교사 : 우리는 이번 국어, 연극단원 시간에 예술의 여러 분야 중 연극을 만날 거랍니다. 교과서를 사용하지 않습니다. 여러분 중 연극을 보거나 해본 경험 있나요?

연극 공연을 봤거나, 학예회 또는 수업시간에 했던 연극체험을 짧게 이야기를 나눈다.

교사 : 여러분이 말한 것처럼 연극은 우리에게 즐거움과 감동, 재미를 준답니다. 오늘을 포함해서 총 5번 연극 수업을 할 거랍니다. 누구에게 보여주거나 강당같은 무대에 올라가지 않을 거예요. 우리가 서로 관객이 되고, 여기 교실이 무대가 될 거랍니다. 놀이처럼 우리의 생각과 이야기를 몸짓으로 표현해 볼 겁니다.

활동 2

1. 우리도 연극을 할 수 있을까?

교사 : 우리가 연기에 소질이 있는지 궁금하지 않나요? 한 번 테스트를 해볼까요? 필기와 실기 두 가지입니다.

- 필기시험은 쪽지 시험이나 골든 벨 형식으로 진행한다.

문항	문제	답
1	연극을 하는 사람을 무엇이라고 부르나요?	배우
2	연극을 보는 사람들을 무엇이라고 합니까?	관객
3	연극이 이루어지는 장소(공간)를 무엇이라고 부르나요?	무대
4	다른 사람이 연극할 때 지켜야 할 것은 무엇인지 2가지 이상 써 보세요.	자유 응답
5	최근에 보거나, 듣거나, 읽었던 예술 작품을 하나 써보세요.	자유 응답

- 정답 확인하고 실기 시험을 준비한다.

2. 실기 평가항목

분야	유형1	유형2
주어진 대사 실감나게 말하기	예) 태조 왕건	예)스카이 캐슬
특정 인물 표현해보기	수박 먹는 아이	아이스크림을 떨어뜨린 아이

- 평가 항목 4개 중 자신 있는 곳에 선다.
- 평가 항목별로 시험을 볼 때 다른 사람들은 관객이 된다.

3. 배우수첩 주기

- 모든 아이들의 실력을 인정하고 배우수첩을 준다.
- 배우수첩에 자기 이름을 적고 훑어보는 시간을 잠시 준다.

배우수첩은 수행평가지이다. 회기별 수업을 마칠 때마다 배우거나 느낀 점을 적는다. 마지막 장에는 자기평가 과정도 있다.

마무리(반영)

1. 차시예고

교사 : 우리 주변에 다양하고 많은 형태의 예술이 있다는 걸 알았어요. 그 예술 덕에 우리는 감동, 즐거움, 재미도 느낄 수 있죠. 그리고 예술 중 하나인 연극을 국어 시간에 만날 거예요. 조금 색다른 연극 체험을 해볼 거예요. 연극놀이, 해설 팬터마임, 즉흥극으로 사진도 만나고, 그림도 만나고, 시들도 만날 거랍니다.

2. 생각이나 느낌 나누기

교사 질문(어떤 질문으로 활동을 정리할지 고민해봅시다.)

3. 배우수첩 작성하기

3~4차시 오브제를 활용한 연극놀이

■ **수업초점**

① 다양한 물체를 활용하여 마음 표현하기

② 다양한 물체를 활용하여 즉흥극 만들기

■ **수업목표**

물체를 활용하여 자신의 마음이나 이야기를 표현할 수 있다.

단계	활동 내용	준비물
준비	물건을 활용한 연극놀이	사물 쪽지, 물건
활동	물건을 활용하여 마음 표현하기	이면지, 교실물건
	신문지를 활용하여 즉흥극 만들기 / 물건의 소리를 활용한 즉흥극	신문지, 여러 물건
마무리	느낌 나누기, 배우수첩기록	배우수첩

준비(마음열기)

1. 물건 활용 연극놀이

- 사물 이름 맞히기 : 모둠별로 사물 이름이 적힌 쪽지를 하나씩 가져간다. 모둠에서는 어떻게 몸짓으로 표현할 것인지 의논한다. 쪽지에 적힌 물건을 사용하는 동작이나 물건의 형태를 팬터마임으로 표현하면 다른 모둠이 맞힌다. (세탁기, 전자레인지, 냉장고, 스마트폰, 청소기, 자동차, 책, 연필깎이 등)

- 변형된 사물 알아맞히기 : 교실 앞에 모둠 수에 맞게 물건을 둔다. 6모둠이면 6개의 물건을 둔다. 각 모둠이 하나씩 가져간다. 모둠별로 물건이

어떻게 변형되어 사용되었는지 보여주면 다른 모둠은 무엇으로 변형되었는지 알아맞힌다.

화장지	공책	보드마카	보자기	모자	종이가방	책

교사 : 주변의 많은 물건, 물체, 오브제 등이 우리의 상상력을 거쳐서 예술작품을 만드는 소재나 재료로 사용됩니다. 본격적으로 물건(오브제)으로 우리의 마음을 표현해봅시다.

활동1

1. 종이로 마음 표현하기

- 이면지나 색종이를 가지고 나를 표현한다. 다른 도구를 활용하지 않고 손으로 종이를 구기거나, 접거나 찢거나 해서 자신의 이름, 별명, 현재 마음 상태 등을 자유롭게 표현한다. 그리고 왜 그런 표현을 했는지를 설명한다.
- 특정 주제를 줘도 된다. '오늘 마음을 표현해보세요. 내가 되고 싶은 것을 표현해보세요. 우리 반에게 원하는 것을 표현해보세요.'
- 빨리 빨리 만든다. 모양보다 이유가 더 중요하다.

2. 교실에 있는 물건으로 마음 표현하기

- 우리가 느끼는 감정, 마음에는 어떤 것들이 있을까?

분노	즐거움	행복	슬픔	감사	짜증

- 모둠별로 각기 다른 감정(마음)을 하나씩 고른다.

- 모둠별로 교실에 있는 물건들을 이용해서 책상 위에 마음을 표현한다.
- 모둠별로 이동하면서 책상 위에 놓인 감정들을 감상하고, 해당 모둠의 설명을 듣는다.

아래는 본격적으로 오브제를 활용한 즉흥극을 만드는 활동이다. 하나의 물체를 변형할 것인지, 여러 가지 물건을 활용할 것인지 활동 2-1과 활동 2-2 중 하나를 선택해서 진행한다.

활동 2-1 하나의 물체 변형

1. 신문지 막대 변형놀이

- 1인당 신문지 한 장씩 나눠준다.
- 각자 신문지로 막대를 하나씩 만든다.
- 크기나 모양은 제한하지 않는다. 뾰족하게 만드는 건 금지한다.
- 다 만들었으면 전체 큰 원을 만들어 서로 마주본다.
- 교사의 신호에 맞춰 한 명씩 신문지 막대가 무엇으로 변형되어 사용되는지 마임으로 보여주면, 다른 친구들이 보고 맞힌다.
- 처음에는 교사가 시범을 보여준다. '연필을 두 손으로 잡고 눈으로 가져가 먼 곳을 응시한다.'와 같은 내용을 표현한 다음 '선생님은 연필로 무엇을 표현했을까?' 하고 묻는다.
- 교사 시범이 끝나고 한 명씩 보여주고 맞혀 가면 된다.

2. 신문지 막대로 변형되는 10가지

- 모둠별로 모여서 신문지 막대가 무엇으로 변형될 수 있는지 A4종이에 1~10까지 써본다. 앞에서 발표한 친구들의 내용을 참고해서 써도 된다.

사물 변형놀이는 어떤 물체의 특징을 파악하는 관찰력과 그것을 응용하는 상상력을 기르는 활동이다. 쉽게 구할 수 있는 막대, 훌라후프, 손수건, 보자기, 두루마리 화장지 등을 활용해도 된다.

3. 신문지 막대를 활용한 즉흥극 만들기

- 앞에서 쓴 10가지 변형되는 물건 중 세 가지를 고른다. 세 가지가 들어가는 짧은 이야기를 만들어 즉흥극으로 보여준다. 모둠원 모두 역할을 가져야한다. 그 역할은 사람이 될 수도 있고 배경이나 물건, 환경이 될 수도 있다. 단, 모두 참여해야한다.
- 모둠별로 발표한다. 신문지가 들려주는 작은 이야기 또는 신문지 변형연극이 된다.
- 모둠 발표할 때 관객들은 무엇을 표현했는지, 어떤 내용인지 맞히는 작업은 하지 않는다. 단, 발표에 앞서 교사가 또는 모둠의 리더가 "우리는 피리, 마취 총, 빗자루가 들어간 이야기를 보여주겠습니다."라고 공개한 뒤 변형 연극을 보여주면 된다.

가끔 발표 형태에 대해서 묻는 경우가 많다. 아래 발표예시자료를 보면 아이들에게 안내하는데 도움이 될 것이다.

하나는 에피소드식으로 구성된 경우다. (막대, 기둥, 솜사탕) 막대를 선택한 모둠은 놀이공원에서 (청룡열차를 타고, 회전목마도 타다가 솜사탕을 먹는) 3장면을 나눠서 보여준다. 다른 하나는 3개가 같이 어울려진 사건(이야기)으로 보여준다. (만원경, 순대, 칼)막대를 뽑은 모둠은 (만원경)으로 우연히 본 분식집에서 (순대)가 맛있어 보여서 순대 배달주문을 했더니, 주인아줌마가 순대를 (칼)로 썰어서 배달한다는 하나의 상황을 표현했다.

> 신문지는 어디서 구할까요?
>
> 신문 보는 집이 드물다. 인터넷에서 보통 10kg 단위로 싸게 판매한다. 깨끗한 신문지로 검색하여 구입하면 된다.

활동 2-2 여러 가지 물체의 소리 변형

1. 물체로 소리 모으기

- 각자 교실 안에서 소리 나는 물건을 하나씩 가져온다. 같은 물건이어도 소리 내는 방식이 다르기 때문에 괜찮다.
- 원으로 둘러 앉아 순서대로 자기가 가져온 물건으로 소리를 내본다.
- 바닥에 두드리거나 흔들거나, 손으로 쳐보는 등 소리를 내본다.
- 한 사람이 소리를 들려주면, 다른 사람들은 어떤 상황에서 들을 수 있는지 상상해서 들어본다. 소리 내는 사람의 의도에 집중하는 게 아니라 소리가 들리는 상황을 상상하는데 집중한다. 예를 들어 연필을 바닥에 툭툭 치는 소리를 듣는다. "빗방울이 떨어진다.", "화장실 문 노크 소리."
- 같은 방법으로 소리와 장면 상상을 하고 내용을 공유한다.
- 4명씩 한 모둠을 나눈다. 기존 모둠끼리 모여도 된다.

2. 물체 소리로 즉흥극 만들기

- 모인 사람끼리 자신이 만든 소리가 들어갈 수 있는 구체적인 상황(이야기)을 설정한다. 여기에서 이야기는 커다란 줄거리를 갖는 게 아니라 짧은 에피소드, 사건, 장면처럼 간단하게 만든다.
- 설정한 상황에 어울리는 대사를 찾아본다.

- 물체 소리는 효과음처럼 적절히 사용한다.
- 설정한 상황에 따라 물체 소리, 대사를 연결하여 연습한다.
- 발표 순서를 정한다. 라디오 극장처럼 물체 소리와 목소리로 즉흥극을 들려준다.
- 다른 모둠은 눈을 감고 어떤 장면인지 상상하면서 듣고, 이야기를 나눈다.

마무리(반영)

1. 생각이나 느낌 나누기

교사 질문(어떤 질문으로 활동을 정리할지 고민해봅시다.)

2. 배우수첩 작성하기

5~6차시 연극놀이로 사진과 그림책 읽기

■ **수업초점**

① 사진과 그림책을 활용하여 장면 만들기

② 작품 속 이야기를 상상하여 즉흥극 만들기

■ **수업목표**

연극놀이로 사진과 그림책을 감상할 수 있다.

단계	활동 내용	준비물
준비	이미지를 활용한 연극놀이	-
활동	사진을 활용한 조각 만들기	배경(장소)사진
	그림책을 활용한 세 가지 장면과 즉흥극 만들기	글 없는 그림책의 그림들
마무리	느낌 나누기	배우수첩

준비(마음열기)

1. 이미지 연극놀이

- 보티첼리 게임하기(이미지로 추측하기)

교사 : 지금부터 여러분 중 한 명을 선생님 머릿속에 담아 두겠습니다. 여러분은 그 사람이 누구인지 질문을 통해서 맞혀보세요. 질문의 형태는 "그 사람을 생각하면 어떤 이미지가 생각나요?"입니다. 예를 들어 "그 사람을 생각하면 어떤 색이 생각나요?", "그 사람을 생각하면 어떤 신발이 생각나요?"이렇게 이미지로 대답할 수 있게 물어봐야 합니다. "여자인가요?", "머리가 긴가요?"이런 식으로 '네, 아니오.' 로 대답을 요구하는 질문은 안 됩니다. 즉, 눈으로 볼

수 있는 이미지로 질문을 만들어서 물어보면 됩니다.

- 아이들은 바로 손을 들어서 정답을 외치고 싶어 할 것이다. 적어도 5번 이상의 질문을 받는다. 대답한 이미지와 어울리는 친구를 추측할 시간을 준다.

교사 : 누구일까요? 자기가 생각하는 친구를 향해 손을 뻗어보세요.

- 정답을 공개하기 전에, 왜 그 사람이라고 생각하는지 몇 명의 이야기를 들어본다.
- 공개 한 다음 이미지의 주인공(정답)에게 오고가는 질문과 답변 중에 궁금한 것을 물어보고 이야기 나눌 수 있는 시간을 준다.
- 시간 여유가 있으면 아이들이 술래가 되어 다시 게임을 시작한다.

활동1

1. 사진을 활용한 조각상 만들기

교사 : 모둠별로 사진을 한 장씩 가져가세요. 사진 장면을 그대로 조각상으로 보여주세요. 모두 인물이나 배경으로라도 참여해야합니다.

- 사진에 어떠한 상상을 더하지 않고 그대로 몸을 활용하여 만들어서 보여준다. 다른 모둠이 어떤 장면인지 맞히면 사진을 공개한다.
- 어울리는 대사나 움직임을 추가로 보여줄 수 있다.

> 잠깐! 모둠별로 제공한 사진은 인물이 등장하고 아이들 일상과 관련되고, 어떤 스토리가 나올 수 있는 사진이면 좋다. 실제 아이들을 찍어 놓은 행사 사진이면 더 좋다. 또는 교과서에 나오는 사진자료를 활용해도 된다.

만약 교사가 준비한 사진이 어떤 계절적 풍경이나, 특정 장소가 담긴 사진이라면 칠판 화면에 배경으로 보여준다.

교사 : 이 화면 속 장소는 어떤 곳일까요? 여기에서 볼 수 있는 상황이나 사람들을 생각해보세요. 이제 한 명씩 나와서 마음에 정해둔 그 인물의 행동을 잠깐 표현하고 정지하면 됩니다.

- 한 명이 정지하고 서 있으면, 또 다른 사람도 나와서 그 근처에 자리 잡고 몸짓과 대사를 하고 멈춘다.
- 하고 싶은 사람이 다 나와 표현하면 어느 덧 조각이 쌓인다.
- 교사가 하나 둘 셋 하면 동시에 동영상처럼 함께 움직인다.
- 다른 배경사진으로 한 번 더 반복한다.

활동2

1. 글자 없는 그림책 만나기

- 그림책의 그림을 스캔 복사해서 준비해 놓는다. 모둠수의 3배수 정도 그림을 준비해두면 좋다.
- 모둠별로 그림을 한 장 고른다.

교사 : 모둠별로 고른 그림을 지금부터 관찰하고 탐색해보세요. 그림에 인물이 한 명이 있는 경우도 있고, 여러 명이 있는 것도 있을 거예요. 그 그림에서 인물이 할 것 같은, 할 수 있는 대사를 생각해보세요.

- 모둠별로 그림에서 나올 수 있는 대사를 생각해본다. 포스트잇에 대사를 하나씩만 써서 그림에 붙이고 아이디어를 모은다.

- 그림과 대사를 중심으로 이야기를 만들어본다.

잠깐! 글자 없는 그림책 예시 (제목, 작가, 출판사)

① 도착, 숀탠, 사계절

② 시간상자, 데이비드 위즈너, 시공주니어

③ 상상이상, 이스트반 바여이, 내 인생의 책

④ 거리에 핀 꽃, 존아노 로슨, 국민서관

⑤ 지난 여름, 김지현, 웅진 주니어

⑥ 나의 미술관, 조안 리우, 단추

⑦ 문, 이지현, 이야기꽃

⑧ 해리스 버딕의 미스터리, 크리스 반 알스버드, 문학과 지성

2. 즉흥극으로 그림 보여주기

교사 : 그림 속에 담긴 이야기를 즉흥극으로 발표합니다. 모둠에서 썼던 대사를 중심으로 짧게 동영상으로 보여준다고 생각하면 됩니다.

즉흥극이란 어떤 이야기를 대본화하지 않고 모둠끼리 역할을 나누어 맡고, 자신의 역할과 상황에 맞게 말하고 행동하는 것이다.

- 모둠별로 그림 한 장에 대한 즉흥극을 아주 짧게 보여준다.
- 다른 모둠 즉흥극을 통해 자기가 갖고 있는 그림에 대한 새로운 정보들이 추가 될 수 있다.

3. 살아있는 그림책 만들기

교사 : 첫 번째 그림에 두 장 더 추가하여 이야기를 만들어보세요.

- 그림 2장을 추가로 가져가서 첫 그림 앞뒤에 덧붙여서 이야기를 만들어 본다. 실제 그림책 내용과 별개로 펼쳐질 것이다.

추가 그림1 – 그림 앞에서 일어날 수 있는 사건 상상하기	첫 번째 그림	추가 그림2 – 그림 뒤에서 일어날 수 있는 사건 상상하기

- 모둠별로 3장의 그림 이야기를 즉흥극으로 보여준다.

교사 : 여기 실제 그림책이 있습니다. (그림책을 펼치며) 그리고 여러분이 가져갔던 그림들도 이 안에 담겨있지요. 발표한 내용들을 다시 떠올리며 비교하면서 읽어보세요.

마무리(반영)

1.생각이나 느낌 나누기

교사 질문(어떤 질문으로 활동을 정리할지 고민해봅시다.)

2. 배우수첩 작성하기

3. 차시예고 (도서관에서 동시집 대출해놓기)

7~8차시 몸으로 만나는 시

■ **수업초점**

① 해설팬터마임으로 시 낭송하기

② 시를 이야기로 바꿔서 즉흥극으로 표현하기

■ **수업목표**

시를 읽고 느낀 점을 즉흥극으로 표현할 수 있다.

단계	활동 내용	준비물
준비	연극놀이	–
활동	자기가 좋아하는 시 고르기	동시집
	시 내용 확장시키기	포스트잇
	시를 즉흥극으로 표현하기	–
마무리	느낌 나누기	배우수첩

준비(마음열기)

1. 연극놀이

- 색을 찾아라! : 교사가 특정 색깔을 외치면 관련 색을 찾아 손가락으로 짚는다. 하얀색! 하고 외치면 아이들은 얼른 하얀색 벽이나 하얀색 필통, 하얀색 칠판을 손가락으로 짚으면서 얼음하면 된다. 색깔은 자기 자신, 주변 사물, 다른 사람에게서 찾아도 되지만, 다른 사람의 색(하얀색 실내화, 검은 머리색, 녹색 셔츠 등)을 빌릴 때는 양해를 구하고 짚는다.

- 신비한 마네킹가게 : 두 팀으로 나눈다. 한 팀은 마네킹이 되고, 다른 팀은 마네킹을 고른다. 교사가 특정 주제(초능력자, 자기가 되고 싶은 것,

멋진 사람 등)를 준다. 한 팀부터 각자 표현하고 싶은 대로 몸을 움직여 만들고 마네킹처럼 선다. 다른 팀에서 자기가 맘에 드는 마네킹을 찾아가 뒤에 선다. 1인 1마네킹이어야 한다. 마네킹의 어떤 점이 마음에 들어서 선택했는지 아주 짧게 이야기 나눈다. 역할을 바꿔서 한 번 더 한다.

활동 1

1. 시집으로 놀기

사전 활동으로 준비한 시집에서 마음에 드는 시를 몇 개 골라 놓는다.

교사 : 지금부터는 시집을 가지고 놀아 볼 거랍니다. 준비한 시집을 꺼내서 선생님이 제시한 내용과 어울리는 시 구절을 찾아서 발표해 볼까요?

- 짝꿍과 잘 어울리는 시 구절 찾기
- 우리 반과 잘 어울리는 시 구절 찾기
- 지금 날씨와 잘 어울리는 시 구절 찾기
- (　　　)와 잘 어울리는 시 구절 찾기

아이들은 가져온 시에서 어울리는 시 구절을 찾는다. 해당 구절과 이유를 같이 발표한다.

2. 모둠별로 공동 시 뽑기

교사 : 수업 시작하기 전에 각자 마음에 드는 시를 골랐을 거예요. 하나만 고른 사람도 있고, 여러 개를 고른 사람도 있을 겁니다. 지금은 그 중 딱 하나만 필요해요. 하나만 골라보세요. 그리고 그 시를 '배

우수첩'에 그대로 베껴보세요.

- 배우수첩에 고른 시를 그대로 써본다.

교시 : 다 썼나요? 고른 시를 모둠 안에서 서로 들려주세요. 이걸 낭송이라고 하는데, 친구가 시를 읽을 때는 잘 듣도록 합시다.

- 모둠 안에서 시를 다 낭송한 후 모둠의 공동 시를 한 편씩 뽑아둔다.

3. 해설팬터마임으로 공동 시 보여주기

- 한 사람이 시를 낭독하고, 다른 사람들은 시 속 인물이나 배경이 되어 몸짓으로 표현한다.
- 시는 읽으면 읽을수록 그 내용과 이미지가 선명해진다.

> 해설팬터마임이란 한 명이 해설을 하고 참가자들은 그것에 맞게 움직이며 행위 하는 것을 말한다. 이때 참가자들은 말없이 행동만 하게 할 수도 있고, 필요한 대사를 즉석에서 말 할 수도 있다.

활동 2

1. 시의 내용 확장시키기

교사 : 지난 시간에 그림책 그림으로 이야기를 만든 것처럼, 이번에도 인물을 추가하거나, 사건을 덧붙여서 시를 이야기로 만들어볼 거예요.

- 포스트잇으로 인물이나 사건, 또는 그 이야기에 나올만한 대사 등을 써서 아이디어를 내 놓고 정리한다.

잠깐! 시를 활용한 즉흥극 작업을 위해 인물이 등장하는 시가 좋다. 인물이 시 속에는 없어도 새로운 인물을 창조하면 된다.

2. 변형한 시, 즉흥극으로 발표하기

교사 : 시를 이야기로 바꿨어요. 그 이야기를 각자 역할을 맡아서 즉흥극으로 보여주세요. 앞에서는 말이 없는 해설팬터마임을 이용했지만, 지금은 대사를 해도 됩니다.

- 모둠별로 변형된 시를 즉흥극으로 보여준다.
- 시와 이야기, 즉흥극으로 변형된 내용에 대해서 모둠별로 의견을 공유한다.

마무리(반영)

1. 생각과 느낌 나누기

교사 질문(어떤 질문으로 활동을 정리할지 고민해봅시다.)

2. 배우수첩 작성하기

9~10차시 즉흥극으로 나의 꿈 보여주기

■ **수업초점**

① 연극놀이로 나 읽고, 나 만나기

② 공동으로 가상인물의 하루 일상을 만들어 즉흥극으로 보여주기

■ **수업목표**

자기의 이야기와 꿈을 즉흥극으로 만들어 보여줄 수 있다.

단계	활동 내용	준비물
준비	연극놀이	–
활동	의자로 만나는 그때	의자 3개
	공동의 인물 구체화하기	도화지, 사인펜
	특별한 하루 즉흥 공연하기	메모지, 사인펜
마무리	느낌 나누기 및 단원 정리	배우수첩

준비(마음열기)

1. 연극놀이

- 전달 인사하기 : 자기만의 인사법(박수를 치거나, 손을 흔들거나, 배꼽 인사를 하거나, 개다리 춤을 추거나)을 생각해둔다. 음악에 맞춰 자연스럽게 걷는다. 걷다가 눈이 마주치는 사람에게 자기만의 포즈로 인사를 한다. 가벼운 인사말도 건넬 수 있다. 인사를 받은 사람은 그 동작을 그대로 복사하여 다음 만나는 사람에게 그대로 전달하며 인사한다. 또 서로 인사가 바뀐다. 계속 바뀐 인사를 다른 사람에게 전달한다. 다 끝난 뒤, 어떤 인사법이 가장 인상적이었는지 이야기를 나누는 시간을 가져도 된다.

- 나를 찾아서 : 모두가 마음속으로 1부터 5까지 숫자 중 하나를 선택한

다. 한 번 정한 숫자는 바꾸지 않는다. 음악이 흐르면 조용히 걸어 다니면서 자기와 같은 숫자를 찾아다닌다. 큰 소리로 외쳐서 찾는 게 아니라 걷다가 눈이 마주치면, 악수를 하면서 조용히 물어본다. 같은 숫자로 확인되면 손을 잡고 다니면서 다시 같은 숫자를 찾아다닌다. 숫자끼리 다 모인 것 같으면 그룹별로 바닥에 앉는다. 왜 그 숫자를 골랐는지 이유를 물어 볼 수 있다.

> 잠깐! 가끔 같은 숫자가 없어서 혼자 남는 경우가 있다. 이때 교사가 조용히 다가가 어떤 숫자인지 물어보고 교사가 같은 숫자라고 이야기 하고 손을 잡아줄 수도 있다.

활동1

1. 세 가지 의자, 의자로 만나는 내 이야기

교사 : 지난 시간동안 우리는 다른 사람이 만든 작품이나 이미 만들어진 물건들을 가지고 이야기를 나누고 연극적으로 표현했습니다. 오늘 마지막 수업시간에는 나와 우리의 이야기를 가지고 진행하겠습니다.

- 의자 세 개를 한 줄로 놓는다.
- 의자는 과거, 현재, 미래를 상징하는 자리이다.

교사 : 의자에 차례로 앉아 여러분의 옛날(?), 지금, 나중의 모습을 상상하며 그 때의 자기를 앞에 있는 친구들에게 설명하면 됩니다. 아주 어릴 때, 5학년 지금, 커서 어떤 사람이 되었는지로 설명해도 돼요. 우선 잠시 눈을 감고 이 세 의자에 앉아있을 모습들을 떠올

려 봅시다.

- 아이들은 한 명씩 나와서 친구들을 보며 과거, 지금, 미래 순으로 자기는 그 때 어떤 사람이었는지, 어떤 상황이었고, 어떤 감정이었는지 독백식으로 이야기한다.
- 이 의자는 그 시간의 인물이 되어 이야기를 하는 게 초점이다.

> 잠깐! 장난스럽게 하지 않도록 한다. 모든 아이들이 발표를 하면 좋지만 사적인 이야기를 공개하기가 불편한 아이를 배려하자. 단, 다음 활동을 위해서 모둠에서 적어도 1명 이상은 발표할 수 있게 진행한다.

2. 공동 인물 만들기

교사 : 모둠에서 의자에 앉아 발표한 이야기들이 있을 거예요. 이제 이야기 한 개를 선택하세요. 그리고 그 이야기 속의 미래에 나온 인물을 더 자세하게 만들어 볼 거랍니다. 선택된 이야기는 발표한 사람 것이 아니라, 그 모둠 것이 되는 거예요. 주인공에게 새로 이름도 만들어주고, 취미도 정해주고, 나이랑, 직업도 상상해서 만들어 줄 거랍니다. 미래의 인물이니까 나이도 여러분보다 많겠죠.

의자 활동에서 발표된 인물 하나를 고른다. 도화지에 인물 실루엣을 그린다. 이름도 붙여준다. 실루엣 안은 인물의 내면, 밖은 인물의 외면으로 객관적 사실을 적어 실루엣을 완성시킨다.

3. 인물의 특별한 하루

교사 : 모둠별로 만든 인물 소개를 해볼까요?

- 모둠별로 실루엣을 보여주며, 그 인물의 이름이 뭔지, 어떤 사람인지 발표한다.

교사 : 이름도, 성별도, 하는 일도 다양한 것 같네요. 지금부터 인물의 특별한 하루를 만들어 줄 거예요. 어떤 특별한 하루가 있을까요?

- 일상이 특별하다고 할 수 있다.
- 생일이나, 꿈을 이뤘을 때 특별하다고 할 수 있다.
- 미래의 인물이니 승진이나 대학합격이 나올 수 있다.
- 모둠에서 만든 인물을 중심으로 특별한 하루를 만들어본다.

> 잠깐! 아이들은 현실의 발전된 연장이 아니라 공상이나 상상 속으로 빠지는 경우가 있다. 공동 인물에 대해 깊이 있는 탐색과 모둠별 대화가 잘 이루어져야 특별한 하루에 대해 구체적으로 나타난다.

활동2

1. '나의 꿈, 특별한 하루'즉흥극 만들기

- 즉흥극 속에는 주인공이 반드시 중심에 있어야 한다.

- 인물의 특별한 하루를 즉흥극으로 만들어 모둠별로 발표한다.

2. '나의 꿈, 특별한 하루'즉흥 공연하기

- '○○의 어느 멋진 날'처럼 즉흥극 제목을 모둠에서 정한다.
- 모둠별로 순서를 정한다. 순서를 칠판에 적어둔다.
- 즉흥공연을 한다. 등퇴장 할 때 브리짓 음악을 틀어준다.

3. 너의 내일을 응원해. 선물주기

- 참여자 전체 원을 만들어 둥그렇게 앉는다.

교사 : 여기 빈 종이와 사인펜이 있습니다. 자기 오른쪽 사람이 누구인지 살펴볼까요? 친구가 꿈을 이룰 수 있도록 도움이 될 만한 '어떤 선물'주려고 합니다. 진심을 담아 글이나 그림으로 써서 건네면 된답니다.

- 카드에 내일을 응원하는 선물을 그리거나 글로 쓴다. 다 쓴 카드는 한 명씩 전달한다. 어떤 의미가 담겨있는지 이야기를 나눠도 좋다.

마무리 (반영)

1. 생각과 느낌 나누기

교사 질문(어떤 질문으로 활동을 정리할지 고민해봅시다.)

2. 배우수첩 작성 및 연극단원 정리하기

5학년 2학기 연극단원을 위한 수행평가 제안

단 원 명	**함께 연극을 즐겨요**		
영 역	문학, 쓰기	**평가 시기**	○월 ○주
평가 유형	서술형 평가, 자기 평가	**평가 대상**	개인
평가 내용	자신의 생각이나 느낌을 연극놀이로 표현하고 느낌 기록하기		
준 비 물	배우수첩 기록물		
성취기준	[6국05-04] 일상생활의 경험을 이야기나 극의 형식으로 표현한다. [6국05-05] 작품에 대한 이해와 감상을 바탕으로 하여 다른 사람과 적극적으로 소통한다.		

평가기준	**내용**		
	◎	**6점 이상**	예술작품에 대한 자신의 생각과 느낌을 연극놀이나 즉흥극으로 표현할 수 있고, 5회기 동안 배우고 느낀 점을 기록하는데 적극적이다.
	○	**5~3점**	연극놀이와 즉흥극 활동에 흥미를 가지고 참여하며, 과정 기록도 양호하다.
	△	**2점 이하**	연극놀이와 즉흥극 표현에 소극적이고 과정 기록도 소홀하다.

평가 과제	**평가 요소**	**채점척도**		
		5점	3점	1점
과제 1	즉흥 표현 (문화향유 역량)	다양한 작품을 보고 자기의 생각과 느낌이 충분히 드러나게 즉흥극으로 잘 표현하였다.	자기 마음이 드러나게 즉흥극으로 표현할 수 있다.	연극놀이와 즉흥극 활동에 소극적이다.
		3점	2점	1점
과제 2	과정기록 (의사소통)	5회기 과정 동안 배우고 느낀 점을 기록하고 공유하는데 적극적이며 관람태도도 바르다.	5회기 과정을 기록하고, 관람태도가 양호하다.	자기 활동 내용을 기록하거나 다른 사람의 작품을 보는데 관심이 없다.

	내용	
피드백	매우 잘함 ◎	· 시, 그림책을 읽고 사건을 덧붙여 꾸민 내용에 인물의 생각이 잘 담겨있습니다. 우리 주변에서 볼 수 있는 물건이 즉흥극 속에 적절히 잘 활용되었습니다. · 배우수첩에 5회기 동안 배운 것, 느낀 것이 잘 나타나있습니다. 기록한 내용은 추후 문학 장르를 바꿔서 연극으로 만들 때 도움이 될 것 같습니다.
	잘함 ○	· 모둠원들과 협력하여 다양한 예술작품을 몸으로 표현하고 일지에 쓴 내용이 구체적이었습니다. 같이 표현하는 친구들의 발표 내용에 좀 더 집중하고 상황에 어울리는 동작을 연결 짓는다면 좋은 작품이 나올 것 같아요. · 연극을 보거나, 음악 감상, 영화 감상, 독서를 할 때마다 해당 작품 속에서 내가 무엇을 느끼는지, 무엇을 배울 수 있는지 잠깐 생각할 시간을 갖는 것을 권합니다.
	보통임 △	· 시나 이야기 속 인물에 대한 이해가 충분하면 몸으로 표현하기가 편할 겁니다. 몸짓 표현이 부담스러우면 해설팬터마임 때 해설문을 읽거나, 친구들이 즉흥극 표현할 때 음악(효과음)을 담당해보는 건 어떨까요? 자신이 할 수 있는 역할을 찾아서 다른 친구들의 양해를 구하고 참여해봅시다. · 다른 친구들이 나의 표현을 보면 어떻게 생각할까에 대한 부담은 내려놓고, 내가 이 주제에 대해 가장 먼저 떠오르는 생각에 집중해보세요. 그러면 그 주제와 관련된 경험이 자연스럽게 생각난답니다. 꼭 발표를 하지 않아도 돼요. 지금 내가 무엇을 느끼고 있는지가 가장 중요하답니다.

국어 연극단원 수행평가지 5학년 ( )반 ( )번 이름 ( )	
수행평가 과제	**배우 수첩 쓰기**

<table>
<tr><td rowspan="5">**(   ) 극단**

배우 수첩

이름 : (   )</td><td>No.1</td></tr>
<tr><td>**년 월 일**</td></tr>
<tr><td>**〈 예술과 연극, 그리고 우리〉**</td></tr>
<tr><td>♣ 오늘 배운 것, 알게 된 것</td></tr>
<tr><td>♣ 내가 보고 느낀 것</td></tr>
<tr><td>No.2</td><td>No.3</td></tr>
<tr><td>**년 월 일**</td><td>**년 월 일**</td></tr>
<tr><td>**〈 오브제를 활용한 연극놀이〉**</td><td>**〈연극놀이로 사진, 그림책 읽기〉**</td></tr>
<tr><td>♣ 오늘 배운 것, 알게 된 것</td><td>♣ 오늘 배운 것, 알게 된 것</td></tr>
<tr><td>♣ 내가 보고 느낀 것</td><td>♣ 내가 보고 느낀 것</td></tr>
</table>

No.4-1

년 월 일

〈몸으로 만나는 시〉

♣ 내가 고른 시

No.4-2

년 월 일

〈몸으로 만나는 시〉

♣ 오늘 배운 것, 알게 된 것

♣ 내가 보고 느낀 것

No.5-1

년 월 일

〈나의 꿈을 보여드립니다.〉

♣ 오늘 배운 것, 알게 된 것

♣ 내가 보고 느낀 것

No.5-2

년 월 일

〈연극단원 마무리〉

매우 잘함: ◎잘함:○ 보통:△

5회기 동안 했던 활동을 평가해봅시다.

내용	평가
친구들과 협력하여 참여했나요?	
다른 친구들의 발표에 집중하여 관람했나요?	
이야기(시, 그림책, 오브제)주제에서 느끼고 생각한 것을 몸짓, 말로 잘 표현했나요?	
연극놀이와 즉흥극활동에 흥미를 가지고 참여했나요?	

♣ 연극단원을 마치면서 칭찬할 점, 아쉬운 점을 정리해봅시다.

2. 6학년 1학기 극본쓰기와 낭독공연 프로그램

가 6학년 1학기에 나타난 낭독공연

경험을 살려 극본을 쓸 수 있다.

- 다양한 형식으로 표현된 작품을 살펴볼 수 있다.
- 극본의 특성을 이해할 수 있다.
- 일상적인 경험을 극본으로 표현할 수 있다.
- 극본 읽기 공연을 할 수 있다.

- 지도서에 낭독공연이라는 말이 등장한다.
- 연극과 다양한 매체를 비교하면서 연극의 특징을 살펴보게 한다.
- 극본의 특징을 알고, 자기 이야기를 바탕으로 극본을 써야한다.
- 6학년 1학기 활동 목표는 낭독공연이 아니라, 극본의 특징 이해와 극본을 쓰는 것을 중심으로 프로그램을 진행하겠다.

나 낭독공연은 여러 가지 이름을 가지고 있다

- 낭독공연과 관련된 여러 이름

- 배우가 읽어주는 소설, 희곡 낭독회, 독자연극, 낭독공연, 입체 낭독극, 희곡낭독공연, 리딩 퍼포먼스, 동화입체낭독공연, 소리극, 낭독극 등 다양한 용어로 불린다.
- 문학의 연극화, 연극의 문학화, 문학성과 공연성 사이에 낭독극으로 정의되기도 한다.

본 프로그램에서의 낭독공연은 학생들이 쓴 대본을 역할을 나눠서 읽는 작은 공연 형태를 말한다.

다 아이들이 낭독공연을 만나면

- 정연하(2018)는 낭독극의 교육적 활용에 대해 "비용과 시간 및 노력의 부담이 없다. 문학작품의 감상에 날카로운 자각을 주고 다양한 종류의 문학을 지적으로 감성적으로 듣게 한다. 감정표현을 잘 하는 학생들에게 극화활동을 통해 자신의 또 다른 재능을 찾는 계기가 되어 심미적 감성역량을 키울 수 있다. 학생 중심활동이다. 집단 활동을 통하여 협동심을 높일 수 있다. 과정 속에서 텍스트의 의미를 내면화하여 심도 있게 이해할 수 있고, 성취감, 자신감 부여한다."고 말했다.

현장에서는 이미 낭독공연이 실천되고 있다.

- 낭독공연을 온작품 수업을 위한 활동, 학생 참여형 활동방법 중 하나로 사용한다.
- 낭독공연과 어울리는 책을 고르고 읽은 후, 인상 깊은 장면을 고른다. 책을 바탕으로 거기에 맞는 극본을 쓰고 역할을 나누고 연습한다. 그리고 관객을 초대하고 공연을 한다.
- 자기의 경험을 바탕으로 한 극본쓰기와 어떤 내용을 담을 것인가에 초점을 맞춰야한다.
- 낭독공연은 본인들이 작성한 극본의 결과물로 보여주는 것이 아니다. 결과물로 나온 극본을 다른 이들에게 공유하기 위한 하나의 과정으로 제시되어야 한다.
- 낭독공연 중간에 낭독자 대신 중요장면을 몸짓을 보여주는 경우가 있다. 또, 작품에 대한 감상을 시를 지어서 낭송하는 경우도 있다. 이것은 낭독공연이 갖고 있는 텍스트에 대한 몰입을 방해할 수 있는 요소가 될 수 있다. 그러나 공연 중간에 등장하는 역할극과 시낭송

은 실제 관객에게는 볼거리를 줄 수 있다. 또한 아이들에게 다양한 역할을 체험시킬 수 있다. 연기하고 싶어 하는 아이들의 욕구도 충족 가능하다.

즉, 얼마나 괜찮은 낭독공연을 해야 하느냐를 고민할 게 아니라, 얼마나 괜찮은 수준의 극본을 어떻게 써야하는지 구체적 방법을 모색해야한다. 듣는 관객과 말하는 배우간의 극본내용에 대한 몰입과 상상력으로 정적인 무대를 메꿀 수 있다.

라 낭독공연 무대를 어떻게 꾸며야 할까요?

낭독공연 무대를 잠깐 보면, 배우들의 등장 형태가 다양하다.

- 배우가 보면대, 독서대에 대본을 놓고 읽는다.
- 배우가 손에 자연스럽게 대본을 들고 읽는다.
- 배우가 처음부터 고정 자리에 착석하거나, 시간대별로 등장한다.
- 대사를 하는 배우만 자리에 서서 읽고, 대사가 끝나면 자리에 앉는다. 또는 해당 인물만 스탠드를 켜서 집중시킨다.
- 장면과 어울리는 음향을 적극 활용한다.
- 극본 내용과 어울리는 PPT를 무대 배경으로 제시하기도 한다.
- 막 별로 대본을 읽는 등장인물이 교체되기도 한다.

마 극본쓰기 및 낭독공연 프로그램을 시작하기 전에

- 극본쓰기에 집중해야한다. 글쓰기, 문학으로 창조되는 기쁨은 무대공연과는 별개다.
- 7차시 동안 희곡을 쓰고 나머지 3차시 동안은 완성한 극본을 관객(친

구)과 공유하기 위한 시간이다.

- 시작은 연극놀이로 참여자간의 어색함과 긴장을 풀고, 연극적 기법(상상과 변형, 즉흥, 역할입기 등)을 익힐 수 있다.
- 극본쓰기부터 공연 연습까지 수업시간에 가능한 분량에서 할 수 있게 한다.
- 극본 낭독은 2학기 연극 공연을 학습하기 전에 연극을 즐기는 기회를 제공한다.
- 연극은 준비부터 공연까지가 한 과정임을 인식하게 한다.
- 수행평가 방향은 극본의 문학성, 연출과 연기력 등 예술적 측면에 맞춰 평가하는 게 아니다. 말하기 및 쓰기 등 국어 능력에 초점을 맞추고 아이들의 삶과 고민이 담긴 일상의 경험이 적절하게 표현되었는지 살핀다.

바 극본쓰기 및 낭독공연

단계	차시	차시학습목표	주요 학습 내용 및 활동
극본 알기	1	연극과 극본의 관계를 살펴볼 수 있다.	1. 나를 표현하고, 우리를 알아가는 연극놀이 2. 공간을 살피는 연극놀이
	2		3. 연극을 본 경험 공유하기 4. 연극과 극본의 관계 살펴보기
	3	극본의 특성을 이해할 수 있다.	1. 경청과 말하기 중심 연극놀이 2. 동영상을 통해 낭독공연 살펴보기 3. 여러 매체에 나타난 대화, 대사, 낭독형태 살피기
	4		4. 극작게임으로 대사 만들기 연습하기 5. 여러 가지 극본자료를 통해 극본 특성 찾기
극본 쓰기		일상경험을 극본으로 표현할 수 있다.	**나의 이야기를 극본으로**
	5		1. 감정관련 연극놀이 2. 나의 이야기나누기 3. 모둠별 하나 고르기
	6		4. 3장면 만들어서 이야기 만들기, 사건 발표하기 5. 장면카드 만들기 6. 장면나누기, 장면카드 하나에 개별대본 만들기
	7		7. 극본 하나로 합치기 8. 돌려 읽으면서 수정하기
극본 낭독	8	극본을 낭독할 수 있다.	1. 역할 나누기(배역 맡기 : 해설, 역할낭독, 스태프) 2. 연습하기, 극본 제본하기 3. 홍보하기 – 미술시간과 연계하여 포스터나 초대장 만들기
	9		4. 낭독공연 발표하기 5. 관객과의 대화
	10		6. 공연 평가회하기 – 느낀 점 나누기, 뒷정리하기

1~2차시 연극과 극본의 관계 살피기

■ 수업초점

① 연극놀이로 관계 · 공간 탐색하기

② 연극경험 공유로 연극단원 기대감 갖기

③ 연극과 극본의 관계 살피기

■ 수업목표

연극과 극본의 관계를 살펴볼 수 있다.

단계	활동 내용	준비물
준비	연극놀이	핸드벨, 음악, 종이
활동	연극을 본 경험 말해보기	스마트 패드
	연극과 극본 관계 살펴보기	극본 예시자료
마무리	느낌 나누기	–

준비(마음열기)

1.나, 너, 우리! 연극놀이

- 모두 일어나서 편하게 걷는다. 교사가 '나'라고 외치면 혼자 서서 멈춘다. 신호를 받으면 다시 걷고 '너'라고 외치면 둘이 만나서 멈춘다.
- '우리'라고 외치면 세 사람 또는 그 이상이 만나서 멈춘다. 그리고 자리에 앉아 공통점 세 가지를 찾는다. 다른 팀과 공통점을 공유하고 계속 나, 너, 우리를 반복한다.
- 걷기에 경쾌한 음악을 틀어주면 어색함이 준다.

2. 나의 7가지, 나는 누구일까?

- 종이 한 장씩 받는다. 종이에 1~7번까지 번호를 쓴다. 자기를 나타낼 수 있는 7가지를 빨리 쓴다. (예-축구를 좋아한다. 강아지가 있다.)
- 다 작성한 종이를 교사가 걷는다. 종이에는 작성한 사람의 이름을 쓰진 않는다. 다시 한 장씩 나눠 갖는다.
- 종이를 보고 마치 독백처럼 자기가 자기를 소개하는 것처럼 읽는다.
- 나머지 사람들은 잘 듣고, 누구인지 알아 맞혀본다.

활동 1

1. 연극 본 경험 나누기

교사 : 우리는 연극놀이를 통해 잠깐이지만 교실 공간을 걷고, 주변을 탐색하고, 친구들도 만났습니다. 또 다른 친구의 정보로 마치 '나'인 것처럼 이야기도 했어요. 이런 경험들을 모두 포함한, 즉 몸짓, 대사, 움직임들이 포함된 예술형식을 무엇이라고 하는가?

- 연극을 봤거나 참여한 경험 말해본다.

2. 연극과 관련된 단어 모으기

- 개인이나 모둠별로 스마트패드를 이용해서 연극동영상을 짧게 검색하여 볼 수 있다. 그러나 교사가 미리 연극동영상을 확인하고 링크를 걸어두는 것을 추천한다.
- 경험나누기와 연극동영상을 통해 「연극」과 관련된 단어를 포스트잇에 써서 모아본다. 모은 단어를 공유하는 시간을 잠깐 갖는다.

활동 2

1. 연극과 극본 관계 알아보기

- 주어진 극본을 보고 어떤 작품인지 맞춰보기

Script

콩 쥐 : (밥상을 들고 나오며) 식사하세요.

새엄마 : (인상을 쓰며) 왜 이리 늦은 거야! 팥쥐야 밥 먹자.

팥 쥐 : (고개를 흔들며) 싫어! 안 먹어.

새엄마 : 에휴~ 우리 딸, 그러면 아야 하는데. 콩쥐야, 이리 와봐.

콩쥐 : 네?

새엄마 : 오늘 저기 뒷산에 있는 돌을 다 치워놔라. (팥쥐와 퇴장한다.)

콩 쥐 : 네 어머니. 이 돌을 어떻게 다 줍지?

소 : (느릿느릿 걸어오며) 콩쥐야 뭐하니?

콩 쥐 : 돌 줍는다.

위 작품은 전래동화 콩쥐 팥쥐 중 일부를 극본으로 만들었다. 추가로 아이들이 잘 알고 있는 온작품 속 일부를 극본화 시킨 것과 현재 인기 있는 드라마 속 극본을 A4 한 장의 학습 자료로 제시하면 효과적이다. 그 중 어떤 극본은 지문을 제거하고, 대사만 둔다. 또, 시대배경이 다른 것을 제시하면 아래 질문에 대해 다양한 생각들이 나온다.

교사 : 극본들을 다시 살펴보며, 만약 우리가 연극을 한다면 어떤 극본이 더 편한지 자유롭게 이야기해 봅시다.

- 지문과 대사가 자세히 나와 있는 거요.
- 대사가 짧아서 외우기 쉬운 것이 좋아요.

- 등장인물이 어른이나 동물이 아니고, 아이들이 나오면 편해요.
- 옛날 소재는 말투나, 언어가 어색해요.

소재가 현실과 맞지 않아 흥미가 없는 극본이 있을 수 있다. 이유가 뭐든 좋은 극본이란 무엇인지, 연극을 위해 극본이 어떤 요소가 갖춰야하는지에 초점을 둔다.

교사 : 드라마, 연극, 영화를 만들기 위해 극본이 필요하다. 전문 작가가 따로 있는 이유는 좋은 극본이 좋은 작품을 만들기 때문이란다.

마무리(반영)

1. 생각이나 느낌 나누기

교사 질문(어떤 질문으로 활동을 정리할지 고민해봅시다.)

2. 앞으로 만날 연극단원 이야기하기

- 극본에 대해 더 알고, 극본도 쓰고, 그 극본도 읽을 것이다.
- 연극단원 작업을 하면서 지킬 약속을 만들어보는 것도 좋다.

3~4차시 극본의 특성 이해하기

■ **수업초점**

① 여러 매체에서 만날 수 있는 낭독형태 살펴보기

② 다양한 극본집을 통해서 극본의 특성 찾기

③ 극작게임을 통해 대사 쓰는 연습하기

■ **수업목표**

극본의 특성을 알 수 있다.

단계	활동 내용	준비물
준비	도미노 이야기 만들기	공처럼 사용될 물건
활동	낭독형태의 작품들 살피기	관련 동영상
	극작게임으로 극본 만들기	상자 4개
	극본의 특성 확인	극본집(책)
마무리	반영 및 과제 제시	–

준비(마음열기)

1. 도미노 이야기 만들기

- 이면지를 구겨 만든 공이나, 손에 쥘 수 있는 물건을 한 방향으로 돌리면서 순서대로 말하는 놀이이다.

교사 : 1단계는 모둠별로 합니다. 단어를 이용해서 문장을 완성하는 놀이입이다. 한 사람이 한 번에 한 낱말씩 말하면서 이야기를 만듭니다. 되도록 한 명이라도 건너뛰지 말고 모두 참여하세요. 무엇이든 문장의 흐름에 어울리면 됩니다.

(예: 어제-> 나는-> 인터넷에서-> 만화를-> 봤다.)

교사 : 2단계는 전체가 참여합니다. 모두 전체 큰 원을 만들어 앉아보세요. 앞에서 했던 것과 같은 방법이에요. 대신 이번에는 문장으로 이어갈거예요. 공을 가지고 있는 사람만이 말하기 때문에, 다른 사람은 잘 듣습니다. 잘 들어야 이야기를 완성시킬 수 있습니다.

> 잠깐! 학급상황에 따라 한 바퀴로 이야기가 완성될 수 있다. 하지만 두 바퀴 이상 돌게 되면 지루해 질 수 있다. 이야기가 끝나지 않는 경우 선생님이나, 자원자를 받아 마무리 한다. (마무리 문장 예시 - 이 모든 게 꿈이었고, 우리는 일상으로 돌아옵니다.)

활동 1

1. 실감나게 읽어야 하는 여러 가지 작품들

- 유튜브에서 낭독 형식의 동영상(사연 낭독 영상툰, 낭독공연 등)을 미리 검색해둔다.
- 사연낭독 툰이나 낭독공연을 감상한다.

교사 : 어떤 것들이 관찰되나요? 공통점은 무엇인가요?

- 대본을 읽는다. 관객이나 구독자가 있다. 주고받는다. 실감나게 읽는다. 어울리는 음악이 나온다.

교사 : 영상에서 소개된 내용에는 어떤 이야기들이 나오나요?

- 사람들 일상, 재미있는 이야기, 소설 , 억울한 일, 기쁜 일, 황당한 일

2. 우리도 그들처럼

교사 : 요즘은 전문 배우가 아니어도 주어진 대본을 보고 해설이나 역할을 맡아 사연을 전달해주는 경우가 많아요. 실제 극본을 살펴보고 극본을 만드는 활동을 준비해봅시다.

활동 2

1. 여러 가지 극본집(도서) 살펴보기

- 모둠별로, 또는 각자 한 권 또는 한 편의 극본을 살펴본다.
- 모둠별로 돌려봐도 되고, 한 편을 집중적으로 읽을 시간을 준다.
- 자유롭게 소리 내어 읽어도 되고, 눈으로 봐도 된다.
- 극본의 요소 찾아 발표해본다. 아래 교사의 질문에 따라 하나씩 찾아본다.
- 극본집이 없으면 짧은 극본을 완결된 형태로 복사해서 나눠준다.

교사 : 해설은 등장인물, 장소, 무대, 배경 등을 설명해주는 것으로 극본의 맨 처음에 나와 있습니다. 가지고 있는 극본에서 해설을 찾아 한 번 읽어볼까요?

- 원하는 아이들은 해설을 읽는다.

교사 : 대사는 인물들이 주고받거나 혼자 하는 말로 대화 위주로 쓰여 있습니다. 가지고 있는 극본에서 인상적인 대사를 찾아 한 줄 읽어볼까요?

- 원하는 아이들은 대사를 읽는다.

교사 : 지문은 연기자를 위한 행동, 표정, 억양관련 지시문입니다. 가지고 있는 극본에서 지문을 찾아 한 번 읽어볼까요? 읽으면서 행동을 보여줘도 됩니다.

- 원하는 아이들은 지문을 읽고, 지문 내용에 따라 행동을 취할 수 있다.

> **극본 정보**
>
> -정인출판사 : 오판진선생님의 옛이야기 희곡집, 교육연극 아동극집
>
> -문학동네 : 어린이 희곡집 시리즈
>
> -희곡집, 아동극집으로 검색하면 다양한 자료를 구할 수 있다.

2. 극본의 특징 확인하기

교사 : 시, 소설, 설명문과 달리 극본이 갖고 있는 특징에 대해 정리해봅시다.

- 맨 앞에 해설이 있다. 대사는 대화 위주로 쓰여 있다.
- 지문은 대사 앞에 괄호 속에 쓰여 있다.
- 해설은 읽는 것이 아니라 무대에 만들어지는 것이다.
- 지문에는 배우가 표현할 표정, 목소리, 동작 등이 구체적으로 표시되어 있다.

활동 3

1. 극작게임으로 간단한 극본 만들기 연습하기

- 교실에서 아이들과 함께 만드는 극본 만들기 게임이다.

교사 : 여러분 이건 말 그대로 '극작게임'입니다. 너무 고민할 필요 없어요, 빨리빨리 써서 내는 게 중요합니다. 얼마나 잘 썼는지 평가하지 않습니다.

준비물 : 아이들– A4 2장 준비, 1장은 4등분하여 쪽지 만들기, 1장은 극본쓰기용
교사 – 쪽지 걷을 상자 준비

① 쪽지 한 면에는 내용을 적고, 다른 면에는 1~4번까지 번호를 쓴다.

1번에는 이야기가 탄생할만한 장소를 적는다. 쪽지를 걷는다.

2번에는 이야기가 시작할 첫 대사를 적는다. 쪽지를 걷는다.

3번은 이야기를 끝낼만한 마지막 대사를 적는다. 쪽지를 걷는다.

4번은 이야기에 등장하는 물건을 한 가지를 적는다. 쪽지를 걷는다.

② 한 줄로 서서 1~4번까지 다른 사람 쪽지를 가지고 돌아간다.

③ 뽑은 쪽지 단어가 모두 들어가게 대사 위주의 짧은 극본을 만든다.

④ 두 명만 등장시켜 두 인물이 주고받는 대화 위주로 극본을 만든다.

⑤ 시작은 첫 대사로 끝은 마지막 대사로 정리한다.

2. 만든 극본 읽기

- 다 작성했으면 짝과 함께 역할을 나눠 읽어본다.
- 다른 친구들에게 만든 극본을 읽어준다.
- 간단한 몸동작을 해도 된다.
- 친구나 나의 극본에서 잘 된 점을 찾아본다.

극본, 대본, 희곡은 다 연극을 위해서 제작된 글이다. 인터넷 사전에 찾은 각각의 정의는 다음과 같다.

- 극본(劇本)은 연극이나 영화, 방송극을 만들기 위해 배우의 대사나 동작, 장면 순서, 무대 장치 등을 구체적으로 적어 놓은 글
- 대본은 연극의 상연이나 영화의 제작에 기본이 되는 각본
- 희곡(戱曲)은 무대 위에서 공연하는 것을 전제로 하여, 대사를 중심으로 쓰인연극 대본, 등장인물들의 행동이나 대화를 기본 수단으로 하여 표현하는 예술의 한 형식

마무리(반영)

1. 극본의 주된 요소의 대사의 중요성 정리하기

- 극본에서 가장 많이 나오는 요소는 대사이다.
- 대사를 통해 사건이나, 인물의 성격, 인물간의 갈등을 보여준다.

2. 생각이나 느낌 나누기

교사 질문(어떤 질문으로 활동을 정리할지 고민해봅시다.)

3. 차시예고

- 우리의 이야기로 극본쓰기 활동 안내
- 과제로 일기 한 편 써오기 또는 친구들과 공유할 수 있는 자신의 재미있거나, 기억하는 특별한 경험 써오기

다양한 극본쓰기 방법

- 생활 속 경험을 극본으로 쓴다.
- 이야기 듣고 극본을 쓴다.
- 생각 및 판타지를 극본으로 표현한다.
- 주제 정하여 노래극으로 만들 수 있다.
- 동화나 소설 읽고 극본으로 옮기기도 한다.
- 물체를 보고 상상해서 써보기, 인물로부터 출발한 극본쓰기도 있다.

5~7차시 일상경험으로 극본쓰기

■ **수업초점**

① 우리의 이야기를 극본으로 표현하기

② 협력하여 극본을 쓰고 수정보완을 통해 극본 완성하기

■ **수업목표**

일상 경험을 극본으로 표현할 수 있다.

단계	활동 내용	준비물
준비	감정과 상황에 어울리는 말, 표정	감정카드나 사진
활동	친구의 이야기로 즉흥극 만들기	종이와 펜
	즉흥극 내용을 바탕으로 극본 만들기	포스트잇, 라벨지, 큰 종이
	극본 수정 및 완성하기[수행평가과제-1]	수행평가지
마무리	극본 쓰면서 느낀 점 말하기	–

준비(마음열기)

1. 감정에 어울리는 표정 만들기

교사 : 모둠에서 쪽지를 한 장씩 가져가세요. 감정이 적힌 쪽지입니다. 모둠 안에서만 공유하기 바랍니다.

- 모둠에서 해당 감정과 관련된 표정을 1명씩 순서대로 표현하면 다른 모둠이 맞힌다.
- 표정으로 전달이 부족할 수 있다. 특정 동작도 같이 해도 된다.

긴장되다.	감격하다.	편안하다.	속상하다.	밉다.
분노하다.	즐겁다.	기분 나쁘다.	무섭다.	만족하다.
짜증나다.	초조하다.	슬프다.	겁나다.	불안하다.

2. 사진에 어울리는 대사 말하기

교사 : 사진을 보고 상황과 분위기에 어울리는 대사를 말해봅시다.

- 일상적인 상황으로 되도록 인물이 나온 사진이 좋다.
- 드라마나 영화 속 장면은 어떤 말을 할지, 어떤 감정을 담을지 예상할 수 있으나 다양한 대사가 나오지 않는다.
- 사진 속 등장인물이 둘 이상이면 짝과 함께 표현할 수 있다.

추후 낭독공연을 위해 대사를 읽을 때 지문과 등장인물의 성격과 관련된 다양한 표정 짓기가 실감나는 목소리 연기에 도움이 된다.

활동 1

1. 내 애기 좀 들어봐

교사 : 과제로 내 준 자기 이야기를 꺼내보세요. 자기가 겪었던 일 중에서 친구들과 나눌만 한 걸 써오도록 했죠? 지금부터 모둠별로 자기 이야기를 들려주기 바랍니다.

- 각자 이야기를 들으면서 간단하게 질문을 주고받을 수 있다.

2. 모둠에서 이야기 하나 고르기

교사 : 이야기를 다 들었으면, 그 중 가장 흥미 있고, 극본 만들기에 적합 한 이야기 하나를 골라봅시다.

- 뽑힌 이야기를 질문을 통해서 구체화시켜 이야기를 확장시킨다.

3. 중심내용을 정지 장면으로 표현하기

교사 : 이야기의 중심내용(사건)을 정지장면으로 만들어보세요. 그리고 그 장면 앞뒤에 어울릴만한 장면을 또 연결해보세요.

- 장면을 상상하여 시작, 중간, 끝 장면을 만들어 본다.
- 모둠별로 나와서 세 장면을 연결하여 다른 모둠에게 보여준다.

활동 2

1. 장면별로 극본 만들기

교사 : 모둠별로 나눴던 이야기, 보여줬던 장면들을 바탕으로 등장인물과 주요사건, 장소를 협의하여 정리해보세요. 지금부터는 개별로 극본을 만들어야 합니다. 적어도 등장인물이 누구인지, 어디에서 어떤 사건이 벌어지는지는 모둠에서 다 알고 있어야겠죠.

- 기본 정보와 발표 내용을 바탕으로 시작과 끝 장면을 확실히 정한다.
- 사건별로 4부분(처음-중간-중간-끝)으로 나눠서 모둠에서 한 명씩 나눠 갖는다.
- 사건별로 나눌 때는 장소나 등장인물들 합의가 필요하다. 아래 장면카드나 포스트잇에 함께 사건을 적어서 나눈다.
- 한 부분씩 나눠 갖고 각자 극본을 만든다.

장면 순서 (1) 때와, 장소 : 등장인물: 사건: 핵심 대사:	장면 순서 (2) 때와, 장소 : 등장인물: 사건: 핵심 대사:
장면 순서 (3) 때와, 장소 : 등장인물: 사건: 핵심 대사:	장면 순서 (4) 때와, 장소 : 등장인물: 사건: 핵심 대사:

- 장면 카드를 보고 A4종이나 이면지에 해당 장면에 대한 극본을 쓴다. 혼자 극본쓰기가 어려운 친구는 2인 1조로 같이 작업한다. 단면에 써야 모둠별로 합칠 때 풀칠하기가 좋다.

잠깐! 아이들에게 다음을 주의해서 극본을 쓰도록 하면 좋습니다. 하지만 잘 쓰고 있는데 굳이 주의사항을 알려줄 필요는 없겠죠?

① 주인공(친구)이 어떤 문제(상황)에 놓여있는지 생각해보세요.

② 대사는 설명하는 것처럼 너무 길게 쓰지 마세요.

③ 지문은 너무 상세히 쓰지 마세요. 등퇴장으로도 충분합니다.

2. 극본 합치기

- 각자 쓴 극본을 큰 종이(전지, 이젤패드)에 순서대로 연결해서 붙인다.
- 제목도 정하고, 해설도 적어서 포스트잇에 써서 붙이거나, 색연필로 수정한다.
- 극본쓰기 수행평가를 같이 진행해도 된다.

활동 3

1. 함께 읽으면서 수정하기

- 대사, 지문, 해설의 역할을 다시 한 번 살펴보고 정리한다.
- 한 줄씩 돌아가면서 읽든, 다 같이 소리 내어 읽든, 읽으면서 극본을 수정한다.
- 불필요한 부분은 삭제한다.

만약, 극본이 너무 길고 재미가 없다면!

극본이 너무 긴 경우 읽기만 하니까 좀 지루할 수 있다. 이럴 때 음악이나, 시낭송을 통해 분위기 전환 및 휴식시간을 취하면 됩니다. 실제로 극단에서도 관객을 '낭독'에 몰입시키기 위해서, 휴식의 요소로 음악을 활용한답니다. 음향은 극의 이해를 돕고 재미를 주기도 합니다.

마무리(반영)

1. 생각이나 느낌 나누기

교사 질문(어떤 질문으로 활동을 정리할지 고민해봅시다.)

2. 과제 제시 – 모둠별로 쓴 극본을 한글 파일로 정리해오기

8~10차시 낭독공연하기

■ **수업초점**

① 역할을 나누어 극본 낭독하기

② 공연 뒤부터 연습한 전 과정에 대한 자기 평가하기

■ **수업목표**

낭독공연을 할 수 있다.

단계	활동 내용	준비물
준비	낭독공연 시 주의사항 만들기 포스터나 초대장 만들기	–
활동	역할 나눠서 연습하기	–
	낭독공연 발표하기	극본 및 공연 자료
마무리	평가회하기[수행평가과제–2]	수행평가지
	연극단원 마무리하기	–

준비(마음열기)

1. 낭독공연할 때 주의사항 만들기

- 극본을 낭독할 때 주의사항 알기 (큰 소리로 말하기, 진지하게 읽기)
- 낭독공연 관람할 때 주의사항 알기 (실수하더라도 놀리지 않기, 진지하게 듣기, 조용하기)

2. 공연 포스터나 초대장 준비하기

- 미술시간을 활용하여 포스터 또는 초대장을 만든다.
- 극본 제목, 출연자, 낭독순서, 공연 장소 및 일시 정도를 넣고 어울리는

삽화를 그린다.

> ① 초대장 : 연극에 대한 정보가 간략히 제시된다.
>
> ② 포스터 : 작품을 대표하는 한두 장면 그림, 제목, 공연장소, 공연일시, 참여한 이들의 이름을 쓴다.

활동 1

1. 역할 나누기

- 되도록 극본 속의 등장인물 위주로 역할을 나눈다.
- 해설을 읽는 역할이나 스태프는 교실 상황에 따라 선택한다.

2. 극본 읽기 연습하기

- 처음에 느리게, 모든 단어를 떨어뜨려서 읽기 연습을 한다.
- 감정을 넣어서 읽기 연습을 한다.

> 잠깐! 모둠별로 발표할 경우 교사가 스태프 역할을 하고, 음악도 극본 내용에 맞춰 브리짓, 엔딩, 오프닝음악 정도만 준비하여 진행할 수 있다.

활동 2

1. 공연장 준비하기

- 책상과 의자를 이용하여 공연장 준비하기(낭독공연 점검표 활용)
- 배경PPT나 음악 준비하기
- 관객 초대하기(교실에서 우리끼리 해도 공연분위기와 질서는 유지한다.)

2. 낭독공연 발표하기

점검분야	점검내용
발표시간	■수업시간□ ■방과후□ ■점심시간□
발표장소	■교실□ ■강당이나 특별실□ ■그 외□
발표형식	■의자에 앉아서□ ■서서 움직이면서□ ■자유롭게□ ■그 외□
소품, 의상	■소품이나 의상 없이□ ■소품이나 의상을 준비□
초대	■우리 반 친구들□ ■6학년 친구들 전체□ ■부모님이나 가족□ ■그 외□
기타1	■추가로 필요하다고 생각하는 것□
기타2	■포스터 및 초대장□ ■동영상 촬영□ ■그 외□

- 낭독순서대로 극본을 읽는다.
- 다 마친 뒤 관객과 대화한다.(미리 궁금한 점을 포스트잇으로 받아놓아도 좋다.)

마무리(반영)

1. 교실 평가회하기

- 배운 점, 느낀 점, 즐거운 점, 아쉬운 점 나누기
- 공연 때 사용한 극본 모으기, 동영상 촬영된 거 다시 보기 (선택사항)

2. 수행평가하고 뒷정리하기

-낭독공연 뒤 느낌 나누기와 자기평가하기

> 어떤 분들은 낭독공연이 아주 쉽다고 한다. 무대준비, 외우는 것에 대한 부담이 없기 때문에 무대연극보다 수월할 수 있지만, 관객을 맞이하는 배우 입장에서 부단한 연습은 필수다. 그냥 읽는 게 아니라 우리의 이야기를 잘 전달하고, 관객들은 들은 이야기로 무대와 장면, 사건들을 상상하게 된다. 아이들은 자기 목소리와 얼굴표정으로 어떤 성격의 인물들이 어떤 분위기에서 어떤 사건이 전개되는지 전달되도록 노력해야한다.

6학년 1학기 연극단원을 위한 수행평가 제안			
단 원 명	함께 연극을 즐겨요		
영　역	문학, 쓰기, 듣기 · 말하기	평가 시기	○월 ○주
평가 유형	서술형 평가, 관찰 및 기록	평가 대상	개인, 모둠
평가 내용	친구와 함께 극본쓰기와 극본 낭독하기		
준 비 물	수행평가지(개인), 모둠별 완성 극본지(모둠)		
성취기준	[6국05-04] 일상생활의 경험을 이야기나 극의 형식으로 표현한다. [6국05-05] 작품에 대한 이해와 감상을 바탕으로 하여 다른 사람과 적극적으로 소통한다.		

평가기준	내용		
	◎	6점 이상	경험한 일을 바탕으로 극본의 특성에 맞게 극본을 쓰고 낭독공연 준비까지 적극적으로 참여했다.
	○	5~3점	일상 경험을 바탕으로 친구들과 함께 극본을 쓰고 낭독공연 준비 및 참여태도가 양호하다.
	△	2점 이하	극본의 특성에 대한 이해가 부족하여 극본 완성과 공연 준비가 미흡하다.

평가 과제	평가 요소	채점척도		
과제 1	극본 쓰기 (문화향유 역량)	5점	3점	1점
		극본의 특성을 바탕으로 자기가 맡은 장면을 짜임에 맞게 잘 작성하였다.	극본 특성이 잘 반영되지는 않았지만 장면과 장면을 대사로 연결하기 위해 노력하였다.	극본의 특성이 잘 나타나지 않았고, 대사 표현이 서툴다.
과제 2	극본 읽기 (문화향유 역량)	3점	2점	1점
		낭독공연 계획과 준비 과정에 적극 참여하고 바른 자세로 관람했다.	낭독공연 준비 및 관람 태도가 전체적으로 양호한 편이다.	공연 준비 및 관람태도가 미흡하다.

	내용	
피드백	매우 잘함 ◎	· 극본 특성도 잘 이해하고 있고, 주인공의 이야기가 대사, 지문, 해설로 잘 표현되어 있습니다. 모둠원과 협력하여 처음, 중간, 끝 장면이 잘 드러나게 극본이 완성되었습니다. 대사가 간결하고 일상 언어로 잘 표현되어 있어, 배우가 극본을 읽기에 어려움이 없을 것 같습니다. · 인물과 성격이 드러나게 대사를 잘 읽었습니다. 일상생활에서도 다양한 문학 작품을 읽고 극본으로 표현해 보면 좋겠습니다. 친구들의 낭독공연을 보고 좋은 점, 배운 점을 잘 관찰하고 구체적으로 이야기하였습니다. 극본 낭독 연습을 진지하게 참여하고, 극본을 실감나게 낭독하며, 친구의 낭독을 집중하여 감상하는 태도가 잘 형성되었습니다.
	잘함 ○	· 해설 속에 이야기가 언제, 어디에서 일어나는지 다양한 정보를 잘 담아내고 있습니다. 지문이 구체적이고 친절하게 표현되어 있으나, 실제 극본에서는 최대한 간결한 게 더 효과적입니다. · 극본 속의 인물이 겪은 일을 자기 일처럼 상상하고 어울리는 목소리로 표현하였습니다. 이번 공연에서 친구들의 잘 한 점에서 자기에게 도움이 되는 점을 찾아봅시다. 극본 낭독 연습을 열심히 해서 실제 공연에서 극본을 실감나게 낭독할 수 있었어요.
	보통임 △	· 도서관에서 여러 가지 극본을 읽어보면 해설, 지문, 대사를 잘 살려 글 쓰는 데 도움이 될 것입니다. 대사를 쓸 때는 그 인물이 어떤 장면에서 어떤 행동을 하는지 상상을 하면 적당한 대사가 나온답니다. · 극본 속 인물처럼 실감나게 말하는 게 어렵다면 평소에 책을 읽을 때 소리 내어 읽어 보는 것이 도움이 된답니다. 극본 낭독 연습 및 낭독 과정에 소극적으로 참여하고 다른 친구의 낭독을 진지하게 감상하는 태도가 아쉬웠답니다. 다음에는 조금 더 친구의 공연에 귀 기울여주세요.

국어 연극단원 수행평가지 6학년 ( )반 ( )번 이름 ( )	
수행평가 과제 -1	일상 경험 극본 쓰기

1. 내가 맡은 부분의 장면 내용에 적절한 대사와 지시문을 넣어 극본을 만들어 봅시다.

2. 각 모둠에서 작성한 극본을 하나로 모아서 완성해봅시다.

완성극본을 위해 주의할 점

· 대사는 너무 설명하는 것처럼 쓰지 마세요.

· 지시문을 너무 상세하게 쓸 필요는 없습니다.

· 주인공의 첫 대사는 연극에서 가장 중요하답니다.

· 다 수정한 극본은 모둠에서 한글파일로 작성해서 내주세요.

수행평과 과제 – 2	낭독공연 준비 및 극본 읽기

1. 친구들과 함께 준비한 극본을 낭독하고 스스로 잘했는지 평가해 봅시다.

평가 내용	자기 평가		
◎ 극본의 특성을 잘 이해했나요?	3	2	1
◎ 극본을 쓰는 과정에 적극적으로 참여했나요?	3	2	1
◎ 극본 낭독을 준비하려면 무엇을 계획해야 하는지 잘 아나요?	3	2	1
◎ 극본 낭독을 준비하면서 맡은 부분을 잘 준비했나요?	3	2	1
◎ 공연할 때 주의할 점을 지키며 참여했나요?	3	2	1
◎ 공연에 집중하며 바른 태도로 관람했나요?	3	2	1

(매우 잘함: 3, 잘함: 2, 보통임:1)

2. 친구가 발표하는 연극을 감상하며 잘하는 점을 서로 칭찬해 보세요.

친구 이름	낭독 공연을 위해 한 일(역할)을 구체적으로 적는다.	동료 평가		
		3	2	1
		3	2	1
		3	2	1

3. 극본을 낭독하고 난 뒤에 느낀 점을 써 보세요.

교사용 체크리스트

평가 내용 / 학생 이름	극본 특성이 드러나게 극본쓰기			낭독공연 참여 및 관람태도			결과
	5점	3점	1점	3점	2점	1점	

3. 6학년 2학기 온작품을 활용한 연극 만들기 프로그램

가 6학년 2학기 나타난 연극 만들기

극본을 읽고 연극을 할 수 있다.
- 등장인물이 처한 상황을 표현할 수 있다.
- 극본을 읽고 감상할 수 있다.
- 연극을 공연할 무대를 준비할 수 있다.

- 1학기에 했던 낭독공연은 2학기 극본을 쓰고, 극본을 읽고, 극본을 이해하는 데 도움이 된다.
- 2학기도 공연을 준비하지만 목소리뿐만 아니라 더 많은 표현요소를 활용하여 관객을 만난다. 즉, 낭독공연의 무대 확장이라고 생각하면 된다.

나 기존 연극 만들기 프로그램들이 공통적으로 이야기하는 것은?

학교 밖, 학교 안 전문가들이 실천한 연극 만들기에서 읽어낼 수 있는 것들은 여러 가지가 있었다. 공통점도 있고 차이도 있다.

- 교사(리더)별로 그들의 진행과정은 다양하다. 더 많은 시간을 할애하여 동선, 무대 소품, 조명까지 완벽히 준비하는 사람도 있고, 처음부터 끝까지 아이들의 즉흥에서 발전시킨 공연도 있었다. 하지만 기본은 극본쓰기와 읽기, 무대 매너를 지키며 연습하기를 강조한다.
- 장면 만들기 및 즉흥극을 통한 연극 만들기, 과정드라마로 연극공연으로 발전시킨 경우는 지속적으로 연극 만들기를 해 온 교사들이 많

았다.

- 위처럼 지속적으로 연극 만들기를 실천하는 교사들은 평소에도 연극놀이, 즉흥극 같은 교육연극 기법을 수업시간에 활용한다.
- 활동 후 느낌 나누기, 즉 팔로우 업의 중요성을 확인할 수 있다. 한 회기 활동 끝에는 반영 및 마무리, 느낌 나누기처럼 팔로우 업 활동을 한다. 이 활동 유무에 따라 수업의도 파악 및 교육적 효과가 달라졌다.
- 연극공연 홍보도 정도의 차이는 있지만 공연준비의 필수 요소로 들어가 있다.
- 아이들의 극작가 경험을 중요시한다. 기존에 나와 있는 희곡집을 이용하는 것은 드물다.
- 배역에 대한 고민이 많고, 대부분 공개 오디션을 통해서 선발했다.
- 보통 연극 만들기 과정은 '무대와 관객범위 정하기→ 극본정하기→ 역할나누기→연습하기→공연하기→ 평가'로 진행된다.
- 학교 밖 연극 만들기 및 예술인 강사 협력 프로그램에서는 초기에 연극관련 몸짓표현, 상상과 변형놀이 시간을 확보한다. 즉 연극적 감각을 놀이로 익힌다. 그에 비해 교실 안 선생님 프로그램은 연극놀이는 많이 생략되었다.

그러나 모두가 한 목소리로 말한다.
"경험 · 과정 · 즐거움"

약간의 더하고 덜 하는 차이만 있지, 아이를 대상으로 가르치는 수업자 입장에서는 공통점이 발견된다. 결과보다 과정을 중시하고 있다. 더 큰 무대에서 좀 더 문학성이 높은 희곡을 바탕으로 세련되고 완성된 연극을 만들자가 아니다. 아이들의 이야기로, 수업시간 내에 교실 공간에서 만들어 가는 과정을 중요시 한다. 어른을 위한, 학부모를 위한 연극이 아니라 아이들이 즐기는 연극으로 진행되고 있다.

다 어떤 연극 만들기가 되어야 하나?

다이스(DICE)프로젝트에서는 연극 만들기를 한 아이들은 아래와 같은 특징을 갖고 있다고 발표하였다.

「의사소통에 더 자신감이 있다, 공감을 더 잘한다. 타인에게 관심이 있다. 자신의 관점을 바꾸는 것에 더 유연하다. 문화 예술 분야에 더 적극적으로 참여한다.」

그러나 이 모든 것도 교사 주도가 아닌, 참여자중심, 과정중심, 체험중심으로 진행될 때 가능하다.

- 연극 만들기는 누구나 할 수 있어야 하고, 아이들의 이야기와 시간과 노력이 담긴 연극 만들기가 되어야 한다. 또 교사도 지치지 않아야 한다. 그래서 예전 무대 중심의 연극적 방법보단 과정 중심의 교육연극 방법을 지향한다.
- 전문가들이 제안하는 과정드라마(process drama)는 일반 선생님에게는 낯설거나 부담스러울 수 있다. 그래서 교육연극이나 연극 만들기 체험이 부족한 교사를 위해 적용하기 쉽고, 이해하기 쉬운 프로그램을 만들고자 한다.
- 교육연극 및 연극수업을 하는 많은 선생님들이 연극을 하다가, 수업이 자연스럽게 변하고, 학급경영으로 사용하고 그러다가 자기가 변하고, 학생과 관계가 변하면서 긍정적 효과를 가져왔다고 말한다.

본 프로그램을 적용하는 선생님들도 이러한 효과를 기대할 수 있기를 바란다.

아울러 연극단원에 대한 부담이 많은 선생님은 연극단원을 1,2학기를 합쳐서 성취기준 중심으로 극본쓰기- 낭독공연-무대공연 3단계를 여유 있게 진행하는 것을 권한다.

라 온작품을 활용한 연극 만들기를 추천한다

온작품을 활용한 극본쓰기와 연극공연을 제안하는 이유는 다음과 같다. 아이들의 이야기는 무대 위에 올리고 관객을 끌고 가기에는 갈등, 반전 요소가 부족하다. 반면 온작품은 작가가 전달하고자 하는 명확한 주제가 있고, 이미 주어진 갈등과 반전이 있으며, 그 사건 사이에 있는 일상적인 모습들이 아이들의 삶과 맞물리는 경우도 있다. 그 갈등과 반전은 아이들이 언젠가는 겪게 될 삶이기도 하다. 책 속의 배경이 학교, 집, 학원, 마을이라면 의상, 무대 동선 또한 간단하다. 그래서 1학기 낭독공연에서 썼던 극본쓰기와 다른 방법으로 2학기는 온작품을 활용한 극본 쓰기를 대안으로 제시한다. 그리고 연극단원과 같이 독서단원이 들어왔다는 것만으로 이야기와 책이 갖고 있는 중요성은 굳이 설명할 필요는 없을 듯하다.

소설, 시 등 온작품을 연극 만들기에 사용한 것은 어느 날 갑자기 진행된 것은 아니다. 최근 공연한 가족 뮤지컬 '어른 동생'은 '어떤 아이가'라는 원작 동화가 있다. 널리 알려진 황선미 작가의 동화 '마당이 나온 암탉'도 같은 이름으로 애니메이션, 가족극, 창극, 뮤지컬로 무대에 오르고 있다.

'이야기꾼의 책공연(하자센터)'에서도 책 속에 담긴 이야기를 몸짓, 연극으로 만들어 아이들에게 보여준다. 책을 연극으로 만들어내는 것은 종합적인 체험으로 확장하고 아이들 삶과 생활에서 살아 있는 작품이 되며, 개인의 이야기가 모두의 것으로 혹은 모두의 이야기가 나의 것으로 변하는 과정이라고 소개하고 있다.

무대가 아닌, 교실에서도 책은 교육연극 수업 중 이야기극화의 소재, 과정드라마의 프리텍스트로 사용되어 왔다. 더불어 교사교육연극 연구회 소꿉놀이나 서울 초등교육연극 연구회에서도 온작품을 활용한 낭독공연과 연극 만들기를 제안하고 있다.

다음과 같은 책을 선택할 것을 권한다.

- 작품 선택은 아이들과 함께 한다.
- 무대전환이 거의 없는 배경(학교, 학원, 집처럼 비슷한 구조)을 가지고 있으면 좋다.
- 사건이 재미있어서 그 자체로 몰입이 되는 것이면 좋다.
- 등장인물이 아이들과 비슷한 또래면 분장이나 의상준비가 수월하다.
- 등장인물이 개성 있고 말이나 행동에 특정 습관이 있으면 무대 표현하기에 적당하다.

자기 경험을 이야기나 극의 형식으로 표현할 수 있다. 성취기준에서 제시하는 '극의 형식'이 꼭 무대공연만을 말하진 않는다. 관객에게 전달할 주제를 극본화해서 언어, 비언어적 형식으로 전달하면 된다. 거기엔 인형극, 낭독극, 가면극, 과정드라마, 찾아가는 공연, 그림자 극 등 다양한 형태가 존재한다. 연극단원을 실행하는 교사가 가장 쉽게 접근할 수 있는 형태로 시작하길 바란다. 교사가 수용할 수 있고, 적용할 수 있는 극의 형식에 대한 결정과, 체계적인 계획이 있어야 지치지 않는 연극이 가능하다.

마 연극 만들기 프로그램을 시작하기 전에

- 수업 시작은 적절한 연극놀이로 몸을 풀면서 시작한다.
- 연극 만들기 역시 좋은 극본이 있어야 자연스럽게 장면이 만들어진다. 2학기도 극본쓰기가 강조된다. 그 결과는 목소리에 움직임과 표

정까지 덧붙여진 무대로 보여질 것이다.

- 수업시간에 연습, 준비할 수 있는 분량으로 진행한다.
- 놀이를 통한 소리 연습을 할 수 있지만, 발성을 위한 별도의 시간을 할애하지 않는다.
- 학급 나름대로 갈등을 대비하여 연극을 만드는 동안 지켜야할 약속을 정하고 게시한다.
- 음향, 조명, 소품, 배경, 의상 등 너무 무리하지 말자. 극본과 배우에게 집중하자.

바 온작품을 활용한 연극 만들기 프로그램

단계	차시	차시학습목표	주요 학습 내용 및 활동
극본 준비	1	연극 만들 계획을 세울 수 있다.	1. 연극놀이로 워밍업하기 2. 연극 만들 계획 나누기
	2		3. 온작품 선정하기 4. 온작품 속 명장면 뽑기
	3	극본을 만들 수 있다.	1. 온작품 속 명장면을 사진으로 표현하기 2. 장면 나누기 – 전체 장면 나눠갖기 – 장면카드를 바탕으로 3가지 정지장면 보여주기
	4		3. 장면카드별로 개인 극본 쓰기 4. 극본 하나로 합치기
	5		5. 돌려 읽으면서 수정하기 6. 극본 한글파일로 작성해오기(과제 제시)
연극 준비	6	연극 공연을 준비할 수 있다.	1. 최종 정리하면서 극본 완성하기 2. 연극을 준비하는 과정 알기 – 역할 나누기(배우, 해설, 연출, 스태프) – 무대 준비를 위한 역할을 알고 준비하기
	7		3. 역할별로 공연 준비하기 – (배우) 알맞은 목소리, 표정, 동작으로 표현하기 – (스태프) 홍보 및 소품, 음향 준비하기
	8		4. 무대의 특성을 고려한 공연 준비하기 – 교실에서 연습하기
연극 발표	9	무대에서 연극을 공연할 수 있다.	1. 발표장에서 연습하기 2. 공연하기, 공연 평가회하기
	10		3. 느낀 점 나누기, 뒷정리하기

1~2차시 연극 만들 계획 세우기

■ **수업초점**

① 연극으로 만들 수 있는 적절한 온작품 정하기

② 연극 만들 계획세우기

■ **수업목표**

우리 반에 적합한 연극 만들기 계획을 세울 수 있다.

단계	활동 내용	준비물
준비	연극놀이	–
	1학기 연극단원 되짚어보기	1학기 공연 사진들
활동	연극 만들기 계획세우기	연극 만들기 계획표
	연극으로 만들 온작품 정하기	–
마무리	느낌 나누기	–

준비(마음열기)

1. 인간 스펙트럼 만들기

- 교실 앞에서 뒤로, 또는 대각선으로 1부터 100 점수로 가상의 기준을 설정한다.
- 아이들은 주제(질문)에 따라 자신의 상황을 1점부터 100점으로 정하고 줄을 선다. 예를 들어 "생일 순으로 서보세요."라고 하면 1월 20일이 1에 가깝게 서고 12월인 아이가 100점 쪽에 선다. 아이들은 자리를 잡기 전에 "넌 생일이 언제야?"하면서 그 속에서 질문과 답이 오간다.
- 주제(질문) 예 : 학교 만족도 순, 게임하는 시간, 월 별 책 읽는 권 수 등. 단 외모나, 성적과 관련 주제는 하지 않는다.

2. 불평불만 말하기

교사 : 우리는 생활하면서 좋은 말, 긍정적인 말을 하도록 강요받죠. 지금부터 우리는 투덜거릴 수 있답니다. 짜증도 낼 수 있어요.

- 술래 한 명을 뽑는다. 술래는 불평할 주제를 알려준다.
- 잠시 생각할 시간을 가진 뒤, 술래가 가리키는 사람이 불평을 말한다. 그리고 그 손이 다른 사람을 가리키면 방금 말했던 아이는 멈춘다. 새로 가리키는 사람이 불평을 말한다.
- 처음에는 교사가 술래가 되어 시범을 보인다. 마음속에 쌓여있는 불평불만 등의 부정적인 감정을 해소할 수 있게 한다.

> **주제 예시 : 숙제, 날씨, 더위, 추위, 학교**
>
> 주제를 뽑을 때 신중을 기한다. '친구'를 주제로 정하면 관계가 상할 수 있다. 칭찬격려 말하기로 변형하여 진행 할 수 있다.

3. 1학기 연극단원 회상하기

- 1학기 극본 만들기와 낭독공연 회상하기
- 아쉬웠던 점, 새로 도전하고 싶은 점 이야기하기

활동 1

1. 무대와 관객의 범위 정하기

- 연극 만들기 계획표를 보면서 결정한다. 계획표는 아이들에게 나눠주지 않고 칠판에 띄어놓은 PPT를 함께 보면서 정할 수 있다.
- 관객, 무대의 범위를 우선 정한다.
- 전체가 하나의 작품을 낼 것인지, 모둠별로 작품 하나씩 만들 것인지

도 논의한다.

구분	무대와 관객 정하기				
무대	강당( )	다목적실( )	교실( )	찾아가는 교실( )	기타( )
관객	우리 반( )	옆 반( )	다른 학년( )	가족들( )	기타( )
공연 시간	-	20분( )	10분( )	5분( )	기타( )
	-	점심시간( )	쉬는 시간( )	수업시간( )	기타( )

무대와 관객의 범위에 따라 극의 규모도 달라진다. 아이들 의견은 반영하되 최종 결정은 학교일정 및 아이들 개개인 실태를 고려하여 교사가 하는 게 좋다.

2. 공연형태 정하기

교사 : 연극을 어떻게 준비할까? 1학기처럼 모둠에서 1작품씩 만들까? 아니면 2팀으로 나눠서 만들까? 우리 반 전체 1작품을 만들까?

- 모둠별로 의견을 모으고, 전체 의견을 반영하여 결정한다.
- 모둠별 한 작품씩 작은 규모의 연극으로 발표하는 것은 본 연구자가 주로 진행하는 형태이다. 모둠별, 팀별로 다른 작품을 만들기 때문에 다양한 작품을 볼 수 있고, 더 주도적인 연극 만들기를 경험할 수 있다.

교사 : 연극을 어떻게 발표할까? 우리가 서로 배우와 관객이 되어, 우리 반에서만 공개할까? 아니면 다목적실이나 강당에서 할까? 관객을 직접 찾아갈까? 찾아가는 공연일 경우는 옆 반이나 동생 반인 저학년 관객을 찾아 갈 수 있단다.

구분	작은 연극으로 연결 발표( )			1학급 1작품 올리기( )		
	일반연극 ( )	낭독공연 ( )	기타 ( )	일반연극 ( )	낭독공연 ( )	기타 ( )
장치 선택	마이크 ( )	더빙 ( )	조명 ( )	음향 ( )	배경ppt ( )	기타 ( )
공연 횟수	–	–	–	1회 ( )	2회 ( )	기타 ( )

프로그램 시작 전에 교사가 할 수 있는 연극 만들기 범위를 미리 체크해보고, 아이들과 협의하는 것도 좋다. 그리고 학교 실정 및 교육과정을 고려하여 어떤 장치를 쓸지, 공연을 몇 번 할지도 결정해둔다.

3. 공연 발표 시간 정하기

교사 : 언제 공연을 발표하는 게 좋을까? 점심시간, 쉬는 시간, 창의적 체험활동, 국어수업 시간에 발표할 수 있단다.

> 연극 계획은 차후 수업 진행 상태에 따라 수정할 수 있다. 아이들 대부분은 더 큰 무대와 더 많은 관객을 원한다. 그만큼 연습과 책임이 있어야한다. 그런 아이들을 실망시키지 않고 우리가 할 수 있는 범위에 맞게 무대와 관객을 정하도록 조언을 해줄 수 있는 사람은 교사뿐이다. 대화와 타협이 가장 필요하다. 그리고 다음 난관은 역할 배정이다.

4. 극본쓰기 형태 결정하기

- 극본은 교사가 만들거나 아이들이 창작하거나 기존 희곡을 쓰거나 온 작품을 극본으로 바꿀 수 있다.

교사 : 1학기 때 우리는 각자의 이야기를 가지고 극본을 썼으니 2학기

때는 온작품을 활용해서 극본을 써보자.

온작품으로 극본쓰기를 하지 않는다면 1학기 극본쓰기와 같은 방법으로 진행하면 된다. 즉, 아이들의 경험과 이야기에서 장면을 뽑고 이야기를 만들지, 온작품에서 장면을 뽑고 이야기를 만들지 선택한다.

활동 2

1. 연극으로 만들 온작품 고르기

교사 : 그 동안 읽었던 온작품 중에서 어떤 책으로 연극을 만들지 이야기를 나눠보자.

- 아이들이 추천한 작품 중에서 그들의 일상과 관련 있고, 극화하기 좋은 작품으로 선정한다.

2. 온작품 속 기억나는 명장면 이야기하기

교사 : 책을 읽으면서 기억나는 장면을 두 개 정도 뽑아서 포스트잇에 써서 칠판에 붙여봅시다.

- 명장면을 한 개를 뽑을 경우 하나로 몰릴 수 있다.
- 비슷한 장면들을 한 데 묶어 정리하면서 책 내용을 기억해낸다.

교사 : 다음 시간에 책으로 본격적인 극본 만들기를 할 겁니다.

마무리(반영)

1. 생각이나 느낌 나누기

교사 질문(어떤 질문으로 활동을 정리할지 고민해봅시다.)

2. 연극 일지 작성하기

3~5차시 온작품으로 극본 만들기

■ **수업초점**

① 즉흥 장면으로 극본 줄거리 만들기

② 모둠별로 주요 장면을 나눠서 극본 만들기

■ **수업목표**

온작품의 중요장면을 즉흥극으로 표현하여 극본을 만들 수 있다.

단계	활동 내용	준비물
준비	장소관련 연극놀이	–
활동	책 속의 장면으로 줄거리 만들기	포스트잇
	극단 및 세부 장면카드 만들기	장면카드
	온작품을 참고하여 극본쓰기	온작품
마무리	느낌 나누기	–

준비(마음열기)

1. 소리 듣고 장소 맞혀보기

- 팀별로 장소를 정한다. 장소는 공유하지만 어떤 소리를 낼지 공유할 필요는 없다. 한 팀이 먼저 두 줄로 마주보고 일자로 선다. 소리 굴을 만든다.
- 다른 팀도 일렬로 서서 앞 사람 어깨를 잡는다. 맨 앞 사람만 눈을 뜨고 조심조심 굴을 지나간다. 소리 굴은 사람들이 지나가면 소리를 반복적으로 들려준다. 통과한 팀은 어느 장소인지 맞힌다.

2. 몸짓 보고 장소 맞혀보기

- 모둠별로 다른 장소 카드를 준다. 그 카드에서 할 수 있는 동작을 발표하면 다른 모둠은 어떤 장소인지 맞힌다.

학교	병원	급식실	도서관
극장	버스 안	박물관	운동장
노래방	공원	공항	목욕탕

활동 1

1. 책 속의 명장면 정지장면으로 표현하기

교사 : 지난 시간에 여러분이 뽑았던 책 속의 명장면을 살펴봅시다. 그 중 하나를 골라서 모둠별로 정지장면으로 발표해봅시다.

- 전 수업시간(1회기)에 적었던 명장면을 골라서 정지장면으로 표현한다.
- 명장면을 모둠별로 다르게 줄 수도 있지만, 모둠이 원하는 장면을 가져가게 한다. 같은 장면인데, 다르게 표현되는 상황을 보는 것도 좋다.

2. 명장면 사이에 필요한 장면 추가하기

교사 : 이 몇 개의 장면만으로 연극을 만들 수 있을까요? 중간 중간 빠진 장면들, 꼭 들어가야 할 장면들을 다시 채워 볼까요?

- 모둠별로 상의하여 추가 장면을 포스트잇에 써서 명장면 사이사이에 붙여본다. 사건이 추가되면서 서사를 지닌 이야기의 줄거리가 나온다.

명장면 앞에 놓일만한 주요장면 뽑아서 포스트잇에 붙이기	미리 붙여 놓은 명장면	명장면 뒤에 놓일만한 주요장면 뽑아서 포스트잇에 붙이기

3. 주요 장면 정리하기

- 칠판에 붙인 포스트잇(장면)을 순서대로 재배치하고 같은 것은 겹쳐 놓는다.
- 아래 장면카드 같은 양식에 장면을 순서대로 써서 간단하게 개요작성하고 줄거리를 만든다. 장면카드에 있는 핵심 대사는 생략할 수 있다.

장면 순서 (1) 등장인물: 사건: 핵심 대사:	장면 순서 (2) 등장인물: 사건: 핵심 대사:
장면 순서 (3) 등장인물: 사건: 핵심 대사:	장면 순서 (4) 등장인물: 사건: 핵심 대사:
장면 순서 (5) 등장인물: 사건: 핵심 대사:	장면 순서 (6) 등장인물: 사건: 핵심 대사:
장면 순서 (7) 등장인물: 사건: 핵심 대사:	장면 순서 (8) 등장인물: 사건: 핵심 대사:
장면 순서 (9) 등장인물: 사건: 핵심 대사:	장면 순서 (10) 등장인물: 사건: 핵심 대사:

4. 주요 장면 나눠갖기

- 정리된 장면 카드는 맥락과 상황을 고려하여 모둠별로 나눈다.
- 사건별, 또는 대사 분량을 고려하여 나눌 수도 있다. 장면별로 나오는 등장인물 수, 입 퇴장 동선을 고려하여 장면을 가져간다.
- 장면 카드에 부담을 느끼면 포스트잇에 사건만 써서 나눈다.

> 잠깐! 장편이 아니고, 짧은 분량의 단편으로 공연을 만들고 싶다면 각 팀이 한 작품을 발표하면 된다. 장면 정리하여 줄거리 만드는 과정을 전체가 같이 참여해도 된다. 작품은 달라도 함께 읽은 책이기 때문에 서로 아이디어를 더할 수 있다.

활동 2

1. 가져간 주요장면 세 장면으로 만들기

교사 : 모둠별로 가져간 장면들을 다시 살펴보세요. 처음 명장면 발표 했던 것처럼, 지금부터 가져간 장면들을 모두 들어갈 수 있게 사진처럼 찰칵! 세 장면으로 나눠서 보여주세요.

- 세부장면카드 내용을 상대팀에게 몸짓으로 보여준다.
- 다른 팀은 자기들이 본 장면이 어떤 내용인지 추측해본다. 주요장면을 공유하고 있었기 때문에 수월하게 맞출 수 있다.

만약 상대팀에서 어떤 내용인지 모르겠다고 하면, 이는 잘못 보여준 것이다. 아이들은 몸짓보다 대사로 모든 내용을 전달하려하기 때문에 극이 말 위주로 흐를 수 있다. 표정과 침묵으로도 효과적으로 전달될 사항이 일일이 설명하면 극의 재미와 긴장감이 떨어질 수 있다. 몸으로도 중요장면이 전달이 안 되면 그 팀은 다시 몸짓과 표정, 즉 비언어적인 요소를 신경 써야한다.

교사 : 극본을 만들어가는 과정과 무대 위 공연을 위한 과정은 별개가 아니라 다 연결됩니다. 극본을 쓰기 위해 즉흥 장면을 만들고 보여주는 것 자체가 이미 연극을 연습하고 있는 것이랍니다.

2. 극단 세우기(선택사항!)

교사 : 이제 모둠, 팀이 아닌 ○○ 극단이란 이름으로 연극 만들기 과정에 참여하겠습니다. 고민해서 함께 만든 극단 이름으로 우리는 하나로 묶일 수 있습니다.

- 팀별로 극단 이름 만들기
- 극단 명패 쓰기 (두꺼운 종이나, 우드락에 이름을 쓴다.)
- 학급 전체가 1작품을 만든다면 극단 세우기는 생략해도 된다.

활동 3

1. 극본쓰기

- **활동 2** 의 장면카드를 이제 개별(또는 2인 1팀도 가능)로 나눠서 극본을 쓴다.
- 해당 장면이 나와 있는 온작품 책을 참고하여 극본을 쓴다.

장면 순서( )	극작가: (,)
장소 및 시간 : 등장인물: 해설 : ○○○ (웃으면서 걸어 나온다.) 철수는 범인이 아닐 거야. △△△ 그건 모르지.	

- 등장인물 수 보다 학생 수가 적으면 등장인물 수를 늘리고, 학생 수가 더 많으면 극 중에 나온 인물의 친구나 가족 수를 더 늘린다. 사건이 복잡하거나 장소, 시간 변화가 많으면 해설문으로 처리한다.

2. 극본 합치기

- 각자 쓴 걸 순서대로 끝까지 읽는다.
- 큰 종이에 붙여 놓고, 수정할 부분을 각자 포스트잇에 써서 붙인다. 중복되거나 추가 될 부분을 색연필로 표시하고, 포스트잇은 뗀다.

작가팀을 따로 둬도 될까요?

좋은 공연을 위해서 좋은 극본이 중요함을 계속 강조해왔다. 중요한 만큼 극본쓰기는 부담스러울 수 있다. 1학기에 극작 경험을 했으니, 2학기는 별도의 작가팀을 두어 (배우, 스태프, 작가)로 역할 배분하는 것도 고려해볼 만하다.

마무리(반영)

1. 생각이나 느낌 나누기

교사 질문(어떤 질문으로 활동을 정리할지 고민해봅시다.)

2. 연극 일지 작성하기

3. 과제 제시

-합쳐진 극본 한글파일로 작성해오기

6~8차시 연극공연 준비하기

■ **수업초점**

① 역할을 나누어 공연을 준비한다.

② 연극을 만들기 위해서 여러 사람들이 협동해야 함을 안다.

■ **수업목표**

연극을 준비하는 과정을 알고 참여한다.

단계	활동 내용	준비물
준비	연극놀이	–
활동	완성된 극본 읽기	완성극본
	연극 준비 과정 알기, 역할나누기	역할 지원표
	공연 연습하기, 홍보하기	–
마무리	느낌 나누기	–

준비(마음열기)

1. 배우처럼~연극놀이

- 아나운서처럼 따라 하기 : 정확한 발음을 위한 입 풀기로 부담없는 활동이다.

간장 공장 공장장은 강 공장장이고, 된장 공장 공장장은 공 공장장이다.

작년에 온 솥 장수는 새 솥 장수이고, 금년에 온 솥 장수는 헌 솥 장수이다.

저기 저 뜀틀이 내가 뛸 뜀틀인가 내가 안 뛸 뜀틀인가

내가 그린 기린 그림은 긴 기린 그림이고 네가 그린 기린 그림은 안 긴 기린 그림이다

내가 그린 구름그림은 새털구름 그린 구름그림이고, 네가 그린 구름그림은 깃털구름 그린 구름그림이다.

저기 계신 저 분이 박 법학박사이시고, 여기 계신 이분이 백 법학박사이시다.

- 관객에게 등을 보이지 않게 동선 연습하기 : 교사 신호에 맞춰 걷다가 멈추고, 걷다가 처음 자리를 찾아가며 다시 걷다가 멈추고를 반복한다. 단, 모든 멈춤은 등을 보이지 않고 관객석을 바라보면서 멈춘다. 앞 사람에게 자기 얼굴이 가리지 않게 위치를 조정하고 멈춘다.

- 연예인 팬클럽 놀이하기 : 처음은 2인 1조로 시작한다. 가위 바위 보를 한다. 이긴 사람이 스타가 된다. 진 사람은 팬이 되어, 스타의 이름을 외치며 손을 뻗고 열광한다. 스타는 걷고 싶은 대로 걷다가 교사가 신호를 주면 멈춘다. 가장 가까운 스타와 가위 바위 보를 한다. 진 사람은 다시 이긴 사람의 팬이 된다. 따라다닌 팬은 자기 스타가 지면 이긴 스타의 팬이 된다. 한 사람의 스타가 남을 때까지 계속한다.

활동 1

1. 극본 읽을 대형 만들기

- ㄷ자 형태나 말굽 대형으로 책상을 돌려놓는다.
- 극본을 준비해서 앉는다.

2. 완성극본 낭독하기

- 자기가 쓴 극본을 장별 순서대로 읽으면서 낭독한다.
- 읽어가면서 각자 맡고 싶은 역할을 생각해 둔다.

활동 2

1. 역할지원서 쓰기

- 배우와 스태프로 분리할 것인지, 아니면 배우와 스태프를 동시 경험

할 것인지 결정한다.

- 학생 수가 많지 않다면 팀 내에서 배역과 역할을 나누게 할 수 있다. 되도록 배우역할과 스태프 역할을 번갈아서 해보길 원한다.
- 팀별 학생 수가 많지 않으면 지원서는 그렇게 의미는 없다. 지원서를 함께 보고 포스트잇에 자기 이름을 써서 원하는 역할에 이름을 붙인다. 경쟁이 심한 역할과 인기가 없는 역할이 한눈에 보인다. 양보, 추천, 공개 오디션으로 칸을 채운다.
- 반드시 모두의 합의가 있어야 한다. 특정 역할에 지원이 몰리면 오디션으로 정하거나, 여기서도 합의가 되지 않으면 더블캐스팅으로 한다.
- 아이들이 역할의 성별에 신경 쓰면, 작품 내용에 지장이 없는 선에서 누나는 언니로, 오빠는 형으로 할아버지는 할머니, 삼촌은 이모로 적절히 변경한다.

역할지원서

배우역할	누가 할래?	스태프	누가 할래?
등장인물(　)	(　)지원	홍보	(　)지원
등장인물(　)	(　)지원	음향	(　)지원
등장인물(　)	(　)지원	소품	(　)지원
등장인물(　)	(　)지원	기타	(　)지원
등장인물(　)	(　)지원		
등장인물(　)	(　)지원		
등장인물(　)	(　)지원		

2. 역할결정하기

- 오디션이 필요한 배역은 극본을 읽고 캐스팅하여 투명하게 운영한다. 나머지 소소한 역할에도 지원자가 몰린다면 가위바위보로 결정한다.
- 오디션 형식으로 가리는 경우 주인공 연기와 자신감이 뒷받침이 되어

야 극이 안정적이다. 확실한 기준이 있는 게 좋다. 적절한 심사표가 필요하다면 아래 오디션 채점표를 참고하길 바란다.

지원자	자신감(5점)	표현력(5점)	대사 전달력 (5점)	총점(15점)
○○○				
△△△				
——				

- 스태프는 교사와 몇 명 친구들로 해결할 수 있다.
- 배우역할은 하지 않고 스태프만 하는 경우 공연 준비나 공연 당일 소외감을 느끼지 않도록 한다. 구체적인 역할을 부여하고 해결할 수 있도록 교사가 배려해준다.
- 결정된 역할은 배우든 스태프든 포스터나 팸플릿에 이름을 넣어준다.

활동 3

1. 배우들 극본 읽기 연습

연습부터 진지하게!

교사 : 공연은 이제 내 것이 아니다. 관객의 것이다. 극본 속의 이야기는 여러분의 몸짓과 입을 통해서 전달됩니다. 그리고 대화예절처럼 무대에도 기본예절이 있답니다. '등을 보이지 말라, 대사는 들리게!'이 두 가지는 습관처럼 만들어 두길 바랍니다.

하나! 앉아서 읽기

둘! 극본을 들고 걸으면서 읽기(마킹테이프로 주요 위치 표시, 또는 종이에 주요 공간을 표시해 놓고 무대 위를 상상하면서 읽는다.)

셋! 감정 넣고 읽기 (억양, 높낮이, 빠르기, 강세, 크기)

넷! 동작 생각하면서 읽기

다섯! 극본 보지 않고 읽기

극본 읽을 때!

내가 맡은 인물이 주위 알고 있는 누군가로 설정하며 읽는 것도 도움이 된다. 다른 사람이 말할 때 움직이지 않는다. 상대방 대사를 다 듣고 말한다. 대사는 여유 있게 강조하고 싶으면 한 박자 쉰다. 대사가 입에 붙지 않으면 내 말투에 맞게 고친다.
가장 중요한 건 정확한 대사 전달과 등퇴장 연습이다.

2. 스태프 공연준비하기

- 1~2차시 때 계획한 연극 만들기 계획표를 보고 스태프가 준비 해야 할 일과 범위를 알려준다.
- 무대 배경은 적당한 사진과 배경 PPT를 활용할 수 있다.
- 어설픈 분장 대신 구체적 소품이나 대사나 동작으로 역할을 표현하게 하라.
- 배경음악과 아주 간결한 효과음은 모두를 집중시킬 수 있다. 때론 효과음도 필요 없다. 장이 바뀔 때마다 나오는 브리짓 음악만 있어도 효과적이다.
- 음악 담당을 따로 둘 수 있다. 무대 한 켠에 자리를 만들어준다. 관객들에게 노출되어도 괜찮다.

아이들이 직접 만들 수 있는 효과음을 위한 악기

에너지 차임벨, 레인메이커, 천둥드럼 리듬악기, 롤리 팝 디자인 막대 드럼, 새소리 피리, 대형라쳇, 고급 공명 실로폰, 싱잉볼

3. 홍보하기

- 홍보팀을 따로 둘 수 있고, 학급 전체 모두 참여할 수 있다. 홍보물은 미술시간과 연계하여 만들 수 있다.
- 홍보팀은 당일 공연 촬영, 연습과정 촬영도 할 수 있다.
- 홍보물은 학생들 출입이 잦은 곳에 게시한다.

4. 교실에서 연습하기

- 교실에서 연습하는 경우 동선을 위해 책상은 다 밀어놓고, 라인테이프로 입 퇴장 위치와 무대 범위를 표시해 놓는다.
- 바구니나 종이상자에 소품을 인물이나 장별로 섞이지 않게 담는다. 되도록 연습은 수업시간, 쉬는 시간, 점심시간을 이용한다.

5. 공연 날짜 및 시간 정하기

- 공연을 1회가 아닌 여러 번 할 경우 공연 일정을 정리한다.

날짜	공연 제목	초청 관객	공연 시간	공연장소

마무리(반영)

1. 생각이나 느낌나누기

교사 질문(어떤 질문으로 활동을 정리할지 고민해봅시다.)

2. 연극 일지 작성하기

〈 연극 만들기 전체 진행과정 개요 〉

아래는 본 프로그램의 연극 만들기 진행과정을 간략히 표로 나타낸 것이다. 흐름을 한 눈에 파악할 수 있으며, 학급 상황에 따라 순서 및 내용을 변경하면 된다.

<table>
<tr><th colspan="2">순서</th><th>단계</th><th colspan="3">활동내용</th></tr>
<tr><td rowspan="2">준비</td><td>1</td><td>연극 기획</td><td colspan="3">공연장소, 시간, 관객 정하기</td></tr>
<tr><td>2</td><td>극본 쓰기</td><td colspan="3">기존 극본, 공동 창작,
온작품을 희곡으로(갈래 바꿔 쓰기) 만들지 결정하기</td></tr>
<tr><td rowspan="8">연습</td><td rowspan="5">3</td><td rowspan="5">역할
나누기</td><td rowspan="2">1단계</td><td colspan="2">모두가 배우랑 스태프를 같이 한다?</td></tr>
<tr><td colspan="2">배우와 스태프를 명확히 구분 한다?</td></tr>
<tr><td>2단계</td><td colspan="2">배우, 스태프(제작, 음향, 소품, 홍보)
작가, 연출 등 스태프도 늘리거나 줄이기</td></tr>
<tr><td rowspan="2">3단계</td><td>주요 인물</td><td>오디션 ( )</td></tr>
<tr><td>그 밖의 인물</td><td>가위바위보, 양보( )</td></tr>
<tr><td>4</td><td>연습하기</td><td colspan="2">극본 읽기 연습
연기 연습</td><td>스태프는 자기 활동을 점검하면서 공연준비</td></tr>
<tr><td>5</td><td>리허설</td><td colspan="3">테크니컬 리허설(등퇴장과 음향 맞춰보기)
런 쓰루 리허설 : 작품을 처음부터 끝까지 중단 없이 연습하기</td></tr>
<tr><td>6</td><td>홍보</td><td colspan="2">홍보물, 초대권 만들기</td><td>배우들은 계속 연습</td></tr>
<tr><td rowspan="4">공연</td><td rowspan="3">7</td><td rowspan="3">공연</td><td>전</td><td colspan="2">아이들 상태점검, 격려하기</td></tr>
<tr><td>공연</td><td colspan="2">무대 예절 지키며 최선을 다하기, 커튼콜
홍보팀이 별도로 있으면 동영상이나 사진 촬영</td></tr>
<tr><td>후</td><td colspan="2">관객과의 대화, 무대 정리</td></tr>
<tr><td>8</td><td>평가</td><td colspan="3">소감문 작성, 수행평가
연극단원 관련 서로 생각하고 느끼고 배운 점 나누기</td></tr>
</table>

9~10차시 무대에서 연극하기

■ **수업초점**

① 관객과 배우의 매너를 생각하며 공연하기

② 공연을 통해 배우고 느낀 점 공유하기

■ **수업목표**

무대에서 연극을 공연할 수 있다.

단계	활동 내용	유의점(준비물)
준비	공연 준비 상황 점검하기	동선 방해하는 장애물 치우기
활동	발표장에서 연습하기	소품, 음향, 배경PPT
	공연하기	
	공연 평가회하기	
마무리	느낌 나누기, 수행평가	수행평가지

준비(마음열기)

1. 공연 상황 점검하기

- 배우 등퇴장 점검(가장 중요함), 커튼콜 연습
- 스태프 점검(소품 상자, 음향)

활동 1

1. 발표장에서 연습하기

교사 : 세계적 케이팝 그룹 방탄소년단도 열심히 한다. 많은 연습이 좋은 무대를 만들 수 있다고 했다. 우리도 최선을 다하자.

- 최종 연습 단계에서는 연기 지도는 되도록 하지 말자.
- 발표장에서 동선과 입퇴장을 재확인 한다.

배우가 움직이고 이동하는 위치를 정하는 것을 "동선을 긋는다. 블로킹"이라고 한다.

- 언제 등장퇴장 하는지, 어디로 등퇴장하는지 정한다.
- 배우들이 겹치지 않도록 한다.
- 등장인물의 관계가 잘 드러나게 움직임을 만든다.

2. 최종점검(응원과 격려)하기

교사 : 가장 중요한 것! 딱 두 가지! 등을 보이지 않고 목소리를 크게! 너를 표현하는 게 아니라 그 인물이 되는 것임을 기억하자! 그리고 실수해도 괜찮단다. 즐겁게 마무리 하자.

활동 2

1. 공연하기

- 관객들 입장하기
- 관객들이 지킬 일 안내하기
- 공연하기
- 커튼콜하기

2. 관객 후기 및 관객과의 대화

- 자유롭게 소감을 쓸 수 있게 벽에 이젤패드나 큰 종이를 붙여놓는다.

♣ 연극 관람 후기를 남겨주세요.

펜으로 써서 붙이기

- 학급별 상황에 따라 관객과의 대화를 마련할 수 있다.

3. 무대 정리하기

- 연극에서 실제 '나'로 돌아오기 (역할 벗기)
- 소품, 무대 정리하고 교실로 돌아오기

마무리(반영)

1. 공연 후 평가회 하기

2. 수행평가지로 자기평가 하기

3. 연극은 ( )이다.

- 연극단원 마무리와 함께 연극에 대해 생각하고 느낀 점을 문장완성형으로 채워본다.

연극은 (   )이다.

- 각자 작성한 연극에 대한 정의를 공유하면서 2학기 연극단원 수업을 마친다.

<table>
<tr><th colspan="4">6학년 2학기 연극단원을 위한 수행평가 제안</th></tr>
<tr><th>단 원 명</th><td colspan="3">함께 연극을 즐겨요</td></tr>
<tr><th>영 역</th><td>문학, 쓰기</td><th>평가 시기</th><td>○월 ○주</td></tr>
<tr><th>평가 유형</th><td>서술형 평가, 자기 평가</td><th>평가 대상</th><td>개인</td></tr>
<tr><th>평가 내용</th><th colspan="3">친구와 함께 연극공연 준비하기</th></tr>
<tr><th>준 비 물</th><td colspan="3">연극일지</td></tr>
<tr><th>성취기준</th><td colspan="3">[6국05-04] 일상생활의 경험을 이야기나 극의 형식으로 표현한다.
[6국05-05] 작품에 대한 이해와 감상을 바탕으로 하여 다른 사람과 적극적으로 소통한다.</td></tr>
<tr><th rowspan="4">평가기준</th><th colspan="3">내용</th></tr>
<tr><td>◎</td><td>6점 이상</td><td>연극 공연을 열심히 준비하고 활동 과정을 자세히 기록하며 자신의 생각과 느낌을 구체적으로 나타낸다.</td></tr>
<tr><td>○</td><td>5~3점</td><td>연극 공연을 준비하고 활동내용이나 느낀점을 꾸준히 기록할 수 있다.</td></tr>
<tr><td>△</td><td>2점 이하</td><td>연극 공연 준비와 활동 과정을 작성하는 데 소홀하다.</td></tr>
</table>

<table>
<tr><th>평가 과제</th><th>평가 요소</th><th colspan="3">채점척도</th></tr>
<tr><td rowspan="2">과제 1</td><td rowspan="2">연극준비 과정 기록 (의사 소통)</td><td>5점</td><td>3점</td><td>1점</td></tr>
<tr><td>연극일지를 4개 이상 채우고 내용이 구체적이며 자세하다.</td><td>연극일지를 3개 이상 채우고 자신의 생각이나 느낌이 드러나있다.</td><td>연극일지를 2개 이하로 기록하고 내용이 부실하다.</td></tr>
<tr><td rowspan="2">과제 2</td><td rowspan="2">연극공연 (문화 향유 역량)</td><td>3점</td><td>2점</td><td>1점</td></tr>
<tr><td>연극 공연에서 맡은 역할을 이해하고 충실히 수행하였다.</td><td>자기 역할을 알고 참여하는 태도도 양호하다.</td><td>역할에 대한 인지도 부족하고 소홀히 참여한다.</td></tr>
</table>

		내용
피드백	매우 잘함 ◎	· 온작품 속의 인물과 사건을 바탕으로 극본의 특징을 잘 살려서 극본을 썼어요. 모둠별로 공동 작업을 잘 수행하였고, 관객들에게 내용을 전달하고 소통하기 위해 애썼습니다. 역할을 책임 있게 마무리 하였습니다. · 함께 읽은 책의 감동을 다른 사람과 연극으로 공유하기 위해 열심히 준비하였습니다. 평면으로 쓰여진 책이라는 매체가 연극이라는 입체적 작품으로 바뀌었을 때 느낌이 어떻게 다른지 생각해보고, 그 느낌을 다른 사람과 나눠봅시다.
	잘함 ○	· 무대 위에서도 온작품 속의 인물이 처한 상황이 배우의 대사, 표정, 몸짓으로 실감나게 표현되었습니다. · 활동 시 잘된 점과 아쉬운 점을 스스로 평가하고 일상에서도 연극 만들기 과정에서 얻은 경험을 잘 활용하기 바랍니다. · 연극을 만드는 과정에 다양한 역할이 있다는 것을 이해하길 바랍니다. 우리 생활에서는 연극뿐 만아니라 여러 분야에서 하나의 작품을 위하여 다른 사람들의 협력과 노력이 필요하답니다.
	보통임 △	· 연극 만들기 과정 중에 내가 맡은 역할(배역)에 대해서 이해하고 규칙을 준수하며 참여하였듯 다른 시간, 다른 곳(가정, 방과 후, 학원 등)에서도 최선을 다하여 참여하는 모습을 유지하기 바랍니다. · 배우로서 또는 무대를 준비하는 역할을 책임 있게 수행하고 관객과 소통하기 위해 좀 더 노력하길 바랍니다. · 온작품의 장면과 인물을 살려 극본으로 쓰는 것이 어려웠겠지만, 다른 친구들의 극본을 듣고 작품 속의 감동이나 생각을 친구들하고 공유하는 시간을 가져보길 바랍니다.

국어 연극단원 수행평가지 6학년 ( )반 ( )번 이름( )	
수행평가 과제 – 1	( )극단 연극일지

연극일지를 날짜별로 기록해봅시다. 일지에는 수업시간에 배웠던 내용과 느낌을 써 봅시다.

수업 날짜	공연준비 및 공연연습 활동 내용	활동 후 느낌
연극 만들 계획 세우기 (월 일)		
온작품으로 극본 쓰기 (월 일)		
연극 준비하기 (월 일)		
연극발표 (월 일)		
(월 일)		

수행평가 과제 - 2	공연이 끝난 후 평가회를 위한 마무리
내가 맡은 역할은?	
무대 공연 준비 역할	내가 맡은 등장인물

1. 친구들과 함께 준비한 연극공연을 스스로 평가해 봅시다.

평가 내용	자기 평가		
◎ 극본을 쓰는 과정에 적극적으로 참여했나요?	3	2	1
◎ 모든 활동에 친구와 협력하였나요?	3	2	1
◎ 연극을 준비하는 과정에 대해 잘 알고 있었나요?	3	2	1
◎ 바른 태도로 집중하며 공연을 관람했나요?	3	2	1
◎ 공연 당일 맡은 역할을 책임 있게 수행하였나요?	3	2	1

(매우 잘함: 3, 잘함: 2, 보통임:1)

2. 공연이 끝난 후 배운 점, 아쉬운 점, 실천할 점, 느낀 점을 써 봅시다.

구분	내용
온작품으로 연극공연을 준비하면서 배웠거나 실천하고 싶은 점은?	
연극 준비 및 공연하면서 아쉬운 점은?	
연극단원 수업을 하면서 좋았거나 느낀 점은?	

교사용 체크리스트

평가 내용 / 학생 이름	연극 준비 과정기록하기			연극공연 참여 및 관람 태도			결과
	5점	3점	1점	3점	2점	1점	

3부

수업 중 별별 이야기, 별별 아이들

1. 연극적 약속이 무너진 시간
2. 머리로 만든 못난 수업
3. 아슬아슬 사건 사고, 연극놀이
4. 교육연극, 마음을 움직이다

3부 수업 중 별별 이야기, 별별 아이들

1. 연극적 약속이 무너진 시간

오누이를 때리는 호랑이

「국어시간. 자기가 잘 알고 있는 옛이야기를 극본으로 바꿔서 극으로 발표한다. 주어진 시간은 30분, 소재 정하고 역할 나누고, 주요 장면과 대사 위주로 극본 쓰고 소품사용은 자유. 어차피 교실엔 행거와 색깔천이 전부다.」

○○이 속한 모둠은 총 4명, 이야기는 '해님과 달님'

○○은 호랑이가 되어서 오누이를 만나러 간다. 오누이와 호랑이는 행거를 사이에 두고 집안과 마당으로 분리된 상태이다. 긴장감을 준다. 엄마 목소리가 아니라고, 문(행거)을 두고 버티고 있다. 갑자기 호랑이가 행거 아래로 기어들어가는 순간 쫓고 쫓기는 상황이 연출되고, 호랑이는 도망가는 오누이(모두 남학생)를 발로 찼다. 발로 또 찬다. 극을 중단시킬까말까 고민하는 동안 장면은 오누이가 호랑이를 피해 행거 양쪽 기둥을 잡고 나무로 올라가는 걸로 전환되었다. 호랑이는 이야기대로 바닥에 떨어지고, 오누이는 행거를 다시 누워있는 호랑이에게 씌운 뒤 극은 끝났다.

이 모둠은 효과적인 소품사용, 이야기를 극으로 긴장감 있게 잘 표현했다. 이 점은 충분히 칭찬해줄 만하다. 그러나 리액션 문제가 많다. 극 중 누군가를 때리는 장면이 꼭 필요하다면 그건 때리는 척하고 맞는 척해야 했다. 서로가 합의가 되었다고 해도 이건 우리의 연극적 약속이다. 호랑이와 오누이에게 당부했다. 서로 친해도, 연극적 약속은 예외가 없단다.

Tip

짧은 극 속에서 행거는 3번 변형되었다. 오누이와 호랑이 사이를 가로 막은 문. 그 문은 단순한 출입이 아니라 오누이를 막아주는 보호막으로 호랑이를 방해하는 장애물로 작동했다. 두 번째는 동아줄과 나무로 표현되었다. 마지막은 죽은 호랑이 위에 행거(관)를 눕혔다.

리액션! 쓰러진 나무친구

「종이소비 주제로 소비자, 생산자, 나무, 해설자 총 4인 1모둠으로 해설 팬터마임으로 진행되는 수업이었다. 나무가 자라는 것에서 시작하여 생산자가 나무를 잘라서 특정 제품을 만들어 소비자에게 판매한다. 소비자는 그 제품을 사용하고 폐기하는 단계까지 해설자의 설명과 배우의 마임으로 '나무의 일생'을 보여준다.」

나무가 종이컵, 시험지, 화장지, 교과서가 되어 소비되는 과정을 보여준다. 그 중 화장지에서 문제가 발생했다. 리액션! 연극적 약속이 무시된 상황이었다. 무언가 버리는 동작은 거칠고 과장된다. 아래 해설문에 따라 나무는 바닥에 버려졌다.

[어느 한 나무꾼이 숲을 지나다가 똥이 마려워서 똥을 쌌다. 화장지가 없어서 근처 나무를 찾아 똥꾸를 닦는데, 그 나무가 너무 부드러워 나무꾼은 나무를 베었다. 그 나무는 화장지가 되어 마트로 갔다. "사세요! 사! 쌉니다. 싸!"우리의 소비자는 화장지를 원 플러스원에 구입하여 콧구멍을 후빈 뒤, 화장지 3칸을 뜯어서 "힝"하고 푼다. 그리고 그 화장지를 쓰레기통

에 버린다.]

해설문처럼 구입하여 가져오는 과정에서 소비자 아이는 나무이자 화장지를 맡은 아이가 입고 있던 옷을 잡고 질질 끌고 다녔다. 그리고 화장지를 쓰레기통에 던질 때도 바닥에 팽개쳤다. 불편하다. 직접적인 신체 접촉은 없었지만 멈추게 하고 싶었다. 나무 역할 아이는 웃고 있었지만, 그래도 멈추게 하고 싶었다. 수업이 끝나고 서로 느낌과 소감을 나눌 때 교사 입장에서 이야기했다.

"화장지가 걸어서 쓰레기통까지 갈 수가 없으니, 당연히 소비자에 의해 이동되는 게 맞지만, 선생님은 그 장면이 불편했단다."

나도 아이들처럼 그저 내 소감을 말했다.

아이들은 그 공간에 대한 안정감을 느끼지 못한다면, 자유롭게 말하지도 표현하지도 못한다. 역할에 몰입하는 게 아니라 상대방 눈치로 모든 행동에 제동이 걸린다.

네가 왕따야! 수업방해꾼

수업방해꾼이라고 단정 지어도 될까? 그러니 10년 전 그 아이는 분명 수업을 방해했다. 아찔했던 수업. 그 아찔함은 수업자인 나의 당황함일 수 있고 다른 아이들의 심적 상처일 수 있다. 그 아이의 활약은 여러 가지다. 앞으로 다시 만나기 힘든 아이이다.

'큰 길로 가겠다(김형삼 시, 백창우 곡)'노래로 수업을 했었다. 백창우 선생님의 동요는 교육연극 수업에 많이 활용했다. 아이들이 쓴 시가 가사이기에 드라마로 만들기 수월하다.

가사내용은 '나머지 공부(보충수업)'로 친구들이 놀릴까봐 인적이 드문 길로 다니는 아이의 이야기다.

「빈의자에 주인공이 앉아 있다고 상상한다. 어떻게 생겼을지, 어떤 학교 생활을 하고 있는지, 어떤 가족들이 있는지, 어떤 성격인지 한 마디씩 이야기하면서 인물을 구체적으로 만들어보았다. 그리고 아이의 하루 생활도 모둠별로 조각장면으로 표현했다. 이제 그 아이를 우리가 어떻게 이해하고 도울지 나설 차례다. 빈의자에 주인공이 앉아서 아이들을 만날 것이다. 앞에서 우리 반은 주인공을 공부도 못하고, 냄새나고 친구도 없는 외톨이로 만들었다. 나머지 공부를 하는 대상에 대해 우리 반이 갖고 있는 편견이다. 부정적 편견이 담긴 인물은 교사가 하는 게 맞다.」

역할 내 교사로 내가 주인공이 되어 앉기로 했다. 일명 핫시팅! 다른 아이들은 노래 속 아이와 관련된 주변 사람들(예를 들어, 친구, 선생님, 엄마나 아빠, 문구점 주인 등)이 되어 아이에게 도움이나 힘을 주는 말을 한다.

이 날은 학부모 공개수업 날이었다. 수업 방해꾼이 갑자기 자기가 하겠다고 손을 든다. 이건 선생님이 해야 한다고 했지만 아이는 해맑은 얼굴로 자기가 꼭 그 자리에 앉아서 하고 싶단다. 잘 할 테니 믿어달란다. 아, 어떡하지? 많은 학부모가 날 본다. 망설였다. '선생님이 혼자 다 한다.'라는 말이 나올 것 같아 원칙을 버리고 자리를 내주었다.

"○○아, 그 아이 입장에서 이야기해야 해. 알았지?"

"넵! 저만 믿으세요."

짝다리로 앉는다. 배를 내민다. 예감은 틀리지 않았다.

"여러분, 여기 그 친구가 앉아있습니다. 이 친구는 많은 격려와 도움이 필요할 거예요. 이제 하고 싶은 말을 해보세요?"

한 아이가 손든다. 아이의 부모 두 분 다 수업에 참관하셨다.

"있잖아. 내가 작년에 왕따여서 아는데."

○○이 피식 웃으면서 말을 끊고 받아친다.

"엉? 작년에 왕따였다고? 야! 넌 지금도 찌질해!"

갑자기 술렁이었고 상대 아이는 당황해 한다.

"하나, 둘, 셋!"역할에서 빠져 나오는 신호를 보냈다. ○○이를 역할에서 꺼내었다. 의자에서 일어나게 했다. 다시 내가 앉았다.

"하나, 둘, 셋! 다시 선생님이 그 아이가 되어 의자에 앉겠습니다."

그리고 수습을 해야 했다. 일어난 상황이 일어나지 않은 것처럼 넘어갈 수 없었다. 상황 속에서 마무리를 해야 했다.

"아~ 네가 작년에 왕따였다고? 네가 밝아보여서 전혀 몰랐어. 나를 도와줄 수 있겠니? 나랑 수업 끝나고 놀 수 있어?"

상대 아이는 도와달라는 요청에 이것저것 알려준다.

"내 친구가 되어 줄 수 있겠니?"

"응!"

아이는 기꺼이 친구가 되어 줄 수 있다고 했고, 고맙다고 했다. 그 뒤 한동안 핫시팅을 사용하지 않았다.

Tip

역할 내 교사는 드라마 활동을 할 때 효과적으로 사용된다.
아이들과 비슷한 또래, 권위 있는 역할, 반대자 역할, 도움이 필요한 역할, 문제가 있는 역할, 정보를 알려주는 역할, 중재자 역할 등. 나는 내가 소화할 수 있는 선에서 역할을 입는다. 고학년 아이들 앞에서는 주로 그들 보다 지위가 높은 전문가나, 상사 역할을 했다.

2. 머리로 만든 못난 수업

네 몸무게만큼 지구는 아파

학교 뒷산에 갔다. 환경교육을 연극놀이로 풀어보고 싶었다. 새로운 도전이었다. 친환경적인 장소에서 하겠다는 의욕에 반 아이들을 이끌고 갔다. 그 공간에서 직접 움직이며 자연에 대한 친숙함을 느끼게 할 의도였다. 물론 관리자 승인하에 움직였다. 주변을 산책하시는 어르신들의 시선 따윈 개의치 않았다. 그냥 했다.

환경오염을 해결하지 못했을 때 지구와 그 위에 살고 있는 인간에게 어떤 일이 생길 지 연극놀이를 통해 접근해 보고 싶었다. 어렸을 때 했던 말뚝박기로 말은 "지구", 위에 타는 사람은 지구의 "오염"들이다. "오염"이 무거울수록 "지구"는 감당하기 어렵다. 무너진다. 지구 대 오염의 대결이다. 이 당시 나는 일반 놀이에 특정 역할 이름만 붙여도 연극놀이수업이라고 확신하고 있을 때다.

수업 후 아이들은 '무거운 아이가 올라 올 때 두려웠어요.', '진짜 힘들어요.' 라고 했다. 그런데 나는

"그래그래, 그거야, 지구도 힘들고 두려웠을 거야. 지구가 무너지면, 그 위에 있는 우리도 같이 무너지지."라고 해석을 달았다.

날씨는 참 좋았다. 그 좋은 날에 뒷산에 앉아서 아이들은 한 번도 해본 적이 없는 말뚝박기를 했다. 의욕 충만한 교사가 입으로 그럴싸하게 마무리를 했다. 교실로 돌아가는 내내 아이들은 계속 누가 무거워서 죽을 뻔했다, 허리가 아프네, 죽겠네 한다.

이 놀이는 위험할 수도 있었다.

또 이 놀이는 몸무게에 예민한 아이에게 불편한 놀이였다.

맥락도 없고, 내용도 없고, 재미도 없는 이 수업의 정체는 뭐냐?

그냥, 선생님이 열심히 하시니까

눈에 보이는 게 다가 아니다. 어느 순간 의문이 들었다. 정말 아이들이 몰입하고 있나? 정말 다행히 그 의문을 풀어낼 수업을 만났다.

'자동차 심판'

사회시간의 재판과정과 과학시간의 환경오염을 연결했다. 자동차 역할을 맡은 아이는 피고인이면서 스스로 변호하고, 나머지 아이들은 피해자와 검사가 된다. 모의재판이다. 인원수로도 자동차가 질 수 밖에 없는 불리한 상황이었다.

분명 자동차는 환경오염 주범인데 재판과정에서 꽤 당당했다. 자기는 사람들의 편리와 과학기술로 탄생되었으며, 자기를 이용하는 인간의 잘못이라고 요목조목 반박한다. 상대방은 참고자료가 충분히 있음에도 아무 말도 못한다. 조용하다. 설득당하고 있었다. 그러나 재판 결과는 '자동차'가 잘못이 많아 벌을 받는 걸로 마무리 했다. 과정 따로 결과 따로. 아쉽고 허전했다. 재미도 없었다. 그보다 아이들이 억지로 하고 있다는 인상을 지울 수 없었다.

"어땠어? 내용이 어려웠니?"

솔직히 이야기를 털어낸다.

"어려운 건 아닌데, 우리가 뭘 어떻게 해야 하는지 모르겠어요."

"그럼 말을 하지, 그냥 멈추면 되는데."

"선생님이 열심히 하시니까. 그래서…… "

뒷말은 충분히 추측할 수 있었다. 그 전 수업도 비슷했을 것이다. 기법 적용에 신이 났던 나는 아이들의 속마음은 보지 못했다. 여태껏 그걸 보고 내 수업이 잘 되었다고 생각했다. 그래서 반성이 없었다. 이때부터 내 수업에서 거리를 뒀다. 그리고 내 수업이 아닌 우리 수업에 대해 고민했다.

하지만, 아이들의 나에 대한 신뢰와 애정은 항상 고맙다.

못하겠어요, 민망해요

발표도 잘하고, 협조적인 아이. 모범생으로 불리는 아이. 가끔 연극놀이를 할 때 다리가 아프다고 한다. 배가 아플 때도 있었다. 몸이 약한가 보다 싶었다. 시작부터 빠지진 않는다. 한두 번 진행될 때 쯤 조용히 와서 아프다고 한다. 보건실에 가보길 권하지만 자리에 앉아있겠다고 한다. 새로운 연극놀이를 했다. 이 놀이 덕(?)에 아이가 진짜 몸이 아픈 게 아니라는 걸 알아냈다.

"가자! 산으로!"

「술래가 한 손을 번쩍 들고, "가자! 어디로~"하고 특정 장소를 외치면 그곳에서 볼 수 있는 사람들의 모습을 보여주면 된다. 예를 들어 "가자! 바다로!" 하면, 낚시나 수영하는 사람, 모래성 쌓는 사람들을 보여준다.」

이 놀이는 장소에 따라 동작이 바뀌기 때문에 예측 불가능하다. 친구들이 등산객이 되었다가 목욕탕에서 열심히 때를 밀고 샤워를 하더니, 갑자기 좀비나 귀신이 되어 몸을 꺾거나 다리를 전다. 장소가 산에서 목욕탕으로 목욕탕에서 공동묘지로 옮길 때 쯤 나에게 다급하게 와서 말한다.

"선생님, 민망해요."

아이에게 연극놀이는 불편한 활동이었다. 역할을 입는 것도 가상 상황에 들어가는 것도 어색했고 이상했던 거다. 연극놀이는 진지함보다 가볍게 진행되기 때문에 모든 아이들도 편하게 느낄 거라 생각했다. 재미를 느끼는 정도의 차이는 있지만, 피하고 싶을 정도인지 몰랐다. 자기 보호를 위해 아픈 곳을 말하기도 전에 놀이가 정신없이 흘러가서 당황했던 것이다. 아이가 이해되니 미안했다.

그 뒤 아이는? 여전히 조심스럽게 수업에 참여한다. 연극놀이도 마찬가지다. 더 이상 아프다는 말은 하지 않는다. 가끔 "안 해도 돼요?"라고 물어본다. 담임이 자기 상황을 이해하고 있으니 편하게 말한다.

그래도 민망한 아이는 나름 자기 역할을 찾은 것 같았다. 모두가 적극적일 필요도 연기를 할 필요는 없다. 아이는 친구들이 인형극을 할 때 컴퓨터 책상에 앉아 음향을 담당했다. 즉흥극으로 만든 생일파티에 가장 늦게 나왔지만, 박수를 치며 생일축하 노래를 불러주고 있었다. 자기 말대로 민망하기도 하지만 친구들과 함께 하고 싶은 마음 둘 다 그 아이에게는 있었다.

교실 속 아이들은 한 공간에서 같은 활동을 하면서도 각기 다른 감정과 수준으로 움직이고 있었던 것이다. 혹시 앞으로 또 다른 그 아이를 만나면 그 아이가 연극적 상황이 편하고 안전하다고 느낄 때까지, 스스로 들어올 수 있게 기다려주겠다.

3. 아슬아슬 사건 사고, 연극놀이

연극놀이는 그 자체로 즐거운 놀이로써 기능을 할 때가 많다. 경우에 따라 신체 및 표현활동을 위해, 수업 시작 전 동기유발로, 수업의 맥락을 만들어주기 위해 활용된다.

이제 들려줄 사례들은 수년간 했던 놀이 중 아찔한 순간들이다. 위험했다는 표현이 더 적절할 듯하다. 운이 좋았다. 연극놀이를 진행하는 선생님들이라면 놀이가 갖고 있는 재미와 안전 사이에서 충분한 고민을 해봐야 할 것이다.

인간 장애물! 거침없이 하이 킥!

「인간 장애물 통과하기 게임. 두 팀으로 나눈다. 보통 홀수 짝수로 나눈다. 남녀로 나누면 괜한 승부욕에 유치한 성별대결로 끝난다. 두 팀으로 나눈 뒤, 2인 1조로 손을 맞잡고 적당한 간격을 두고 선다. 둘이 인간 장애물을 만든다. 장애물은 놀이가 진행되는 동안 무너지지 않고 튼튼해야 한다. 상대 팀이 통과할 수 있게 두 사람이 몸으로 공간을 만들어 준다. 장애물이 여러 개 완성되면 다른 팀은 출발선에 서 있다가 한 명씩 장애물들을 통과한다. 장애물을 돌아 갈 수 없고 두 사람의 사이를 통과하면 된다. 다음 사람도 이어서 출발한다. 마지막 사람까지 처음 자리로 모두 다 들어오면 끝! 가장 빨리 들어오는 팀이 이긴다.」

그런데, 한 아이가 무리해서 장애물을 뚫어보려고 했고, 장애물을 만든 아이들은 대형을 더 좁게 해서 통과시키지 않으려고 했다. 급기야 셋이 엉켜서 바닥에 눕게 되고, 그 중 한 명이 짜증을 내면서 발을 굴렀다. 누워서 발을 구르다보니 공중에서 헛발질이 되었고, 옆에 있는 아이가 맞았다. 자기 발에 친구가 채인 줄 모르고 계속 발버둥 친다. 재빨리 중단시키고 맞은 아이를 보건실로 보냈다. 신발을 벗어놓고 진행을 했기 때문에 더 큰 부상은 막았다. 이를 맞았다면? 안경을 맞았다면? 코를 맞았다면? 아찔하다.

고민했다. 난 이걸 왜 하려고 했었나? 그 뒤로? 몇 년은 안했다. 맞다. 구더기 무서워서 장을 못 담갔다. 최근 다시 조심스럽게 해봤다. 체육시간에 활용하기에 참 좋은 활동이다. 이때의 아찔한 순간을 이야기 해주었고, 안전을 재차 강조하였다. 장애물은 무너지지 않아야 한다. 무리하게 어려운 포즈를 만들지 말라는 것이다. 통과하는 사람도 뛰거나 장애물에 손을 대어선 안 된다는 조건을 걸었다. 그리고 음악도 틀었다. 느리고 차분한 음악으로 행동을 제어하는 데 효과적이었다. 빨리 들어오는 팀에 점수를 주는 게 아니라, 튼튼하게 부셔지지 않고 창의적인 장애물을 만든 팀에게 점수를 줬다. 그랬더니 오히려 신체표현, 2인 협동 활동에 집중한다. 진즉 이렇게 할 것을.

엄마가 저보고 미쳤대요

연극놀이로 학부모 민원이 들어온다면? 아니, 들어올 뻔 했다. 시중에 나온 많은 연극놀이 책들을 보면 1대1 대결 놀이도 찾아볼 수 있다. '외로운 김서방'은 교육연극을 시작할 때 쯤 교육연극 책을 통해 알게 된 놀이였다. 말없이 자기의 표정과 몸동작으로 상대방을 먼저 웃겨서 이기는 놀이이다. 과도한 움직임이 없어 안전사고 걱정도 없다. 규칙도 간단하다. 친구들의 새로운 모습을 발견하게 되어 분위기도 좋다.

「둘이 30cm정도 사이에 두고 마주본다. 한 사람이 먼저 시작한다. '김서방은 외로워'라는 말을 하면서 표정이나 동작을 취한다. 그리고 멈춘다. 다시 상대방도 똑같은 말로 다른 동작과 표정을 짓는다. 상대방을 만지면 안 된다. 오로지 자기 표정과 동작으로만 웃겨야 한다. 웃겨야한다는 초점 때문에 정말 다양한 동작들이 나온다. 최종 1인은 선생님과 겨룰 수 있는 기회도 갖는다.」

문제는 그 다음 날이다. 한 아이가 집에서 엄마한테 맞을 뻔했다면 호들갑을 떤다. 엄마가 저녁 준비하고 계실 때, 학교에서 했던 김서방이 생각나서 엄마 등을 툭툭 쳤단다. 엄마가 뒤를 돌아보자, 아이는 몸을 배배 꼬면서 '김서방은 외로워'라고 말했단다. 엄마를 웃겨 드리고 싶었는데 화를 내셨단다.

"너! 미친 거야! 뭐하는 짓이야"

웃음 대신 소리를 치셨단다.

순간 '아차!'했다. 일하고 있는 엄마를 툭툭 쳐서 문제인건지, 우리가 알 수 없던 엄마의 기분이 문제였던지, 아이의 표정과 동작이 문제인지. 그런데 문득 김서방이 외로운 게 문제였던 것 같다. 김서방이 외롭다니, 어른 입장에서는 다양하게 해석을 했을 것 같다. 오해는 가능하다. 다행히도 민원은 없었다. 만약 전화가 왔다면?

"전 책에 나온 대로 아이들과 했을 뿐이에요."이렇게 말할 건가?

비겁한 변명. 자료는 자료일 뿐 적용에 대한 책임은 나에게 있다.

지금은 김서방은 외로워가 아니라. ○○이는 너무 심심해. 이렇게 자기 이름을 말하고 동작을 취한다. 여전히 재미있는 놀이다.

그 때 이렇게 했어야 했다.

"엄마! ○○이는 심심해!"이랬으면

엄마는 뭐라고 하셨을까? 적어도 아이보고 미쳤냐고 소리치지는 않으셨을 것 같다. 아닌가?

Tip

시중에 자료는 아주 넘치고 넘친다. 놀이 형태는 비슷하다. 학급, 학년 특성을 고려하여 놀이의 이름이나 활동 내용을 살짝 변형해보는 것이 좋다. 번역서에서 나온 '살인자의 윙크'라는 연극놀이를 아이들 정서를 고려하여 제목만 바꿔서 사용하는 경우도 있다. 과일샐러드를 학년 교육과정이나 수준을 고려해 비빔밥, 팥빙수, 동물원으로 바꿀 수도 있다. '라디오를 찾아라.'라는 역지사지 개념의 연극놀이도 '핸드폰을 찾아라.'로 현재가 반영된 물건으로 바꾸면 된다.

슬픈 여우와 미안한 방울뱀

이런 말이 있다.
[교육연극, 드라마 경험은 아이들 삶의 훈련이 된다.]
그러기에 가끔, 너무 쓰다.

전학 온 여우는 슬프다

여우와 토끼 연극놀이를 했다. 여우는 학기 중에 온 전학생이었다. 매력있는 술래여서 전학생에게 우선 기회를 줬다. 놀이는 아주 간단하다. 여우는 토끼를 쫓는다. 나머지는 울타리가 되어 여우는 막고 토끼는 잘 들어오고 나갈 수 있도록 움직여준다. 연극놀이를 마치고 느낀 점, 불편한 점을 이야기 해보도록 했다. 각자, 토끼와 여우, 울타리의 역할 속에서 불편한 점을 나눴다.

다른 여우들은 재미있다고 했는데, 첫 번째 여우는 말하기를 꺼려했다. 그래도 잠시 머뭇거리더니 입을 연다. 게임 규칙이 있어도 울타리가 열릴

거라고 생각했단다. 이쪽은 막혀도 저쪽에 자기랑 친한 친구들이 있는 울타리는 살짝 열어 줄 거라고 생각했단다. 끝까지 막혀서 서운했단다. 토끼를 못 잡아서 아쉬운 게 아니라, 울타리가 열리지 않아서 서운했단다. 그 여우는 놀이를 끝내고도 오랫동안 우울했다. 놀이의 상황을 현실로 그대로 입고 나온 것이다. 아무리 벗게 하려 해도 힘들고 서운하단다. 이에 대해 어떤 선생님은 규칙 때문인데 일일이 그 아이의 감정까지 신경 써줘야 하겠느냐, 모든 게 자기 마음대로 할 수 없다는 것도 알아야 한다고 말하기도 했다. 그러나 상황이, 아이는 전학생이고, 이제 친구들을 알아가는 단계였다.

여우의 이야기를 들은 울타리 아이들도 말을 꺼낸다. 실제 울타리도 고민이 많았다. 이 게임이 재미있을 줄 알았는데 막상 해보니 불편했단다. 친구가 너무 애쓰니까 울타리를 열어주고 싶었다고 한다. 선생님 눈치도 보이고 규칙도 지켜야하고. 결국 늘 해왔듯 규칙이 우선이어서 여우를 끝까지 막아내기로 했단다. "저리가, 너 여기 못 들어와."

나도, 울타리도, 도망 다니기만 했던 토끼도 여우에게 미안해했다. 아이들과 함께 하는 활동은 잘 형성된 관계에서 출발해야 한다. 놀이를 통해서 관계가 쌓일 수도 있지만 놀이의 규칙과 원칙을 갖다 대기 전에 신뢰가 더 쌓여야 했다.

역할을 쉽게 벗지 못하는 아이들이 나올 때마다 어떻게 정리할지 항상 고민된다.

방울뱀과 땅꾼. 이제 재한테 장가가야해

연극놀이를 하다 보면 자연스러운 신체 접촉이 생긴다. 손을 잡고 뛰어야 하거나, 손을 잡고 장애물을 만들거나, 악수를 해야 하거나, 함께 등을 맞대고 이동을 해야 하거나. 그러나 놀이를 통한 자연스러운 스킨십이 사건을 만들어 버렸다.

「방울뱀과 땅꾼. 술래가 두 명이다. 두 명의 술래는 눈을 가린다. 나머지 아이들은 원을 만들어 술래가 벽에 부딪히거나 공간에서 벗어나지 않게 안전망을 만들어 준다. 그 원에 둘이 들어간다. 한 사람은 피하고, 한 사람은 잡으러 다닌다. 뱀은 도망 다니고 땅꾼은 잡으러 다니고. 소리로 둘 간의 거리를 알려준다. 둘의 거리가 가까우면 소리가 커진다. 그 소리는 방울뱀이 내는 '쉿! 쉿! 쉿!'으로 약속했다. 멀어지면 소리는 약하다. 땅꾼은 뱀이 가깝다는 것을 알고 잡으러 간다. 뛰면 안 된다. 다칠 수 있다. 손으로 더듬더듬. 뱀이 잡히면 게임은 끝나고 다른 술래가 들어간다.」

남학생이 뱀이, 여학생이 땅꾼이 되었다. 문제는 끝난 뒤다. 여학생이 더듬더듬 하며 남학생을 잡았다. 그 뿐이다. 더듬더듬. 다른 아이들은 그 모습을 계속 봤다. 그걸로 놀리기 시작한 것이다.

"그 애가 널 만졌어. 넌 이제 장가 못가."

짓궂다. 여학생은 오히려 남학생에게 미안해했다.

아이들에게 "해석하지 말라. 놀이는 놀이일 뿐이다."라고 경고를 주는 것 말고 내가 할 수 있는 게 없었다. 대신 분위기 전환을 위해 얼른 "연극놀이 1시간 더!"를 외치고 더 신나고 활동적인 놀이로 이 상황을 잊도록 했다. 다행히 방울뱀과 땅꾼 이야기는 나오지 않았다.

이 놀이는 다시는 하지 않는다. 이 놀이의 초점이 소리에 집중하기, 거리감을 관찰하고 소리내기라면 이를 대신할 놀이는 많다. 그리고 또 고민한다. 연극놀이를 할 때 남녀 구별을 해서 진행할 것인가 말 것인가?

4. 교육연극, 마음을 움직이다

초콜릿은 만두다

점심으로 만둣국을 먹었다. 오래전 빚은 주황색 만두가 생각난다. 6학년 사회 시간에 어린이 인권과 관련해서 '카카오 농장'소재로 수업을 했다. 우리가 마트에서 값싸게 사서 먹는 초콜릿이 어떻게 들어오는지, 누구의 손을 거쳐 오는지 생각해보는 시간을 가지고 싶었다.

해설팬터마임으로 카카오 농장에서 일하는 아이가 되어 힘든 하루를 체험했다. 농장에서 탈출한 아이를 빈의자에 데려와 질문도 하고 위로도 해주었다. 아이 입장에서 도움을 요청하는 편지도 썼다. 카카오 농장에 있는 아이들처럼 살아보기 체험 후, 현실로 돌아와 이야기를 나눴다. 이 날이 빼빼로 데이다.

[너희 책상에 놓인 초콜릿과 초콜릿 과자는 어디에 왔을까? 우리가 즐거울 때 다른 아이는 힘들고 괴롭다. 뉴스에서 초콜릿이 검은 눈물로 불리는지에 대한 기사가 나온다. 우리는 그것과 관련해 칼라찰흙으로 구체물을 만들어 '초콜릿은 ○○이다.'로 한 문장 발표를 해보자.]

아이들은 눈물, 땀과 먼지로 찌든 때, 깨진 하트 등을 만들었다. 그 중 지금은 27살이 되었을 13살 아이가 투박하게 빚은 주황색 만두를 들고 말했다.

"만두는 맛있습니다. 초콜릿도 맛있습니다. 이 맛있는 만두 속에 두부가 으깨져있습니다. 고기, 당면, 야채가 으깨졌습니다. 그래서 만두는 맛있습니다. 초콜릿 속에 그 어린이들의 꿈, 희망, 가족, 공부, 사랑 모든 게 으깨져서 들어있습니다. 그런데 맛있습니다. 그래서 슬픕니다."

가끔 초콜릿을 먹을 때 아이의 만두가 생각난다.

TIP

이미지 표현이란 배운 내용이나 느낌을 구체물로 만드는 활동이다. 아이들은 만든 대상에 의지하며 말한다. 그 때 쓰인 소재는 칼라찰흙, 이면지, 색종이 등 쉽게 변형을 시킬 수 있는 종류가 좋다.

토론연극, 통일수업

생일파티 반대합니다

토론연극 수업을 열심히 한 적이 있었다. 환경문제, 학교문제, 친구문제 등 다양한 주제를 다뤘었다. 당시 한참 문제가 되었던 생일파티 토론연극도 했었다.

〈문제 상황 발견 및 인식 단계〉

생일파티를 마련한 부모님의 고민과 생일파티에 초대받은 친구들과의 마찰을 다섯 명의 배우가 준비된 즉흥극으로 보여준다.

[문제 장면: 부모님에게 생일파티인데 맛있는 게 많이 없다고 투정부리는 장면, 다른 아이들은 생일선물을 주는데, 한 친구는 선물이 없다고 미안해하는 장면]

아이들은 즉흥극에 나타난 문제 상황 발견한다.

"부모님에게 너무 당연하다는 듯 말한다. 부모님도 생일파티 준비하기 힘들다. 친구들은 또 생일선물로 차별받고, 편지는 선물이 아니냐? 생일 축하 카드는 왜 차별하냐?"

발견된 상황은 토론 주제[생일파티는 꼭 해야 하나?]와 연결된다. 그리고 모둠별로 생일파티와 관련하여 자신들의 정보나 경험을 이야기 해보고 정지장면으로 표현한다. 그 중 한 장면이다.

「옆에서 열심히 일하는 아버지, 음식을 만드는 어머니. 아버지를 맡은 아이는 바지 단까지 걷어 올리며 열심히 일하는 모습을 보여주었다. 생일파티를 하면서 웃고 있는 아이와 대비된다.」

〈해결방안 탐색하는 단계〉

다섯 배우가 했던 문제 상황을 다시 재연한다.

「즉흥극을 보면서 장면에 관해 의견을 가진 아이가 "잠깐!"을 외치며 배우의 역할을 맡아 대신 연기한다. 자신의 의견을 짧게 이야기한다. 자신의 역할을 다 마치면 원래 배우에게 역할을 넘겨준다.」

적절한 근거를 제시하지 못하고 논리적인 의사전달 능력이 미흡한 아이에게는 극 속 배우의 대사를 통해 자기 입장을 전달하여 토론을 경험하도록 한다. 아이들은 배우들의 즉흥극과 모둠에서 보여준 장면을 토대로 입장을 확실히 굳힐 수 있다. 찬성, 반대인지 분명하게 정해 나누어 앉는다.

〈적절한 근거 들어가며 토론하는 단계〉

자신의 입장을 정해서 적절한 근거를 들어가며 말한다. 양쪽 다 잘 듣고, 상대방 주장에 대해 반론도 한다. 모든 발언이 끝나면 최종변론 및 판정한다.

그 당시 판정은 생일파티 반대 입장이 이겼다. 판정에서 졌지만, 찬성입장도 친구의 우정을 확인 할 수 있고, 하나밖에 없는 나의 생명이 태어난

공식적으로 축하를 맘껏 받을 수 있는 나의 날이기에 꼭 하고 싶다고 했다. 좋은 의견을 냈었다.

〈마무리〉

토론을 마치고 항상 활동과 관련하여 생각과 느낀 점, 아쉬운 점 등을 나누도록 했다. 아직도 기억에 남는 한 아이가 있다.

"나는 한 번도 생일파티를 해본 적도 없고 생일파티를 반대했습니다. 그런데, 생일파티를 해야 한다는 이유를 듣고 나니, 재미있을 것 같고 나쁘지 않을 것 같습니다. 한 번 쯤 생일 파티를 해보고 싶었습니다. 그래서 오늘부터 용돈을 모을 생각입니다."

아이는 상대방을 이겨야 한다는 토론의 결과를 넘어섰다. 상대편의 말에 경청했다. 해보지 못한 경험에 대한 호기심도 생겼을 것이다. 고백 같고, 따뜻한 말이다.

누가 통일을 기다리니?

신형원의 '터'노래를 들으면 "그날이 오면은 모두 기뻐하리라."라는 가사가 나온다. 그 즘 우리는 사회시간에 민족 분단의 역사를, 도덕시간에 통일을, 국어시간에는 실향민 이야기를 배우고 있었다. 세 교과의 '통일'이라는 공통 소재를 신형원의 '터'와 엮어서 수업을 진행했다. 노래는 수시로 들려주었고 후렴구는 거의 외울 정도였다.

「책상을 뒤로 밀고, 교실전체를 넓게 쓴다. 그리고 동서남북 방위를 알려둔다. 우리나라를 상징하고 있는 대상을 몸으로 만들어 세웠다. 휴전선,

독도, 서울, 광화문, 이순신 장군, 제주도 등. 한 친구가 먼저 자리 잡으면 다른 아이도 그 근처에 자리를 잡고 무엇을 표현했는지 이야기 한다. 혼자도 되고, 둘도 된다. 어느 정도 채워지면 각자 위치에서 편하게 앉아서 '터' 노래를 듣는다.」

질문을 한다.

"그날은 어떤 날일까?"

다시 질문을 한다.

"그날을 기다리는 사람은 어떤 사람들일까? 어떤 사연을 가지고 있는 것일까?"

"어떤 사람들이 그 날을 기다리는지 정지장면으로 만들어보자."

조용하다. 다행히 한 모둠이 발표를 하겠다고 나왔다.

그 모둠은 남한의 한류문화를 자유롭게 접하고 싶은 북한 사람들이라고 콘서트 장면을 표현했다. 이어 다른 모둠은 실향민을 표현했다. 친구 한 명이 무릎을 꿇고 바닥에 몸을 숙이고, 다른 친구가 큰 절을 하고 멈췄다. 그 다음 모둠. 한 아이가 손가락으로 만든 총을 바닥에 주저앉은 아이의 머리에 겨눈다. 답은 쉽게 보였다.

"누가 기다릴까? 뭐지?"

"군인이요."

"그래 눈에 보이는 건 분명 군인 같아. 그런데, 이유가 뭘까? 왜?"

"남북통일이 되면, 이제 전쟁이 없어지니까 군대에 안 가도 돼요. 그러니까 지금 군대를 가야할 남자들?"이런 이야기도 나온다.

그런데 정답이 아니란다.

장면은 보이는데, 그 이유가 나타나지 않는다.

잠시 침묵. 못 찾았다. 장면을 만든 아이들이 말한다.

"6.25 전쟁 때 서로 적이니까, 죽일 수밖에 없잖아요. 군인이니까, 명령을 들어야 하니까. 그 때 총을 쏜 군인이, 자기가 죽인 사람의 가족을 찾아서 사과하고 싶어서 통일을 기다릴 것 같아요."

그렇구나, 마음이 아팠구나. 아들을 잃은 부모의 슬픔을 느끼는데서 시작했구나. 가족에서 시작한 장면이었구나.

Tip

노래로 맥락을 만들자. 가끔 여러 과목을 묶어서 재구성하여 수업을 만들 때 그 전체를 꿸 맥락이 필요하다. 적절한 노래가 맥락을 만들어 줄 수 있다. 때론 극적체험을 위해 분위기를 효과적으로 잡아주기도 한다.

이제, 우린 괜찮아요

영어연극 탈락! 샘! 우리가 부끄럽나요?

영어 연극대회, 당시 학교에서 꽤 큰 대회였다. 학급당 한 작품이상 의무 출전이어서 우리 반도 나갔다. 선생님 도움 없이 알아서 만들어서 나가라는 조건을 걸었다.

다른 반은 역할에 어울리는 의상과 분장도 했다. 디테일한 소품도 잘 준비되어 있고, 전지 몇 장을 연결하여 배경도 만들었다. 반면 우리 반은 행거로 동굴을 만들고, 천으로 옷을 해 입고 등장한다. "Open sesame!"를 외치자 행거에 걸친 천이 걷히고 그 속으로 들어간다. 제목은 알리바바와 40인의 도둑이다.

담당 교사는 영어 대사도 자신감 있었고 재미있게 잘했다고 했지만 결과는 탈락. 아이들이 기죽을까 걱정되었다.

"얘들아, 행거랑 천이 뭐야. 왜 그러고 나갔어. 너희 영어도 잘하잖아. 아깝잖아."

"샘, 괜찮아요. 재밌었어요. 혹시 우리가 부끄럽나요?

세 의자 이야기, 지금 전 행복합니다

의자를 활용한 교육연극 수업은 참 많다. 세 의자 수업을 했다. 이 활동은 5학년 연극단원 프로그램 마지막 회기에도 나온다. 의자 1은 과거, 의자 2는 지금, 의자 3은 미래다. 의자를 옮기면서 자기의 이야기를 짧게 들려준다. ○○라는 아이가 있다. 전학이 잦은 아이였다. 그때도 1학기 때 다른 학교로 전학 갔다가 2학기에 다시 돌아왔다. 어두워 보이고 학교에 잘 적응을 할지 걱정되는 아이이다. 처음 해 본 활동이라 누가 선뜻 나서질 않았다. 그런데 ○○가 앉는다.

의자1 과거 : 나는 정말 예전에 심심했어. 엄마랑 나랑 둘이야. 엄마는 일 나가셨어. 항상 나 혼자였고, 난 별로였어.

의자 2 현재 : 지금 나는 좋아, 여전히 엄마랑 둘 밖에 없지만, 학교에 오면 좋아. 재미있어. 지금 난 행복해.

의자 3 미래 : 이런 나는 앞으로도 계속 행복할 것 같아.

누구도 남의 행복을 함부로 판단해서는 안 된다는 걸 깨달았다.

행복한 상태는 웃음이 넘치고, 밝고 명랑해야 하는 건 아닌 듯하다. 아이 입에서 자신 있게 조용히 뱉은 한 말

"전 지금 행복합니다."

> 교육연극수업에 의자는 다양하게 활용된다.
> 빈의자 : 의자만 두고, 인물이 있다고 상상하여 질문을 던진다.
> 핫시팅 : 교사나 지원자가 앉아서 그 인물이 되어 아이들과 이야기를 주고 받는다.
> 그 외에 의자 두개를 돌려놓고, 인물 둘이 등을 대고 앉아 속마음을 털어 놓기도 한다. 의자는 징검다리, 타임머신, 운전석 등 다양하게 변형되기도 한다.

교육연극, 서로 의지하는 아이들

요즘은 마음사전, 감정사전처럼 인성관련 책들이 많다. 오래전에 접한 [아름다운 가치사전]에는 우리가 지키고, 실천해야할 가치들이 아이의 시선으로 정의되고, 그들의 모습이 담긴 사진이 있었다. 어떤 대사들을 할지, 어떤 움직임들이 나올지 그려졌다.

책으로 읽는 가치사전 말고, 몸으로 보여주는 가치사전을 만들어보자고 아이들에게 제안을 했다.

「모둠별로 서로 다른 '가치'가 적힌 쪽지를 줬다. '성실'을 받은 모둠이 있었다. 국어사전에서 그 가치의 사전적 정의를 찾아 쓴다. 그 다음 각자 자기 생활 속 경험에서 나만의 정의를 쓴다. 예를 들어 '친구가 놀자고 불러도 숙제를 다 하고 나가는 것이 성실이다.', '하루도 빠짐없이 학원에 가는 것이 성실이다.'처럼 자기만의 정의를 쓴다. 그리고 그 중 하나를 골라서 즉흥극으로 보여주고 다른 모둠은 어떤 가치가 표현되었는지 알아맞힌다.」

나와 유독 거리를 두는 아이가 있다. 다가가도 반응이 시큰둥하다. 시키지 않으면 발표도 없다. 그러나 모둠활동은 한다. 그렇다고 다른 아이들처럼 열심히 움직이진 않는다.

"○○야~ 아빠가 오랜만에 보너스 타셨으니 뭐 먹을지 생각해봐."

이렇게 엄마역할로 목소리로만 들려주고 퇴장한다. 해설팬터마임에서 해설을 담당하거나 가끔 즉흥 공간 안에서 그냥 현관문 역할 하나를 맡아서 정말 문처럼 딱딱하게 서 있다.

교육연극이 누구에게나 재미있고 편한 수업은 아니다. 그러나 그 불편함을 극복하고 친구들을 위해 기꺼이 움직이는 아이도 있다.

Tip

마음사전, 가치사전

나는 도덕수업을 처음 하기 전에, 우리가 왜 도덕을 배워야하는지 아이들과 여는 과정 중 하나로 이 책을 소재로 사용한다. 가치사전은 우리가 지키고 실천할 덕목이 아이들의 시각으로 정의되어 있다. 그들의 일상이 담겨 있어 즉흥극으로 만들 때 편하게 사용된다.

내 수업에 자부심이 높을 때가 있었다. 음, 지금은 아니다. 교육연극을 좋아하지만, 내게 교육연극은 여전히 어렵다. 여하튼 그 당시 아이들이 재미있어하고 매번 또 하자는 말에 진짜 수업도 잘하는 좋은 선생님인 줄 알았다. 그리고 습관처럼 수업이 어땠는지 물어봤다. 그 때 내 눈에 들어 온 한 아이. 어느 교실에든 한 명씩 있다. 뭐든 잘하고, 뭐든 선생님에게 긍정적인 아이.

"○○아, 교육연극 수업이 재미있어? 좋아?"

"네! 좋죠."

"왜?"

물어보면서도 기대한 건 "표현할 기회를 줘서 좋아요, 친구들이 웃겨요. 내가 주인공이 된 것 같아요."처럼 표현기회와 재미였다.

그런데, "친구하고 함께 하니까 편해요."라고 말한다.

다른 이유는 없냐고 물어봤지만, 그게 전부란다.

"친구하고 함께 하니까 좋아요. 편해요."

나는 아이가 주인공이 된 것 같아서 좋거나, 친구들이 웃기거나, 맘껏 표현할 수 있는 시간이어서 좋다는 말을 기대했던 것 같다.

그리고 친구를 위해서 움직이는 아이와, 함께 해서 좋다는 아이는 같은 반 친구이다. 전자는 후자를 위해 참여하고, 후자는 전자 덕에 수업이 편했단다. 그리고 나도 그 두 명 덕분에 아직도 교육연극을 한다.

맺음말

프로그램보다 사람을 만난다

다락에서 만났다.

오랜만에 다락에 올라갔다. 창고 겸 다락으로 쓰는 그곳에 4개의 큰 플라스틱 박스가 있다. 2개는 교육연극 때 사용하는 보자기와 색깔 천 박스, 다른 1개는 이것저것 잡다한 소품. 나머지 1개는 아이들에게 받은 편지들. 현재의 쓸모를 염두해서 보관하는 건 아니지만 좋았던 기억, 설레는 감정이 그 편지의 보관 이유라면 정리하는 게 맞다. 그래서 조금씩 버려왔다. 아이들 손으로 꾹꾹 눌러쓴 편지는 정리하기가 쉽지 않다. 그래서 아직도 한 상자가 남았다.

잊은 아이들, 잊은 이름들.

아이들의 모습, 그들의 움직임, 말들은 기억난다. 그러나 이름이 생각나지 않는다. 나이 탓인가?

나는 어떤 선생님이었을까? 어떤 수업을 했을까? 사적 이야기에서 객관적인 판단을 찾으려 했다. 궁금했다. 그 때의 나는 어떤 사람이었는지.

편지를 읽었다.

오래된 편지에서 간간이 보이던 '감사해요.', '고마워요.', '오래사세요.' 그 사이에 보이는 '무서워요.' 이유가 뭐든 이 때 난 무서운 선생님이었나 보다. 다행히 어느 지점에서 '재미있어요.'가 보인다. 그리고 '연극놀이', '교육연극', '수업'이라는 단어가 꾸준히 등장한다. 어느 새 교실에서 만큼은 '재미있는 교사'가 되어 있었다. 다행이다.

편지 왔어요.

편지의 대부분은 1년을 보내고 다음 학년으로 올려 보낸 아이들이 쓴 편지다. 교육연극 수업을 했던 그 시간과 나에 대한 고마움과 그리움이 읽힌다.

"5학년 1년 동안 선생님 덕분에 실컷 웃은 것 같아요. 선생님이 6학년은 연극놀이는 썩 좋아하지 않을 거라 해서 궁금해요. 저희는 뭐 유치하거나 어른스러운 연극놀이도 재밌었답니다. (중략) 가끔씩 선생님의 놀이 방식이나 말투가 생각난답니다." 윤○○

"이주진 쌤~ 쌤하고 교육연극 할 때가 가장 좋았는데. 이제 6학년이 되어서 교육연극도 하지 못하네요. 평생 동안 선생님과 선생님 수업 잊지 않고 마음에 새겨둘게요." 안○○

"토론도 재미있었어요. 연극을 보고 문제점도 말하고. 6학년이 되어서 토론을 하고 있는데 할 때마다 5학년이 떠올라요. 교육연극! 온난화, 여러 가지 문제들과 모르고 있었던 것을 많이 알게 되어서 지금도 전기, 에너지를 절약하려고 노력중이에요."반○○

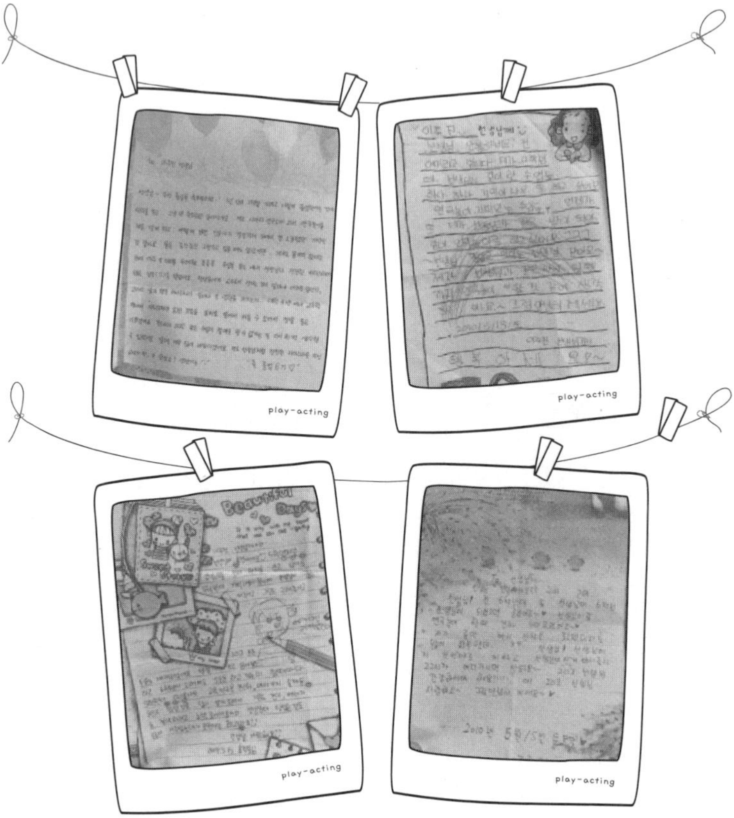

"선생님과 같이 한 수업들 하나, 하나 기억이 나요. 또 하고 싶어요. 연극놀이, 재미있는 수업들, 언젠가 또 제가 선생님과 같은 반이 되어 같이 연극놀이를 하고 싶어요. 그리고 선생님 정말로 멋있는 선생님 같아요. 제가 선생님과 같은 반이 될 때까지 연극놀이 할 것 같이 생각해봐요." 고○○

"아참 그리고 연극놀이 정말 재미있었어요. 최고! 6학년 때 다시 선생님이랑 배우고 싶네요." 박○○

"전 6학년 때 또 선생님이 6학년 선생님이 되셨으면 좋겠어요. 선생님이랑 연극놀이 할 때 진짜 재미있었어요. 제가 좀 만 빨리 전학을 왔었더라도 많이 했을 텐데." 김○○. 이 아이는 3부에 등장했던 울타리 때문에 속상해한 슬픈 여우다.

한 번은 EBS방송국 미래를 여는 교육 프로그램에 교육연극으로 반 아이랑 스튜디오 녹화를 하러 간 적이 있다. 선생님께 원하는 걸 말해보라는 MC의 말에 아이는 1학기 때 연극놀이를 자주 해주던 선생님이 2학기 때는 우리가 떠들어서 그런지 선생님이 많이 안 해줘서 아쉽다고 했다. 틀린 말은 아니다. 그러나 사실도 아니다. 2학기에는 놀이보다 교육연극 수업위주로 진행한다. 또 굳이 변명을 하자면, 그 당시 아이들은 수업시간에 배운 연극놀이를 자기들끼리 변형해서 알아서 놀았다. 무엇이든 될 수 있고, 어디는 갈 수 있는 데 익숙한 아이들은 교실에서 텔레비전 속 막장 드라마도 곧 잘 찍었다. 그 집안의 회장님이 필요하면 내게 역할을 입혀, 한 번만 등장해달라고 요청도 할 정도니, 내가 나설 필요가 있나. 뭐, 지들이 알아서 잘 놀았으면서.

그 해 이 편지들이 나를 그 다음 해로 자신감 있게 움직일 수 있게 해줬다. 더 이상 편지를 버릴 수 없을 것 같다.

소꿉놀이와 빈의자

나와 관심사가 비슷한 사람을 만나서 이야기를 나누는 건 즐겁다. 위로가 되고 자극이 된다. 나에게는 소꿉놀이와 빈의자가 있다. 그들은 내 '복'이고, 내 '본보기'이다.

어쩌다 소꿉놀이, 아직도 소꿉놀이

소꿉놀이는 내가 만난, 스스로 찾아간 첫 연구회였다. 소꿉놀이에서 배운 교육연극으로 시도했던 활동들은 학교 갈 맛, 수업할 맛을 느끼게 해주었다. 일주일 동안 했던 수업자료를 들고 모임에 가면 많은 말을 해준다. 이 모든 게 좋았다. 열심히 했다.

혹자가 말하는 만 시간의 법칙, 10년의 법칙. 햇수로 보면 그 이상을 했다.

가끔 이런 말을 하는 선생님들이 있다.

"아주 잘하겠네요. 전문가이겠네요."

단연코, 절대 잘하지도 못하고 잘하기도 어렵다. 나도 말한다.

"아직도 어려워요. 그냥 하는 거예요."

또한 소꿉놀이는 한 명 한 명 서로를 성장시켰다. 수업만 나눈 게 아니라, 자료집 발간, 마임축제, 모꼬지, 교사 직무연수도 진행한다. 당연히 좋은 공연도 함께 한다. 함께 있는 게 좋다.

최근에는 아주 귀한 충고도 선물로 받았다.

"우리 더 이상 아이들이 즐거워했다고, 활동을 잘 참여했다고 거기에 배움이 있었고, 가치가 있다고 포장하지 맙시다."

다시 한 번 내 수업에 거리를 두고 관찰하게 된 계기가 되었다.

지금은 빈의자

타시도 전출로 근무지를 옮기면서 소꿉놀이에 자주 갈 수 없었다. 옮긴 학교에서 '왁자지껄', '잼잼'이라는 이름의 교육연극 연구회를 두 번이나 만들었지만 연구회 보고서 제출과 1년 단위 학교 내신으로 자연스럽게 정리가 되었다.

그리고 다시 또 이동을 했다. 세종에서 빈의자를 만났다. 교육연극 중 가장 많이 사용되는 기법 '빈의자-empty chair'에 교육연극 수업 나눔을 원하는 모든 사람을 환영하는 자리이며, 항상 학생과 교사를 손님처럼 모신다는 의미를 가지고, 관객석이면서 때론 배우의 소품으로 사용하는 빈의자에 무언가 꾸준히 채우겠다는 의지를 담았다.

이렇게 빈의자는 세종교육연극 연구회의 이름이고, 지금 내가 편하게 교육연극 수업을 나누고, 배울 수 있는 곳이다.

Tip

교육연극 교사모임 만들기

동학년에서 전문적학습공동체로 조직하게 되면? - 만나기 편하고, 방과 후 퇴근 전까지 시간을 활용할 수 있고, 공동 수업안을 만들어 같이 적용하고 또 같이 성찰할 수 있다. 그러나 1년 뒤에 헤어질 확률이 높다.

학교 간 연구회를 조직하게 되면? - 취향이 같은 사람끼리 모인다. 그러나 학교별 행사 때문에 참여율이 들쑥날쑥하다. 그러나 일단 교육연극이나 모임의 매력에 푹 빠진 사람끼리는 꾸준히 같이 할 확률이 높다. 낭독공연, 마임공연, 아이들 연극놀이 캠프 등 다양한 활동들을 체험할 수 있다.

서로가 불편하지만, 그래도

하지만 모두가 교육연극 수업에 호의적인 건 아니다. 아이들과 다르다. 아이들은 수업을 분석하지 않는다. 수업에서 얻은 정서와 즐거움으로도 만족해한다. 현장에서 이뤄지는 일종의 수업평가로 만나는 동료들과 관리자는 수업을 다양한 관점으로 분석하고 평가한다. 가끔 대안 없는 비판을 받을 때는 답답하다.

"아이들이 진지하지 못해요."

"교육연극 방법이 조금만 들어가야지 너무 많이 들어갔네요."

"움직이는 것도 좋지만 기초기본이 강조되어야죠."

"참 재미있는 활동들이었지만, 수업은 아닌 것 같아요."

"왜 교과서 내용을 그대로 하지 않나요?"

"노는 건 수업이 아니에요."

"애들은 재미있어 하는데, 왜 교사 목소리는 다운되어 있나요?"

"교육연극이 아이들에게 너무 세련된 방법이네요."

실제 들었던 말들이다.

"왜?"라고 물어보길 바랐다. 왜 이런 방법을 썼는지, 이 속에서 무엇을 얻으려 했는지 내 수업취지와 의도, 목적을 물어보길 원했다. 부족하고 미처 생각하지 못한 부분에서 조언을 얻고 싶었다. 내 수업은 그냥 놀이이지 수업이 아니라는 일부 선생님들의 비판은 날 멈추게 한다.

그 때 부딪혔던 것들은 정말 일부분이고 소소한 것들이다. 한 가지 바람이 있다면 연극놀이가 노는 것이 아니라, 수업방법 중 하나로 인식 해줬으면 했다. 아이들의 깔깔대는 웃음과 자유로운 움직임이 조용하고 차분한 강의식 수업을 거부해서 나온 행위가 아니다. 교육연극 수업 또한 내가 실천하는 수많은 방법 중 하나일 뿐이다.

다행인건 모든 수업협의회가 이렇지 않았다. 새로운 것을 도전한다는 모습에 박수를 보내고, 공유할 수 있게 기회를 열어주신 분들도 계셨다. 자기 수업 노하우를 보여주며 내 수업에 아쉬운 부분을 보완해주는 동료들도 있었다.

그래서 난, 아직도 교육연극을 할 수 있다.

아직도 교육연극

2015 개정교육과정의 핵심역량과 인문학적 소양은 아이들의 현재 삶과 미래 삶에 대한 조화 능력, 그리고 감성능력, 대화능력, 나아가 모든 대상과 공간에 대한 공감능력을 위한 게 아닐까?

공감능력은 사회적인 뇌의 기능 중 단연 최고라고 한다. 공감능력 발달은 아이들의 사회생활 적응력과 밀접하다. 사회에 문제가 발생할 때마다 우리는 '공감능력' 부족을 자주 언급한다. 교육연극은 공감능력 발달에 도움이 된다. '우리가 세상을 살아가는 방식으로 삶을 다루는 예술'이 연극이라는 점에서 교육연극은 충분한 가치를 지닌다. 교육연극이 제공하는 가상 상황에서 아이들은 자신과 타인을 만난다. 이 때 공감능력을 사용하고 발달시킬 기회를 얻는다.

나도 '교육연극'으로 아이들과 1년 동안 시간을 나눈다. 나에게 교육연극은 그들을 만날 수 있는 의사소통 수단이었다. 그러나 수업이 시작되면 나는 대상을 관찰하는 밖에 있었다. 아이들이 잘 움직이는지, 계획대로 잘 흘러가는지에 집중했다. 그들이 느끼거나 느끼게 될 마음보다, 내게 보이는 게 중요했다.

그러나 이제는 무엇이 그들을 몰입하게 하고, 무엇이 그들을 움직이게 하는지 그 속에 들어가서 함께 느껴보고, 이야기를 나누고 싶다. 관찰자 대신 동료가 되고 싶다.

이처럼 나에게 교육연극은 가끔 낯설고, 아직도 어렵다.

그래도 교육연극이 좋다. 그냥 좋다.

그래서 아직도 교육연극을 하고 있나보다.

참고문헌

교육부(2018), 『2015 개정교육과정 국어과 선도교원 연수 자료집』.

교육부(2018), 『국어과 5,6학년 교사용 지도서』, 미래앤.

김주연(2017), 『초등 국어과 연극 단원 구성 접근 방식 제안』, 새국어교육 제 114호, 한국국어교육학회.

나무를 심는 사람들(1997), 『연극으로 놀며 배우며』, 나랏말.

남상오 외2인(2019), 『우리 반 연극수업 어떻게 할까?』, 북멘토.

리사 배니윈터스(2011), 『온스테이지 무대에서 놀아요』, 정은문고.

매튜D 리버먼(2015), 『사회적인 뇌』, 시공사.

박지희, 차성욱(2019), 『온작품을 만났다 낭독극이 피었다』, 휴먼에듀.

소꿉놀이(2003), 『아이들과 함께 하는 교육연극』, 우리교육.

소꿉놀이(2019), 『똑똑! 초등연극수업 어떻게 하나요?』, 정인출판사.

소꿉놀이(2008), 『교육연극 수업 어떻게 할까?』, 정인출판사.

전국 국어교사모임(2013), 『문학시간에 희곡 읽기』, 휴머니스트.

정연하(2018), 읽기 유창성 신장을 위한 낭독극 수업모형 개발, 서울교육대학교 석사학위 논문.

『초등연극교실 강의 및 실습 자료집』(2012), 국립극단 어린이·청소년극연구소.